文物中国鉴赏系列

中国古代玉器

北京大学震旦古代文明研究中心
北京大学公众考古与艺术中心 编

吴棠海 著

科学出版社
北京

内 容 简 介

玉器是中华文明的重要组成部分，其历史悠久、分布广泛，并且随着时代的变迁演化出了不同的风貌。然而，中国古代玉器的鉴赏与研究还未像青铜器、陶瓷、书画等门类那样，发展出一套处理与理解相关材料的科学系统的理论与方法。

本书的目的并非是依据年代序列来呈现中国古代玉器的发展史，也不是要对中国古代玉器的制作工艺和技法进行全面综述，而是以古器物学的方法来描述与分析中国古代玉器在各个时期所呈现出的不同风格和特征。全书分为“玉器工艺篇”与“玉器时代篇”两章，从“料、工、形、纹”四个基础层面分析说明中国古代玉器在原料分配、制作工艺、形制功能、艺术设计等方面的问题，为鉴赏中国古代玉器提供一套较为系统的方法。

本书适合文物学、考古学等学科的学习者和爱好者参考、阅读。

图书在版编目（CIP）数据

中国古代玉器／吴棠海著；北京大学震旦古代文明研究中心，北京大学公众考古与艺术中心编. —北京：科学出版社，2012.
（文物中国鉴赏系列；1）
ISBN 978-7-03-032939-4

Ⅰ. ①中… Ⅱ. ①吴 … ②北… ③北… Ⅲ. ①古玉器－鉴定－中国 Ⅳ. ①K876.8

中国版本图书馆CIP数据核字（2011）第250595号

责任编辑：闫向东
责任印制：霍　兵／装帧设计：北京美光制版有限公司

科学出版社出版
北京东黄城根北街16号
邮政编码：100717
http://www.sciencep.com

北京华联印刷有限公司 印刷
科学出版社发行　各地新华书店经销
*
2012年1月第　一　版　开本：889 × 1194　1/16
2024年9月第六次印刷　印张：14 3/4
字数：400 000

定价：198.00元

序/李伯谦

北京大学公众考古与艺术中心在多年举行讲座和培训的基础上，决定出版文物中国鉴赏系列丛书，第一篇选定的即这本由吴棠海先生执笔的《中国古代玉器》。出版这部书是我很早就有的心愿，并且已规划列入由北京大学震旦古代文明研究中心组织的古代文明研究丛书系列。北京大学公众考古与学术中心成立后，考虑到该书具有更强的公众性，经与公众考古与艺术中心主任徐天进教授商议，遂纳入了文物中国鉴赏系列。

作为文物中国鉴赏系列丛书的首篇，《中国古代玉器》是吴棠海先生二十多年来研究玉器的精心之作，其中蕴含了他太多的心血和感情。这本书的雏形是1994年由台湾中华自然文化学会出版的《认识古玉——古代玉器制作与形制》一书，该书是台中自然科学博物馆举办的“认识古玉”展览的图录和说明，前面有台湾著名建筑学家汉宝德教授所作的序。当时，我作为由国家文物局局长张德勤为团长的大陆文物博物馆事业参访团的成员，有幸和大家一起参观了这个展览，展览本着化繁为简、突出重点的原则，按照玉器质地、制作工具和方法、造型、纹饰及功能的顺序，将中国自新石器时代至汉代的各种有代表性的玉器演变的历史清晰地呈现于观众的眼前。我们一行进入展厅时，正值一个小学的老师带学生在参观，几十个学生抬着头整整齐齐地跪在地上，一手拿着笔记本一手拿着笔，边听讲解边记笔记，那专注的神情至今仍令人感动。也许是当老师的条件反射，当时我就想如果能把这个展览接到北大赛克勒考古与艺术博物馆作个展览，同时请吴先生讲讲课，那该多好，那一定会受到同学们的欢迎。从外埠参观回到台北，代表团如期返回大陆，我则受“中研院”史语所管东贵所长之邀又留了一周。利用多逗留几天的工夫，我请臧振华副所长和中国文化大学华岗博物馆陈国宁馆长分别做伴同吴先生商谈，吴先生最初比较犹豫，他说：“我是个生意人，不是教授，去北大讲课会给您造成困扰。”我说：“我只看有没有真才实学，不看出身，您只要答应，别的您不必担心。”其实，这时我已经通过其他渠道获悉，吴先生曾多次受台北故宫博物院秦孝仪院长邀请在院里讲过玉器，还用吴凡的笔名发表过多篇研究文章。谈来谈去，吴先生终于被我的诚意说服，答应了我的要求和邀请，促成了之后从1995年到1998年吴先生在北大考古系的4次讲课（每次15天左右，大体是讲授和实地考察各占一半）和一次玉器工艺展览。当然，这还不包括北大公众考古与艺术中心成立以后，继续受邀的授课。

吴先生的4次讲课，我既是听众，又是主持人。作为听众，我和其他学生一样，毫不夸张地说是用最少的时间学到了最多的知识和技能，我感到非常满足、非常兴奋；作为主持人，我思考最多的，是如何将吴先生授课的认真态度和循序善诱的授课技巧传达给我们自己的教师，也包括我自己，对此我深感存在差距，有义不容辞的责任。吴先生上课的认真，首先表现在有完备的讲义，讲义上既有文字又有图片，凡来听课者人手一册；再者，为使学生看得清楚，能现场对比，每次都是两架幻灯机同时使用，并且有实物标本让大家轮流摩挲。吴先生讲课的技巧，总是视学生的情绪灵活多变，有时堂上提问，让学生轮流作答；有时又把讲课内容编成朗朗上口的顺口溜，让学生当场朗诵，同时还不时插入小测验以考查学生掌握的程度。课堂上，不见我们习以为常的干巴巴的填鸭式，有的是千方百计调动学生情绪、充满欢快气氛的交流和切磋。听吴先生的课，我真是很感动，第一堂课后我在课堂上曾大发感慨，除作自我批评，也呼吁我们自己的老师每上一门课都能有完备的讲义，都能有如此认真的教学态度，都能研究一下教学方法。吴先生正是在这些授课实践基础上，对《认识古玉》不断地充实、修改、加工、提高，才形成了即将付梓的《中国古代玉器》。

《中国古代玉器》分一、二两章。前面有一篇提纲挈领、言简意赅的《古玉的鉴赏方法》，分鉴定的概念、对象、方法和玉器发展史的梳理与掌握几个段落简要介绍了玉器鉴赏的要领。第一章《玉器工艺篇》，是吴先生几十年潜心研究总结出来的鉴赏古玉的一整套理论和方法。正如他在该篇开头所言，“因为玉器是用人工方法将天然玉石转化为可用的物件，它具有特定的造型，表面可能为了某些象征意义或纯粹装饰而雕琢了纹样，因此可以这么说，古代玉器是由玉料、工法、造型、纹饰四项汇聚而成的，每个时代的‘料、工、形、纹’都有差异，所以‘料、工、形、纹’即是我们进行分类与比较的项目”。换言之，掌握了玉器的“料、工、形、纹”及其差别，也就掌握了揭开玉器神秘面纱的钥匙。所谓“料”，即用肉眼观察和现代科技手段对玉器的质地、颜色以及出土有关现象进行测定，以分清玉器与似玉材质的区别，并考察玉质的变化与其入埋环境的关系；所谓“工”，即在尚未发现完整古代制玉作坊和制玉工具的情况下，通过对玉器残件、半成品或成品上留下的不同切割、打孔、琢磨、雕刻等痕迹的观察、分析，推导、归纳并还原不同时期制造玉器使用的工具和工艺流程；所谓“形”，即对不同时期玉器形制类别（含镂空）、特点、成形工具与工序以及造型与玉料内在关系等进行分析归纳；所谓“纹”，即对不同时期玉器的纹饰类别、特点、雕琢工具与工序进行归纳，并结合有关文献记载推定纹饰的题材与寓意。当对玉器的“料、工、形、纹”通盘考察之后，隐藏其中的奥秘也就迎刃而解了。

第二章《玉器时代篇》，是本书分量最重的一章。该篇运用以上总结出来的鉴赏玉器的方法，从料、工、形、纹等不同角度对红山、良渚、龙山、齐家、商代、西周、春秋、战国、汉以及唐宋元明清各代有代表性的玉器分别作了准确、扼要的介绍，而且每件标本的文字说明都配有清晰的图片。只要对照图像认真阅读说明，并亲手摩挲实物标本，就能将这件玉器的呈色、造型与纹饰特征、制作工序及可能使用的工具等深印脑中。以红山文化玉器为例，关于玉器的呈色，选出兽面玉饰、玉鸟、玉鹰首、玉斧、玉鸟和蹄形器等六件不同色泽的玉器，分别介绍了红山文化中常见的青黄、青碧、青白、墨黑等自然呈色和泥土附着、白化、自然沁等因埋藏环境不同而后天才出现的呈色的区别；关于玉器制作工具与痕迹，选出玉猪龙、勾形玉簪、玉鸟等五件玉器，从其制作过程中留下的痕迹，推出其可能是分别使用了砣具、片状切割工具、线状切割工具、管具、桯具等不同工具所制成；关于玉器的造型与特征，选出红山文化常见的蹄形器、勾云形器、勾形玉簪、玉璧、联璧、玉玦以及象生动物玉器鸟、龟、蚕、猪龙、玦形龙、C形龙等，分别对其特征作了概括；关于红山文化玉器常见线纹及其特征，选出勾云形佩、玉猪龙、玉鸟等四件玉器，分别介绍了什么是宽阴线纹、细阴线纹、网格纹、细砣雕琢纹和隐地突起的阳纹；关于红山文化玉器的纹饰设计，分别对依料成形的玉猪龙、Y形器及玉环上的圆雕、平面、环面猪龙纹和兽形佩、勾云形佩上不同表现的兽形纹作了解析。最后用“红山玉器边薄刃，象生动物形写真，依料施工猪龙首，角度组合兽形佩”四句简明易懂又易记的话，概括了红山文化玉器的特征。以下从良渚至明清莫不如此。我觉得如能以此为准举一反三，读者对其所代表的那个时代的玉器的整体风格便可熟练掌握，再将不同时代的玉器的特征串联起来，脑中就有了一部从新石器时代至明清时期清晰的玉器发展史。当对玉器的认识达到这个高度，读者将其作为研究史料便可得心应手，当下充斥玉器市场的那些假、冒、伪、劣作品，也就原形毕露了。

我听这门课的感受，在一定程度上代表了大多数听课学生的感受。如今十多年过去了，当年听过课的学生，有不少已成为研究玉器的专家。北大也因为开了这门课，在中国考古学系列中除青铜器、陶瓷器等专题，也新出现了玉器研究专题，并且为后来公众考古学的推广开了个好头。想到这些，我倍感欣慰，更要特别感谢吴棠海先生当年接受了我的邀请。

当我怀着感激的心情为本书作序的时候，在我代表当年课堂听课、野外实习、如今都已学有所成的学生向吴先生表示感谢的时候，有一位先生要特别提起，那就是吴棠海先生的夫人蔡锦云女士。因为我知道，从吴先生上课的讲义到即将和大家见面的这本《中国古代玉器》，蔡先生始终都是积极参与者，书中所有拓片都出自她手，书的编排也由她完成，她的贡献有目共睹，她的功劳不可埋没，我们也要向她表示真切的感谢之意。当然，在某种意义上说，这部书也是集体的成果，因此，我们同样也要感谢参与文字编辑的刘玉娟女士和专业摄影的吴正龙先生以及所有为此付出辛劳的朋友们。

古玉的鉴赏方法 / 吴棠海

玉，美石也，质地温润，色彩明丽，自古以来就备受世人的喜爱与尊崇。中国人擅长运用玉石制作各种器物，从新石器时代中晚期开始玉即被用于制作礼器、瑞器、武器、佩饰器、丧葬器及摆设器等用品，悠久的制玉历史为社会的发展积累下丰厚的艺术财富，也在文化的长河中逐渐形成爱玉、用玉的传统。

古玉虽美，却始终笼罩着一层神秘的面纱。初识古玉，不免为其优雅的质地、精湛的工艺、变化的造型与奇巧的纹饰所吸引，然而细品之下，却疑窦丛生。毕竟，古玉的年代距今久远，数量众多又缺乏铭文镌刻与文献记载，加之具有极强的流动性，要一窥其堂奥实为不易。因此，在鉴赏古玉之前，必须先学会鉴定的功夫。

1. 鉴定的一般观念

什么是鉴定？一般认为，鉴定就是对流散于坊间的古代器物进行真伪的判断，其使用的方法大致可分为两类：一类是早期的“望气派”，以“感觉”和“神似”作为判断的依据；另一类则称为“对比派”，是以考古资料及重要博物馆藏品为基础，进行一对一比较判定。

这两种鉴定方法虽有可行之处，都也有着其自身难以克服的缺点。“望气派”对器物真伪的判定全凭“感觉”，对判定的原因则难以给出客观科学的解释，整个过程显得抽象模糊，使人难以信服；而“对比派”则过于专断刻板，要求传世品的真伪判定必须借助已有考古出土物进行一对一的印证，这就使得大量无考古材料支持的传世品被排除于真品之外。

因此，鉴定并非仅仅是判断器物真伪，而是要使古代器物回归至正确所处时代，将其转化为可供研究使用的实物材料。

2. 鉴定的对象

鉴定的对象除流散于世的传世品外，还包括考古发掘品及民间征集品。

古代器物在漫长的历史递嬗中累积出丰富的材质种类、器物造型与纹饰题材，有的器物与同时期的器物一起入土，有的却随着人事的变迁在世间辗转流传，父传子、子传孙，或是因为赠与、交易、争战、抢夺等原因离开原有的时空。考古发掘品虽可通过所属地层或出土墓葬等探知一定的年代数据，但并不能保证这一数据即为每件发掘品的绝对年代，一时疏忽，即可能造成错置，这种错误对于纯为鉴赏的观者来说，无伤大雅，但对于研究者来讲，则瑜不掩瑕，影响之大，不言而喻。考古发掘品的判定尚且如此，传世品及征集品的判定，其难度可想而知。

3. 合理的判定方法

既然器物的鉴定极为困难，“望气派”与“对比派”的鉴定方法又不尽完善，如何对器物做出正确的判定，鉴定方法的选择显得极为重要。

笔者认为，完整的古器物学是器物鉴定最为合理的方法。古器物学的发展经历过一个漫长的阶段，如今的古器物学已远非早期古器物学所能匹及，不再仅关注于文字的考释或抽象的形而上意义，而是以考古材料为基础，具体实物为对象，通过 “料、工、形、纹”四个基础层面的分析还原每件器物所经历的时空背景，进而分析器物原料分配、制作工艺、形制功能、艺术设计等方面的问题，使古器物转化为可供深入研究的基础资料。

4. 玉器发展史的梳理与掌握

为了在纷乱的现象中廓清古代玉器的风貌，首先必须回归到器物本身来进行研究。

材料、工法、造型、纹饰四项是汇聚成玉器的基本要素，也是研究玉器的基本路径。然而，在料、工、形、纹的每一个表象之下，仍蕴藏着许多复杂的变化与内涵。以纹形演变为例，虽然每个时期的造型纹饰均具有明显的别他性，但是它的改变并非朝代更迭般瞬间即变，而是一个渐进式的蜕变过程，由一种风格经历一段较长时间的过渡期转化为另一种风格。

因此，要对玉器有所真正了解，就必须在古器物学的研究中，从基础的分项研究升华为各分项的整合研究，归纳出属于各时代的自体性风格以及过渡时期的转化风格，依照既定的时代顺序，逐步理清古代玉器的发展脉络。

目 录

第一章 玉器工艺篇

古玉鉴赏的入门功夫，首先在于古玉知识的建立。此一知识指的是古代玉器的基本现象，内容包括古代玉器的质地特征、制作工具与方法、器形品类及纹饰风格等等。这些现象的整理工作大约可以分为前后两个阶段：第一个阶段是搜集考古资料，作为分析的依据；第二个阶段是用排比归纳的方法，将出土玉器进行分类与比较。

因为玉器是用人工方法将天然玉石转化为可用的物件，它具有特定的造型，表面可能为了某些象征意义或纯粹装饰而雕琢了纹样，因此可以这么说，古代玉器是由玉料、工法、造型、纹饰四项汇聚而成的，每个时代的“料、工、形、纹”都有差异，所以“料、工、形、纹”即是我们进行分类与比较的项目。

(1) 料的部分

从视觉鉴定的角度观察各代玉器的色泽、质地及出土现象，整理出历代玉质的共同性和殊异性、玉质变化与入埋环境的关系，并从质地与工法上的差异，分辨古玉和似玉材质的异同。这一部分的研究，可以破除长久以来对于古玉质地的迷信，用科学的眼光看待玉质的变化，对于仿古器和赝品的鉴定具有极大的助益。

(2) 工的部分

虽然新石器时代晚期至汉代的古玉作坊与制玉工具都尚未发现，也没有相关的文献资料可供参考。但是我们可以留意古玉表面上的琢磨痕迹，从痕迹的形状还原当时所使用的工具种类与操作方式。这种工具与工法的还原，是进一步研究造型与纹饰的基础。

(3) 形的部分

搜集各种有价值的残器、半成品及成品，以排比归纳法梳理出各代玉器的典型造型，从明显的琢磨痕迹还原当时所使用的工具形状与种类，并透过半成品与成品的工序比较，排出造型制作的各个步骤。此一成型工具与工序的研究，可以帮助我们了解古代玉器的成形方法与使用玉料的态度，对于仿古器和赝品的鉴定也非常重要。

(4) 纹的部分

搜集各种有价值的残器、半成品及成品，以排比归纳法梳理出各代玉器的纹饰题材，从纹饰的琢磨痕迹还原当时的雕琢工具与方法，并且借由半成品和成品的工序比较，排出历代纹饰的制作过程，了解制作工艺对纹饰形状的影响，将能更明确地掌握各代玉器的纹饰风格，同时也是鉴别真伪与判断时代的利器。

本章即以“料、工、形、纹”为基础，并于造型之中析分出“镂空”一节，从玉质特征、制作工具、造型制作、镂空制作及纹饰制作五个单元，介绍古代玉器的特色。

一 玉质的特征

玉是自古以来就令人喜爱的美石，其颜色或洁白如凝脂，或青碧似湖水，或深暗如黑墨，或斑斓如彩霞，虽然结构坚硬致密，但是在仔细打磨之下，却能焕发温雅润泽的质感。

当玉石被制作成器之后，它的多变面貌就不仅止于矿石的自然属性而已。当玉器因为随葬或祭祀等原因埋入土中，受到其他物质的长期贴附，或受到入埋环境里温度与湿度的影响，都会发生许多变化。有的玉器受到泥土、朱砂或铜铁锈的附着，有的变成不具透明感与温润感的白色，有的闪耀着一层匀润的亮光，这些现象都是出土玉器所具有的特征，可以从出土环境里还原它们发生的原因与过程。但是在某些神秘思想的解释下，古玉的出土特征往往被添上穿凿附会的传说，甚至连后代的人工染作玉器也被纳入其中，让古玉的色彩蒙上一层神秘的面纱，模糊我们鉴赏的目光。除此之外，古人还会运用其他质感不错的石材，制作与玉器相似的器物，或是用玻璃来摹制玉器的造型与纹饰，这些似玉材质也是鉴赏玉器必先理清的对象。

本单元秉持客观且科学的态度，介绍古代玉器的主要呈色、外来沁染及出土玉器的现象，从质感与工艺的角度列举似玉材质的特色，希望大家能够迅速掌握古代玉器的质地特征。

(一) 古玉色泽

古玉的色泽依呈色因素分类，有先天的自然呈色和后天的外来沁染两种。“自然呈色”包括玉石本身与外壳风化所各自呈现出的颜色；“沁色”指玉器入土后，受到周遭物质长期浸染而呈现出的浸染物质的颜色；“染色”则是后人为了美化玉器或仿造古意，用人工技法加以染作的颜色。

自然呈色

玉质本身所蕴含的金属离子，由于种类、数量、分布位置等差异性，使得古代的玉器呈现出各种不同的颜色，较为常见的有白玉、青白玉、青黄玉、青玉、碧玉、墨玉及多色玉等。

白玉

白玉是历代常见玉质之一，色泽纯白、质地温润，尤其盛行于战国中晚期至汉代，常用于制作较为精致的佩饰器及剑饰器等品类。咸阳市同陵乡新庄村汉元帝渭陵建筑遗址发现的玉人骑马玉雕，其玉质即为此类。

图片来源：《认识古玉》，页24，上图，“玉剑璏”。
注：《中国出土玉器全集-14》，页157，“玉人骑马”。

汉代　玉剑璏
长5.9cm、宽2.2cm、厚1.6cm

青白玉

白中泛青的玉色俗称“青白玉”，是佩饰用玉较为常见的色泽，战国晚期至汉代的组佩饰与剑饰器等品类中，即多此种玉色。下图的玉剑首质地与陕西省南郑县龙岗寺汉墓出土的鹰形玉剑首相似，同属青白玉之类。

图片来源：《认识古玉》，页25，上图，“玉剑首”。
注：《中国出土玉器全集-14》，页149，“鹰形玉剑首”。

汉代　玉剑首
外径5cm、厚1.3cm

青黄玉

青黄玉颜色青中带黄，质感温润，新石器时代红山文化与战国时期的佩饰玉及丧葬玉中，多见有此类色泽，是各代玉器常用玉质之一。图中玉凿质地与内蒙古自治区翁牛特旗广德公乡黄谷屯遗址所出土的玉龙相似，同属青黄玉之类。

图片来源：《红山玉器》，页302，图273，“玉斧”。
注：《中国出土玉器全集-2》，页18，“玉龙”。

红山文化　玉凿
长15.5cm、宽4.7cm、厚1.6cm

碧玉

碧玉颜色深暗，也是各时代常见玉色之一，战国晚期至汉代的丧葬器物即多以此类玉质制作。下图玉璧与南越王墓出土的玉璧质地极为相似，均呈青碧色，是丧葬用玉常见的呈色。

图片来源：《认识古玉》，页28，下图，“兽形纹双层玉璧”。
注：《南越王墓》，图97，“璧”。

汉代　兽形纹双层玉璧
外径19.8cm、厚0.4cm

墨绿玉

墨玉颜色深暗如墨，但是玉料扁薄处则呈现可以透光的青碧色，多见于新石器时代红山文化C形龙和猪龙等器物上。下图玉龙首的质地即与内蒙古自治区翁牛特旗三星他拉遗址所出土的墨绿色C形玉龙相似。

图片来源：《红山玉器》，页56，图6，“C形龙首”。
注：《中国出土玉器全集-2》，页17，“玉龙”。

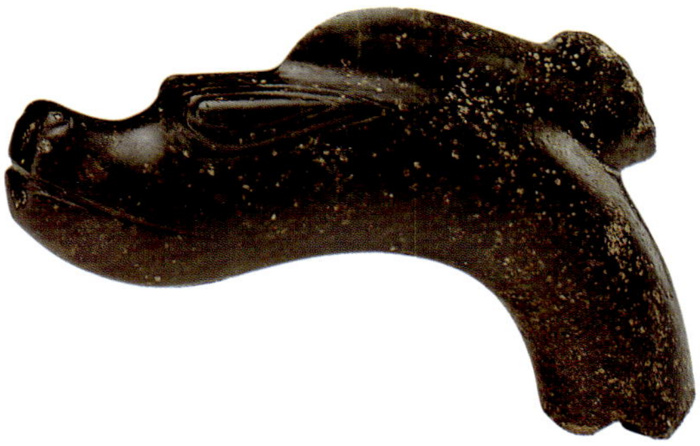

红山文化　C形龙首
长14cm、宽6.4cm、厚2.5cm

多色玉

多色玉是玉质内部所蕴含的不同金属离子在玉质上显发的多重颜色的产物，也是各代常见玉色之一，尤以新石器时代晚期齐家文化数量最多、颜色最为丰富。

多色玉料

下图玉料表面附着相同的泥土，泥土之下玉色白、绿、褐、黑等多彩并陈，可见其多样化的色泽是玉质内部的自然蕴色，并非外来物质沁入所致。此块玉料与青海民和县喇家遗址出土的圆形玉片饰颇为相似。

图片来源：《认识古玉》，页30，“玉料片”。
注：《中国出土玉器全集-15》，页170，“圆形玉片”。

齐家文化　片饰玉料
长14cm、宽14cm、厚1.3cm

多色玉琮

图中新石器时代齐家文化玉琮具有白、黄、褐等多种色泽，虽然色彩分布并不均匀，却很自然，呈现各种颜色随机并陈的现象。甘肃省临洮县出土一件玉琮，其玉质内部也蕴含多种颜色，可资印证。

图片来源：作者提供。

注：《中国出土玉器全集-15》，页31，“玉琮”。

齐家文化　玉琮
高11cm、宽5cm

多色玉璜

下图新石器时代齐家文化玉璜具有白、黄、褐等颜色，是由玉石内部所含的多种金属离子蕴发出的自然呈色。

图片来源：《认识古玉》，页31，上图，“玉璜”。

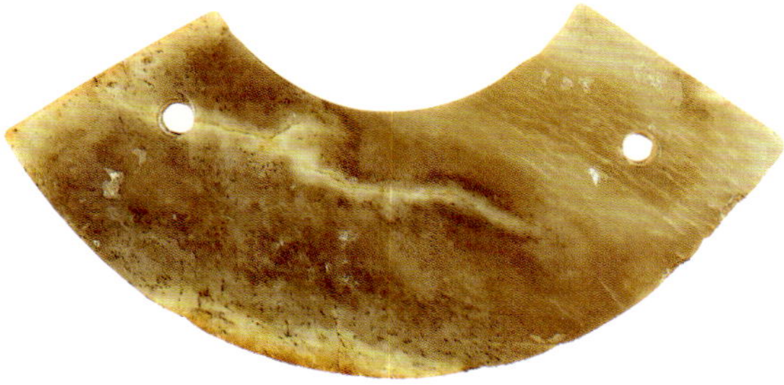

齐家文化　玉璜
长10cm、宽3.2cm、厚0.2cm

多色玉环

下图商代玉环具有白、黄、褐等颜色，也是由玉石内部所含的多种金属离子蕴发出的自然呈色。

图片来源：作者提供。

商代　玉环
外径6.3cm、厚3cm

多色玉设计

下图西周玉饰用一块玉片雕制成鸟衔鱼的造型，青黄色部分琢制为宽嘴直身的鱼形，褐色部分制成长颈勾喙的鸟形，正是运用玉色变化所作的设计，俗称“俏色玉”。类似的俏色之作亦可见于山东济阳墓葬所出土的玉鸬鹚上。

图片来源：《西周玉器》，页187，图168，“鸟衔鱼玉佩”。

注：《中国文物精华大全·金银玉石卷》，页32，图104，“玉鸬鹚”。

西周　鸟衔鱼玉佩
长3.5cm、宽3.5cm、厚0.3cm

玉皮

玉石埋藏过程中因受到周围环境的影响，往往在最外部形成一层与玉质本身呈色相异的包裹状外壳，这层皮壳即是俗称的“玉皮”。由于入埋环境中各方因素的不同，使得玉皮的厚度呈现不均匀状，颜色变化亦较多，从淡黄至黑褐色不等。纵观古玉发展史，汉代、辽金与明清时期，玉皮均常被保留下来用于纹饰造型的艺术表现。

天然玉石

玉石的原始状态往往在最外部包裹有一层天然的玉皮，下图玉石外表为黄褐色的玉皮所包，颜色深浅不一，浅薄处仍可以窥见玉石内部原有的白色玉质。

图片来源：《认识古玉》，页32，上图，“玉料”。

玉石
长3.6cm、宽2cm、厚1cm

玉皮巧雕：汉代

汉代常保留玉皮用于玉器纹饰的雕琢。下图西汉玉剑璏即是以剔地工艺，将原有玉皮进行螭龙纹雕刻，借由玉皮与玉质本身色泽形成的鲜明对比与不用深度雕刻产生的视觉层次感，突显螭龙的立体效果。陕西省咸阳市出土的多件西汉圆雕动物玉饰，表面均保留部分褐色的玉皮用于造型艺术的表现，为汉代玉皮巧雕之佐证。

图片来源：《认识古玉》，页33，上图，“玉剑璏”。
注：《中国美术全集·工艺美术编9 玉器》，图一七一、一七四，“玉辟邪”。

汉代　玉剑璏
长4.3cm、宽2cm、厚1.5cm

玉皮巧雕：辽金

辽金时期，玉皮巧雕工艺依旧广泛使用。图中辽金时期玉饰保留褐色玉皮琢制为树叶，以玉皮的天然色泽妆点深秋的自然风景。北京故宫博物院收藏的“秋山”玉饰，亦为利用褐色玉皮的巧雕之代表。

图片来源：《中国古玉工艺展》，页57，“秋山玉饰”。
注：《中国美术全集·工艺美术编9 玉器》，图二五〇，“玉‘秋山’饰”。

辽金　秋山玉饰
外径5.5cm、厚0.9cm

玉皮巧雕：明代

明代在原有工艺基础之上技法使用更为成熟。下图明代玉带扣即是一件以玉皮雕琢螭龙纹，利用颜色对比和浮雕技法所完成的巧雕作品。类似的玉皮巧雕亦可见于上海松江区西林塔出土的玉剑璏上。

图片来源：《中国古玉工艺展》，页7，“玉带扣”。
注：《上海出土唐宋元明清玉器》，页119，“灰白玉螭龙纹璏”。

明代　玉带扣
长6.5cm、宽6cm、厚0.9cm

玉皮巧雕：清代

清代，巧雕工艺形成了时代特征明显的俏色玉风格。图中清代玉饰即为个中代表。此件玉饰利用玉皮的厚薄变化与深浅色差来表现不同的景物。浅浮雕的黑、褐色玉皮表现树木、湖岸、舟楫与远山的深邃，剔地露出的白玉质则描绘低凹湖面的清静，整体构图精妙，设计奇巧。类似的巧雕之作亦可见于北京市文物公司所藏的仙人赏月山子。

图片来源：《认识古玉》，页32，下图，“玉饰”。

注：《北京文物大系·玉器卷》，页242，图305，“仙人赏月山子”。

清代　玉饰
长5.7cm、宽3.6cm、厚0.9cm

外来沁染

外来沁染包括沁色和染色两类。前者是指玉器入埋后，受到相邻物质长期浸染所形成的颜色，后者则是为了营造古意或仿制赝品刻意做旧的人工染色。

沁色

古代玉器常见的沁色有铁沁、铜沁及自然沁三者。

铁沁

铁沁是指玉器入埋后受到邻近铁元素的长期影响而产生的沁色。铁器入土后因环境变化往往会发生氧化膨胀现象。图中战国多节玉带钩残器以铁条贯穿玉器中，入土之后铁条氧化膨胀，绽裂玉带钩，铁锈沿绽裂处渗入玉质内部形成赭红色的铁沁现象。部分玉质因为结构坚硬致密，铁锈无法渗入，仅附着于表面。在南越王墓出土的八节铁芯龙虎带钩上，也可见到铁芯氧化膨胀，铁锈渗入玉质内部的赭红色铁沁现象。

图片来源：《认识古玉》，页34，“多节玉带钩残件”。

注：《南越王墓玉器》，图116，“八节铁芯龙虎带钩”。

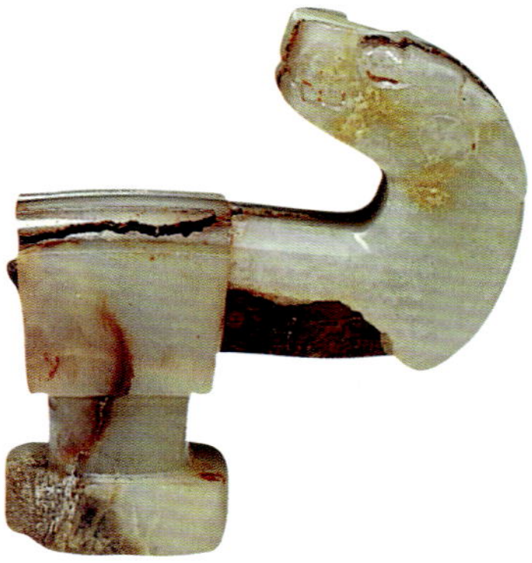

战国　多节玉带钩残件
长5.7cm、宽3.6cm、厚0.9cm

西汉玉剑璏镶嵌在剑鞘上，当木质剑鞘腐朽后，剑璏直接与铁剑接触，系带孔下方常有铁锈附着，并有红褐色的铁沁现象。如南越王墓出土的剑饰玉中，即有玉剑璏的背面具有红褐色的铁沁现象。

图片来源：《认识古玉》，页35，“玉剑璏”。

注：《南越王墓玉器》，图73，“玉剑璏”。

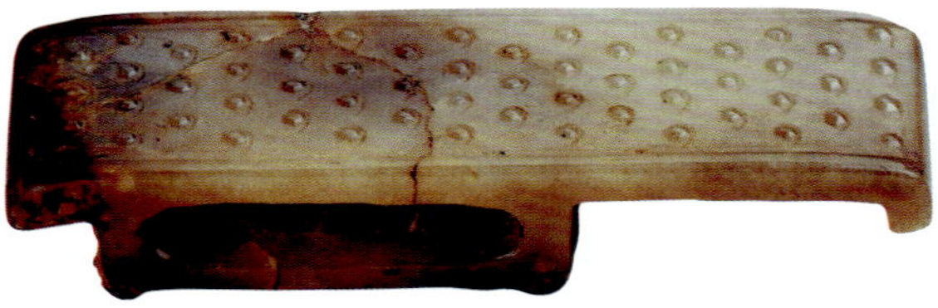

汉代　玉剑璏
长7.3cm、宽2cm、厚1.3cm

铜沁

铜沁是指玉器入埋后，受到邻近铜元素的长期影响而产生的沁色。图中战国早期玉璧表面具有瑕纹，铜锈即顺着瑕纹渗入玉质内部，使该处玉质变为绿色。在南越王墓出土的角形杯上，也有此种铜锈绿斑，可以作为铜沁的印证。

图片来源：《认识古玉》，页36，“云谷相杂纹玉璧”。

注：《南越王墓玉器》，图103，“角形杯”。

瑕纹铜沁特写

战国早期　玉璧
外径10.5cm、厚0.5cm

除上文所述瑕纹铜沁外，还存在有玉质铜沁现象，这类铜沁器物表面虽无瑕纹，却仍然受到铜锈的沁入。下图马具佩玉的动物造型与辽代陈国公主墓出土的镶玉银胸带类似，是辽代制器，其中二件玉马虽没有瑕纹，却仍受到铜锈的渗入而呈现铜绿沁的现象。

图片来源：《唐宋元明清玉器》，图16，“马具佩玉”。

注：《陈国公主墓》，彩版三一，“镶玉银胸带”。

辽代　马具佩玉
长4~5.5cm

自然沁

自然沁是指玉器入土后，受到地下自然环境影响所产生的沁色，主要见于新石器时代晚期红山文化与良渚文化玉器上。

新石器时代晚期红山文化玉器上常见有附着自然沁。下图红山文化蹄形器表面附着红褐色的物质，该处玉质也转变为红褐色，呈现自然沁的现象。巴林左旗杨家营子镇葛家营子村出土的玉箍，表面带有褐色纹理和褐色沁，状况与此器相似，可以作为自然沁的佐证。

图片来源：《认识古玉》，页117，“蹄形器”。

注：《红山玉器》，页155，“玉箍”。

红山文化　蹄形器
高7.5cm、上口径7.5cm、下口径6.5cm

附着自然沁特写

另一件红山文化玉猪龙属于青黄色玉质，局部转为红褐色，是常见的自然沁呈色。巴林右旗巴彦汉苏木那日台出土的玉猪龙，背部带有红褐色的沁斑，也是此种自然沁的现象。

图片来源：《红山玉器》，页61，图13，“玉猪龙”。

注：《红山玉器》，页102，“玉猪龙”。

红山文化　玉猪龙
高8.8cm、宽6.3cm、厚2cm

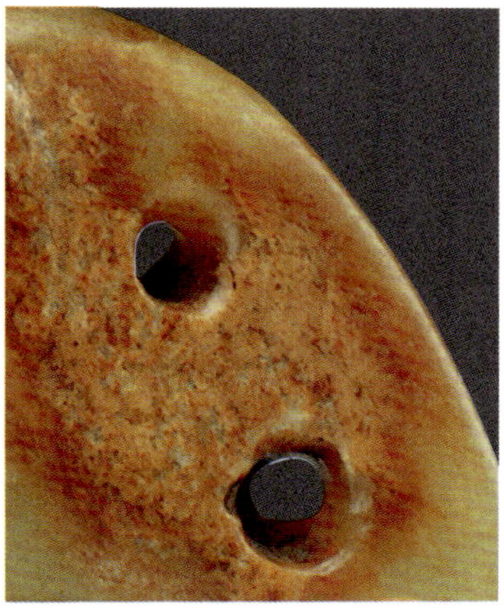

附着自然沁特写

良渚文化玉器与红山文化玉器相似，常见有自然沁现象，不同的是良渚文化为点状自然沁。图中良渚文化玉璧表面附着红褐色的点状物质，玉质也有变红的现象，属于自然沁的类型。相同的现象可见于江苏省吴县草鞋山出土的玉璧上，是此时期的玉质特征之一。

图片来源：震旦博物馆提供。

良渚文化　玉璧
外径17cm、厚1cm

点状自然沁特写

下图另一件良渚文化玉璧表面具有若干附着物，该处玉质呈现红褐色，并有顺着玉质纹理渗入的现象。

图片来源：震旦博物馆提供。
注：《良渚文化玉器》，页79，“璧”。

良渚文化　玉璧
外径20.5cm、厚1.1cm

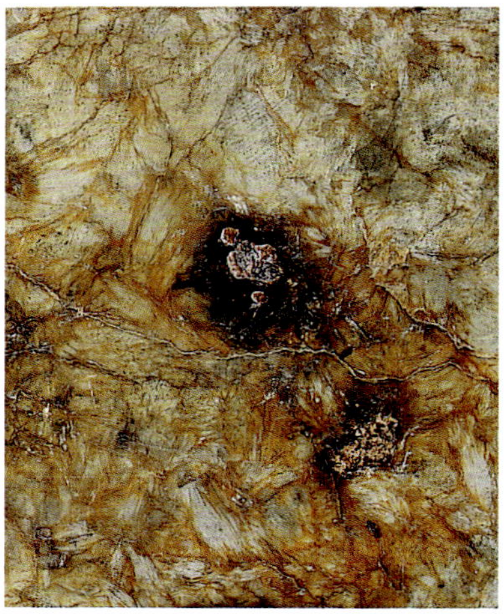

点状自然沁特写

染色

宋代以后，为了美化玉器、营造古意而盛行染色，到了现代更常见以人工染色技法伪制沁色的赝品。这些人工染作的玉器皆有色调一致、块状分布及染料顺随玉质纹理渗入的细毛纹现象。

局部染色

图中明代玉镯以黑褐色的颜料进行局部浸染，染色部分颜色浓重、色调单一。

图片来源：《认识古玉》，页39，“玉镯”。

明代　玉镯
外径7.8cm、厚2.3cm

整体染色

下图明代马上封侯玉饰以黑褐色的颜料整体染作，背面扣头经过修磨，露出浅淡的内里，点状凹陷处显露原来的白色玉质，呈现外深内浅的染色特征。

图片来源：《认识古玉》，页41，“玉带扣”。

明代　玉带扣
长9.5cm、宽6cm、高1.6cm

瑕纹染色

图中双螭龙耳玉杯是明代的仿古器形，表面以人工技法制作瑕纹，并用黑褐色颜料染色，染色部分有顺随玉质纹理渗入的现象。

图片来源：震旦博物馆提供。

明代　双螭耳杯
高8.5cm、横宽14.5cm、口径8.5cm

器表染色

下图明代持莲孩童玉雕以白玉制作而成，正面表皮经过破坏之后，再用褐色颜料染作，背面凸棱处因为长期触摸而褪色，露出原来的白色玉质。北京故宫博物院收藏的青玉紫浸狗上也有人工染作的现象，是仿古玉器常用的技法。

图片来源：《认识古玉》，页43，“童子玉雕”。

注：《中国玉器全集－5　隋唐—明》，页169，图246，“青玉紫浸狗”。

明代　童子玉雕
高5.8cm、宽3.1cm、厚1.7cm

破坏染色

图中明代衔禾双鹅也以白玉制作而成，表皮经过破坏之后，再用褐色颜料浸染，是当时盛行的染色技法。

图片来源：《唐宋元明清玉器》，图112，"衔禾双鹅"。

明代　衔禾双鹅
高3.3cm、长6.7cm、宽3.2cm

近代染色

下图器物近似汉代玉羊的造型，但是器表色调均一，突出部分因为触摸而掉色，透现内部的白色玉质，是近代表面染色之作。

图片来源：《认识古玉》，页45，上图，"玉羊"。

近代　玉羊
长5.7cm、宽3.3cm、高2cm

(二) 出土特征

出土特征是指玉器入土后，受到环境或相邻物质的黏附与影响而产生的各种现象，如附着物、白化、玻璃光等，俗称为"生坑"现象。

附着物

古玉出土时，器表常有泥土、朱砂、铜锈、铁锈及丝织品等物质的附着，可以作为真伪鉴定的依据之一。

泥土附着

图中新石器时代玉钺表面附着灰黄色的泥土，可以擦拭剔除，是出土玉器最常见的附着物质。浙江省良渚文化瑶山七号墓的玉器出土情况，可以作为此类泥土附着的印证。

图片来源：震旦博物馆提供。
注：《瑶山》，页243，彩图116，"玉冠形器出土情况"。

新石器时代晚期　玉钺
长15.5cm、宽12cm、厚1.2cm

泥土附着特写

朱砂附着

图中西周玉璜表面附着红色的朱砂，是出土古玉常见的附着物之一，可以用水洗净，并不会渗入玉质内部造成沁色。相同的现象亦可见于山西省晋侯墓地31号墓出土的玉龙上。

图片来源：《西周玉器》，页98，图69，“龙纹玉璜”。

注：《晋国奇珍——山西晋侯墓群出土文物精品》，页142，“玉龙”。

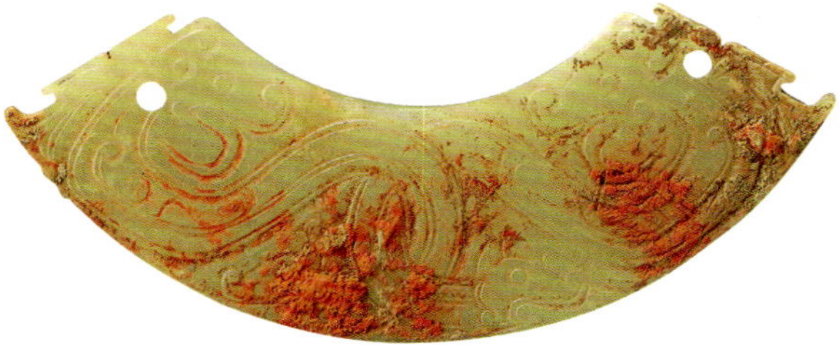

西周　玉璜
长10.2cm、宽4.4cm、厚0.4cm

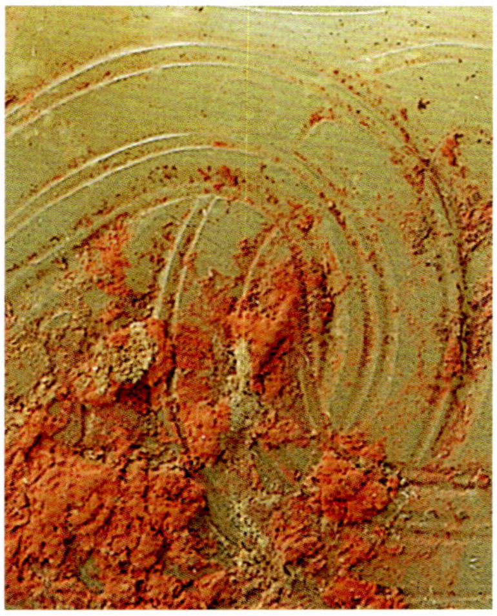

朱砂附着特写

铁锈附着

下图汉代玉璧表面附着铁锈，并有渗入玉质内部的红褐色铁沁现象，此类附着物质可造成沁色。在南越王墓出土的组玉璧中，可见玉璧受到邻近物质浸染的现象，是附着物质造成沁色的印证。

图片来源：震旦博物馆提供。

注：《南越王墓玉器》，图43，“组玉璧出土情形”。

汉代　玉璧
外径9.5cm、厚0.4cm

铁锈附着特写

织品附着

下图商代玉羊的表面附着有一些古代的织品，局部可见纵横交叉的织品痕迹。

图片来源：《群玉别藏续集》，页157，图80，“玉羊”。

商晚期　玉羊
长10.3cm、宽3.8cm、高5.15cm

织品附着特写

白化

白化是指出土玉器常见的变白现象，俗称“钙化”或“鸡骨白”。根据地质学者闻广先生的研究，白化玉器是因为受到入埋环境的影响，玉质结构变松、透明度丧失所造成，其含钙量并没有增加，所以“钙化”一词并不恰当。白化玉器普遍见于各个时代中，白化程度也不一定与入埋时间的长短成正比，可以说是古代玉器共同的出土特征。

整体白化

图中红山文化玉龟通体变白，用灯光照射并不透光，属于整体白化之例。辽宁省建平县牛河梁出土的双联玉璧，质地亦已完全白化，与此器同属整体白化之例。

图片来源：《红山玉器》，页127，图71，“玉龟”。

注：《中国玉器全集-1　原始社会》，页5，图5，“玉双联璧”。

红山文代　玉龟
长8cm、宽7.5cm、厚2cm

下图为良渚文化的三叉形器，玉质整体白化，表面附着黑褐色有机质，以灯光照射时不透光，亦属整体白化之例。类似的白化现象可见于浙江省余杭县反山出土的三叉形器。

图片来源：震旦博物馆提供。

注：《良渚文化玉器》，页98，图130，“三叉形器”。

良渚文代　冠形器
长5cm、宽4.3cm、厚0.6cm

网状白化

图中良渚玉璧的白化部分如丝网一般分布在玉质之中，称为“网状白化”，是新石器时代良渚文化玉器的出土特征。上海市青浦县福泉山出土的玉璧中，也有相同的网状白化，可资对比参考。

图片来源：震旦博物馆提供。
注：《良渚文化玉器》，页64，图85，“璧”。

良渚文代　玉璧
外径19.5cm、厚1cm

局部沁蚀白化

下图春秋晚期玉珩为青褐色的玉质，左右两端发生白化，属于局部白化之例，其中右端龙首白化严重，表面有如受到侵蚀一般呈现斑驳的状态。春秋吴国王室窖藏所出土的蟠虺纹玉璧，也有类似的白化现象。

图片来源：《中国古玉工艺展》，页11，“玉珩”。
注：《吴国王室玉器》，页64，图71，“蟠虺纹玉璧”（背面）。

春秋晚期　玉珩
长10cm、宽4cm、厚0.4cm

整体沁蚀白化

图中汉代韘形佩大部分发生白化，表面斑驳的状态犹如受到侵蚀一般，与南越王墓出土的透雕凤纹牌形佩，都属于沁蚀白化的类型。

图片来源：震旦博物馆提供。
注：《南越王墓》，图36，“透雕凤纹牌形佩”。

汉代　韘形佩
长9cm、宽4.3cm、厚0.4cm

玉质表面白化

下图清初花鸟纹佩属于白色的玉质，除了有红褐色的铁沁之外，器表局部白化。江西省南城县岳口乡游家巷明益定王朱由木墓所出土的白玉透雕麒麟花卉纹玉带板，也属表面白化之例。

图片来源：震旦博物馆提供。
注：《中国玉器全集-5　隋唐-明》，页185，图二六五~二七四，“白玉透雕麒麟花卉纹玉带板”。

清代　花鸟纹佩
长5.5cm、宽4.5cm、厚0.5cm

玻璃光

玉器经过仔细打磨，入土后受到环境的影响，从内部分泌出一种荧光物质，在器表上形成一层银白色的光亮，俗称“玻璃光”，也是各代玉器常见的生坑现象。

白化玻璃光

图中良渚文化环形器大部分已经白化，表面有一层银白色的玻璃光，是良渚玉器常见的生坑现象，江苏省阜宁县陆庄出土的玉琮可供参照。

图片来源：《认识古玉》，页54，“玉环”。
注：《良渚文化玉器》，页64，图38，“琮”。

良渚文代　玉环
外径7.2cm、高4.3cm

局部玻璃光

下图战国晚期玉璧布满浮雕谷纹，并有白化的现象，但是器表闪耀一层银白色亮光，显示玻璃光的发生不受纹饰或白化与否的影响。相同的玻璃光现象也可见于南越王墓出土的剑珌上。

图片来源：《认识古玉》，页55，上图，“玉璧”。
注：《南越王墓》，图80，“剑珌”。

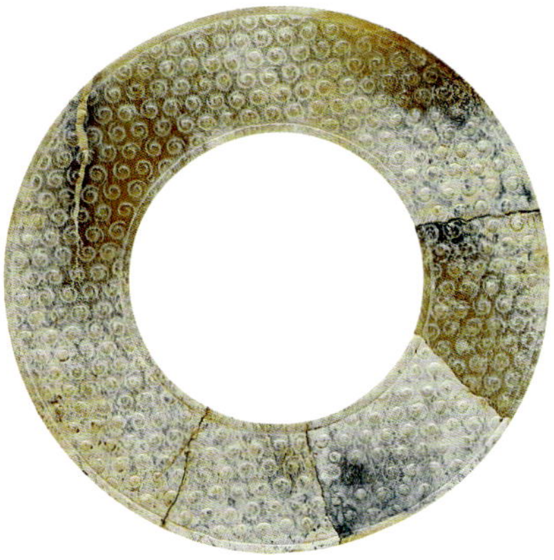

战国晚期　玉璧
外径11.7cm、厚0.4cm

玉质玻璃光

下图明代玉马为青白色的玉质，器表经过仔细打磨，不论弧面或凹陷处都有一层闪亮的玻璃光，类似的质地亦可见于北京故宫博物院所收藏的白玉蟹上。

图片来源：作者提供。
注：《中国玉器全集－5　隋唐—明》，页171，图二四八，“白玉蟹”。

明代　玉马
长4.8cm、宽3.7cm、厚1.5cm

(三) 似玉材质

古代常以石、玛瑙和玻璃制作与玉器相仿的器物，虽然这些似玉材质的造型和纹饰都与玉器雷同，但是质地特征及制作工艺并不一样。

似玉石器

古代常见的似玉石器有大理石、冻石、滑石及绿松石等材质，可以从色泽纹理及硬度高低来辨别。

白大理石

白色大理石常被误认为白玉，有“汉白玉”之称。下图新石器时代晚期斧形器以白色大理石制作，但是它的质感不若玉器温润，具有大理石质的独特纹理，可以作为辨别的依据。

图片来源：《中国古玉工艺展》，页12，“大理石斧”。

新石器时代晚期　大理石斧
长9.5cm、宽8.5cm、厚1.3cm

冻石

冻石色彩及透明感与玉器相近，但不若玉器质地温润坚硬。下图西周冻石璜近似玉璜，但是质地缺乏温润的光泽，而且具有白色的撞击痕，呈现低硬度的石材特征。类似的器物可见于山西洪洞永凝堡西周墓中。

图片来源：《认识古玉》，页57，上图，“龙纹石璜”。
注：《中国出土玉器全集-3》，页81，“玉璜”。

西周　冻石璜
长15.5cm、宽2.7cm、厚0.2cm

滑石

滑石器盛行于战国晚期至汉代，颜色灰褐干涩，表面常有白色撞击点与刮痕，大多制作为璧形器、龙形佩、组佩饰、握猪等似玉造型。湖南省长沙楚墓、广州汉墓等地都有与此器类似的滑石璧出土。

图片来源：《认识古玉》，页58，上图，“滑石璧”。
注：《长沙楚墓》，图版一〇〇（C）-6，“石璧”；《广州汉墓》（下），图版七〇（LXX），“滑石璧”。

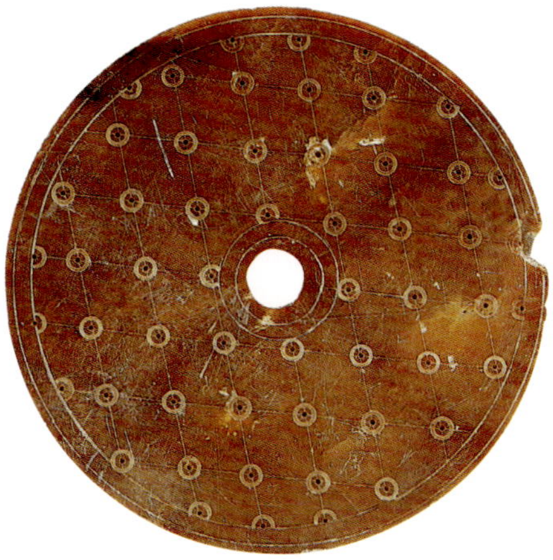

战国　滑石璧
外径16cm、厚0.4cm

似玉玛瑙器

似玉玛瑙器从新石器时代开始就已经出现，颜色有白、红、绿、褐、黄、黑、多色等色系，造型与各代玉器相仿。虽然玛瑙的光泽度高、透明感强，很容易与玉器造成混淆，但是它的质地坚硬致密、不易受沁，表面较少雕琢纹饰。

黄色玛瑙

下图斧以黄色玛瑙制作，造型近似新石器时代凌家滩文化出土的玛瑙斧，它的质地坚硬致密，光泽度较高，与玉器的质感不同。

图片来源：震旦博物馆提供。

注：《凌家滩玉器》，图19，“玛瑙斧”。

新石器时代晚期　玛瑙斧
长15cm、宽4.8cm、厚0.6cm

玉髓

白色无花纹玛瑙俗称“玉髓”，常与白玉造成混淆，它的质地坚硬、透明感强，而且大多素面无纹饰，是与玉器最明显的差异之处，类似的器物亦曾出土于江苏省南京市北阴阳营遗址。

图片来源：《中国古玉工艺展》，页13，“玛瑙璜”。

注：《中国玉器全集-1 原始社会》，图五七，“玉璜”。

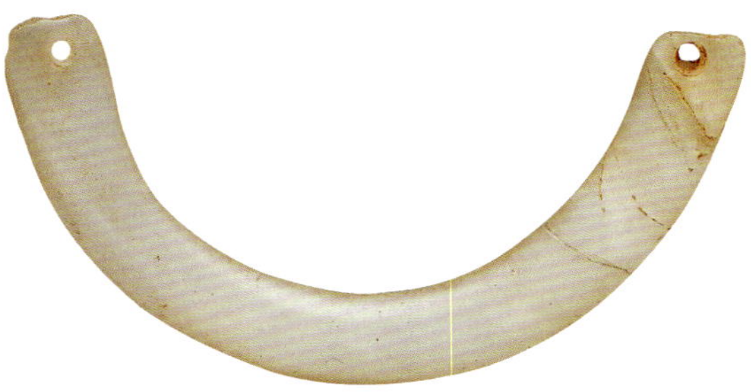

新石器时代晚期　玉髓璜
长8cm、宽1.2cm、厚0.8cm

红色玛瑙

商周时期盛行以红色玛瑙制作珠瓃，可以自行作为串饰，或与玉质饰品相连成串，形成美丽的色带。如三门峡虢国墓出土的成组项饰中，即有红色玛瑙串联，可以作为此类器物使用方法的参考。

图片来源：震旦博物馆提供。

注：《三门峡虢国墓》，彩版一八（XVIII），“玛瑙珠、玉管组合项饰”。

西周　玛瑙珠
长0.5~1.5cm

局部红色玛瑙

图中环形器以红白相间的玛瑙制作，颜色亮丽，光泽度高，表面光素没有雕琢纹饰，与山东鲁国故城出土的红色玛瑙环类似，二者应同属战国时期的制器。

图片来源：震旦博物馆提供。

注：《曲阜鲁国故城》，图版一一二，“玛瑙环”。

战国　玛瑙环
外径8cm、厚0.9cm

点状红色玛瑙

玛瑙的硬度高，不易雕琢，器表大多没有纹饰，只有少数器物顺着色泽纹理设计一些纹样，如下图汉代玛瑙剑璏充分运用红白相间的色泽制作浮雕螭龙纹，属于玛瑙巧雕之作。湖南省零陵县出土的蟠螭纹玛瑙剑珌也有类似的巧雕纹饰。

图片来源：《中国古玉工艺展》，页13，"玛瑙剑璏"。
注：《汉代文物大展》，页136，图66，"蟠螭纹玛瑙剑珌"。

汉代　玛瑙剑璏
长6cm、宽3cm

块状红色玛瑙

下图唐代玛瑙杯呈敞开花朵形，底部具有圆形的圈足，色泽亮丽，透明感强，呈现玛瑙器的典型特征。类似的器形与质感，亦可见于西安市南郊沙坡砖厂出土的玛瑙钵上。

图片来源：《唐宋元明清玉器》，图225，"玛瑙八瓣长形杯"。
注：《中国玉器全集-5 隋唐—明》，页20，图29，"玛瑙钵"。

唐代　玛瑙八瓣长形杯
长11.4cm、宽8.2cm、高5.4cm

似玉玻璃器

古代的似玉玻璃器大多为黄、白、蓝、绿等单一的色系，它们的制作方法以模铸为主，有的在模铸造型后加以雕琢纹饰。其特征是色泽匀亮，内部含有气泡点，表面具有五彩贝壳光，破损处可以看出明显的玻璃质，入土后常因内部含铅发生化学变化而产生具有粉质感的铅白现象。

黄色玻璃

图中黄色玻璃器的形制与西周梯形玉饰相同，表面铅白所呈现出来的流体花纹正是似玉玻璃器的特色之一。类似的质感亦可见于宝鸡强国墓地出土的兽面饰品上，可以互相比较参考。

图片来源：《玲珑晶灿——中华古玻璃艺术展》，页114，左下图，"玻璃多孔梯形饰"。
注：《宝鸡强国墓地》，图版一七八（CLXXVIII），"兽面饰"。

西周　玻璃梯形饰
长5.5cm

蓝色玻璃

图中蓝色玻璃璧以模铸法一体成形，器表有模印的痕迹，破损处可见平滑透亮的玻璃质。陕西、河南、湖南、广州等地都有类似的玻璃璧出土，如湖南省博物馆收藏的墨绿色谷纹玻璃璧即与此器相似。

图片来源：《玲珑晶灿——中华古玻璃艺术展》，页123，下图，“蓝色玻璃璧”。

注：《汉代文物大展》，页140，图70-1，“墨绿色谷纹玻璃璧”。

战国晚期至西汉　玻璃璧
外径12.5cm、厚0.3cm

下图是蓝色玻璃耳珰，质感剔透明亮。以模铸法制作造型后，从中间上下对钻一个长孔，造型与广州汉墓出土的玻璃耳珰相同。

图片来源：《玲珑晶灿——中华古玻璃艺术展》，页121，下图，“蓝色玻璃耳珰”。

注：《广州汉墓》，图版114（CXIV）：3，“珠饰”。

汉代　玻璃耳珰
高1.7cm、最大径1.4cm

乳白色玻璃

图中乳白色玻璃璧，正面布满乳钉纹，模铸成形，背面以砣具雕琢三对平行线交织而成的蒲纹。湖南长沙杨家山曾经出土与此近似的玻璃璧。

图片来源：《玲珑晶灿——中华古玻璃艺术展》，页120，左上图，“玻璃璧”。

注：《长沙楚墓》，图版104（CIV）：5，“玻璃璧”。

战国晚期至西汉　玻璃璧
外径12cm、厚0.6cm

白色玻璃

下图汉代玻璃蝉近似白玉，表面有砣具雕琢的特征，但是其器表泛五彩贝壳光，下端破损处可见平滑透亮的玻璃质。类似的玻璃蝉在扬州西湖胡场6号汉墓中也见出土，是汉代的仿玉玻璃器之一。

图片来源：《认识古玉》，页64，上图，“玻璃蝉”。

注：《汉广陵国玉器》，页161，图版138，“包银箔玻璃蝉”。

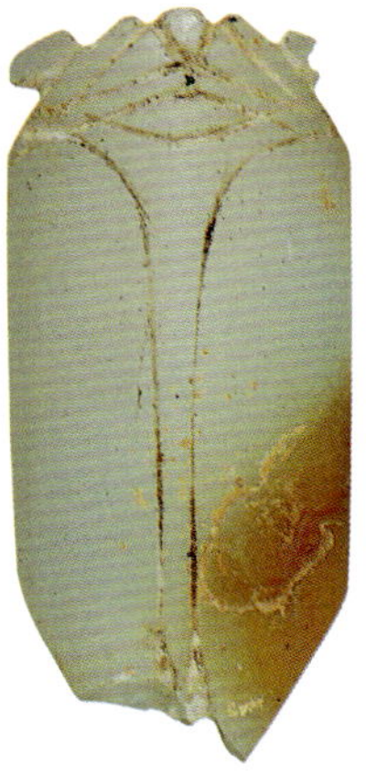

汉代　玻璃蝉
长8cm、宽3cm、厚0.8cm

青白色玻璃

图中所示为整套汉代玻璃剑具，其造型纹饰皆与玉质剑饰器相同，但是表面铅白具有粉质感，破损处露出平滑透亮的质地，呈现玻璃器的特征。湖南省长沙市战国楚墓也有类似的玻璃剑首与剑璏，可供参考比对。

图片来源：震旦博物馆提供。

注：《中国美术全集·工艺美术编10 金银玻璃珐琅器》，图二〇六，“玻璃剑首、剑璏”。

汉代　玻璃剑具
长4.6~7.6cm

乳浊玻璃

图中辽代玻璃双凤纹佩的风格与同期玉饰相同，表面也用砣具雕琢线纹，是模仿玉器而制作的似玉玻璃器。陕西省考古研究所收藏的镂空龙纹琉璃方銙，与此件玻璃双凤纹佩材质相似，可以互相参考印证。

图片来源：《玲珑晶灿——中华古玻璃艺术展》，页125，“玻璃双凤佩饰”。

注：《北周隋唐近畿玉器》，页142，图215，“镂空龙纹琉璃方銙”。

辽金　玻璃双凤纹佩饰
长7.5cm、宽5cm、厚0.6cm

乳黄色玻璃

下图乳黄色玻璃双鹤纹佩，以模铸法制作而成，表面以砣具雕琢细部线纹。类似的花鸟题材可见于北京房山榑墓出土的北宋双鹤唧草玉饰。

图片来源：《玲珑晶灿——中华古玻璃艺术展》，页124，下图，“玻璃双凤佩饰”。

注：《中国美术全集·工艺美术编9 玉器》，图一三五，图二四〇，“双鹤唧草”。

辽金　玻璃双鹤纹佩
长5.3cm、宽4cm、厚0.5cm

二 制作工具与痕迹

（一）砣机与解玉砂
（二）砣具
（三）线具
（四）金属片状工具
（五）管具
（六）桯具

古人有言："玉不琢，不成器"，用以强调教育和学习的重要性，却也一语道出美丽的玉石要成为器物必须经过雕琢的事实。只是中国古代玉器起源虽早，但有关工艺技术的文献记载却付之阙如，直至明清时期才有少量著作传世。

明代宋应星所著《天工开物》囊括中国传统农业与手工业生产技术十八种，其中即有一卷专门论及"珠玉的采集与加工"。至清代李澄渊作《玉作图》，将玉器制作分为"捣沙、开玉、札砣、冲砣、磨砣、掏堂、上花、打钻、透花、打眼、木砣、皮砣"等十二道工序，除在首篇说明解玉砂的捣制与筛选之外，其后各篇亦历述玉器从切割、制形、琢纹、镂空到打磨的过程，以图文并陈的方式介绍各种工具的形状及操作方法，因其画风写实、注解清楚，故而成为研究古代制玉工艺不可或缺的资料之一。但是，古玉毕竟属于新石器时代晚期至汉代的制器，距离明清时期有数千年之遥，在作坊遗址尚未发现的情形之下应如何探索其制作工艺，甚为难解。笔者深信玉器的制作是世代相传、逐渐革新的技术，古玉的时代虽远，仍可从明清时期遗留的资料之中了解玉器制作的概况，进而通过对古玉表面琢磨痕迹的观察，还原古玉制作所使用的工具形状与方法。

本单元首先介绍近代使用的砣机和解玉砂，其次分项介绍砣具、线具、金属片状工具、管具及桯具等，通过实物痕迹与辅助图的剖析展示，对新石器时代晚期至汉代的制玉工具与琢磨特征加以说明。

明清至民国初年制玉机器复原图

(一) 砣机与解玉砂

上图所示砣机模型是根据潮州老师傅所绘之明清至民初时期的水凳图原样复制而成的。“水凳”即是制玉机器的俗称，其主体是一个横向的工作台，台上架有一根旋转轴，轴前端粘接砣具，轴上垂系绳索，绳索下端系绑踏板。玉工制作玉器时坐于高凳上，手持玉石置于砣具下方，以水蘸取解玉砂涂抹于砣具边缘和玉料表面，双脚交互踩踏踏板，带动旋转轴和砣具来回转动，搓摩解玉砂用以磨耗玉料，达到雕琢的目的。砣具旁边架设弧形侧板，遮挡飞溅起来的碎屑，玉工会在琢磨的过程中不时用水清洗，让碎屑顺着倾斜的底板流至木桶中。

解玉砂是由硬度比玉更高的矿物碾磨而成，颗粒有粗细之别。颗粒粗大的解玉砂用来切割，颗粒细小的解玉砂则用于雕琢纹饰。

图片来源：《中国古玉工艺展》，页15，“制玉机器——砣机”、“解玉砂”。

粗细不同解玉砂

(二) 砣具

砣具是一种圆盘状的工具，本体的大小厚薄各不相同，边缘也有薄刃与平钝的差异，盘体后面以一根圆杆与砣机的旋转轴相连，功能各不相同，是制作玉器最为普遍的工具。下图所示者为民国时期潮州老师傅使用过的各种砣具，可用于切割、镂空、钻孔及打磨等。

图片来源：《中国古玉工艺展》，页15，“砣具”。

各式砣具

根据古玉表面残留的痕迹推测，新石器时代晚期至汉代所使用的砣具大致有五种：宽砣、斜砣、用于琢纹与镂空的细砣、用于切割的大砣、用于打磨的平砣。

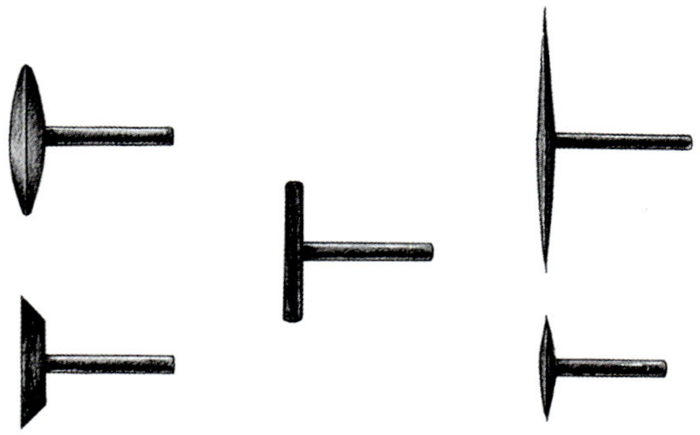

各式砣具示意图

砣具切割

砣具切割见于新石器时代晚期，有双向对切和单向切割两种。下图所示新石器时代斧形器的表面上有一道中间宽深、两端尖浅的凹痕，这应是中厚边薄的圆形砣具之遗痕。

图片来源：《中国古玉工艺展》，页17，“石斧”。

注：《中国出土玉器全集-2》，图16，“玉斧”。

新石器时代晚期　石斧
长15cm、宽4.8cm、厚0.6cm

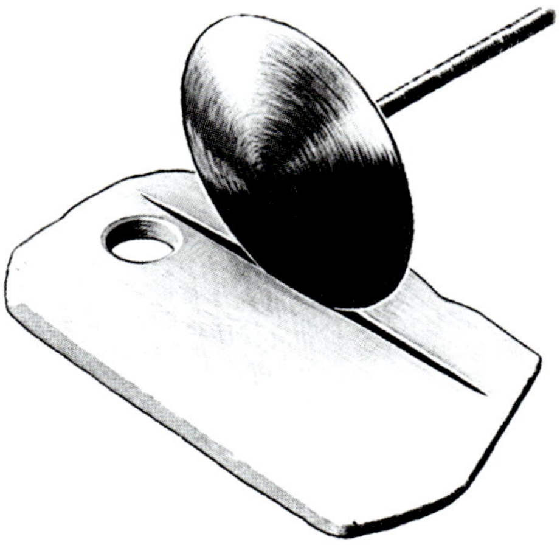

砣具切割示意图

图中另一件红山文化玉猪龙颈背处，亦有一道垂直的凹痕。此道凹痕呈现上方宽深、下方尖浅的形状，应是砣具切割玉料所留下的痕迹。与此相同的切割痕迹可见于内蒙古自治区敖汉旗敖润苏莫苏木羊羔庙遗址出土的玉斧上。

图片来源：《红山玉器》，页19，图24，“玉猪龙”。
注：《中国出土玉器全集-2》，图16，“玉斧”。

红山文化　玉猪龙
长8cm、宽5cm、厚2.3cm

砣具琢纹

下图为红山文化兽形佩残器，表面的阴刻线纹都呈中间宽深、末端尖浅之状，显然是用砣具逐段雕琢而成。类似的琢纹痕迹可以参见天津市博物馆所收藏的玉勾云双鸟形佩。

图片来源：震旦博物馆提供。
注：《中国玉器全集-1　原始社会》，图一四，“玉勾云双鸟形佩”。

红山文化　兽形玉佩
长7.5cm、宽4cm、厚0.3cm

砣具镂空

砣具镂空是红山文化特有的工艺，大多采用双面对磨的方式制作，透空处呈现中间宽深、末端尖浅的形状，透空边缘扁薄如刃。例如辽宁省朝阳市牛河梁遗址第二地点一号冢27号墓出土的勾云形玉器上，即可观察到砣具镂空的现象。

图片来源：《认识古玉》，页91，“兽形玉佩”。
注：《中国出土玉器全集-2》，页133，“勾云形玉器”。

红山文化　兽形玉佩
长9.5cm、宽5cm、厚0.3cm

砣具打孔

砣具打孔法盛行于新石器时代晚期，通常以砣具双面对磨或用砣具配合桯具打孔的方式制作，往往在透空处留下中间宽深、末端尖浅的砣磨痕迹。例如青海乐都柳湾墓地所出土的石刀上，即有如图所见的砣磨痕迹，是此一技法的例证。

图片来源：《中国古玉工艺展》，页17，“玉刀”。
注：《青海柳湾——乐都柳湾原始社会墓地》（下），图版六一（LXI-5），“石刀”。

新石器时代晚期　玉刀
长12.4cm、宽4.3cm、厚0.4cm

(三) 线具

线具包括软性线具、金属三角棱条状工具及金属薄刃线状工具三种，分别盛行于新石器时代晚期、商周时期及春秋战国以后。由于每种线具的材质和形状并不一样，所留下的制作痕迹也各不相同，可以作为判定的依据。

软性线具：新石器时代晚期

软性线具拉切时，线绳会随着拉力大小或玉质疏密的差异而上下波动，在切割面上往往留下彼此凹凸对应的现象。图中玉玦的缺口处并不平整，即是如此造成。此外阜新查海遗址、浙江省余姚县河姆渡遗址、江苏省常州市圩墩等地均有类似的玉玦出土，可以比对参考。

图片来源：《认识古玉》，页71，“玉玦”。

注：《中国考古文物之美·文明曙光期祭祀遗珍1 辽宁红山文化坛庙冢》，图29，“玉玦”；《中国玉器全集-1　原始社会》，图九四、九七，“玉玦”。

兴隆洼文化　玉玦

外径4.5cm、厚1.1cm

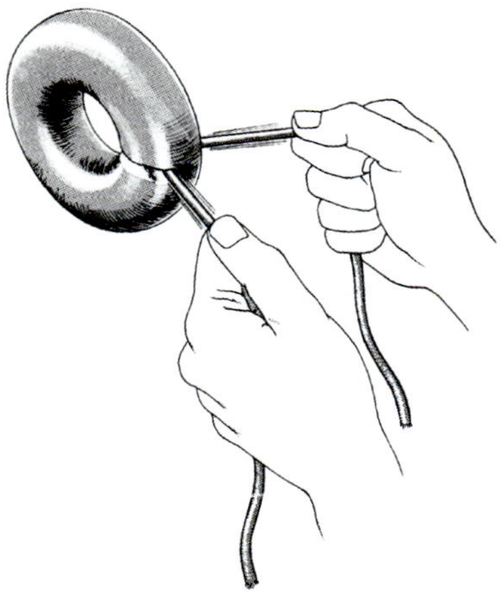

软线切割示意图

图中良渚文化玉璜，表面有一道道的弧形线纹，线纹的弯曲幅度由大至小依序排列，这也是软线切割的特征之一，相同的弧形线纹亦可见于安徽凌家滩所出土的玉璧上。

图片来源：作者提供。

注：《凌家滩玉器》，页100，图106，“玉璧”。

良渚文化　玉璜

长8cm、宽4cm、厚0.3cm

弧形纹特写

金属三角棱条状工具：商周时期

金属三角棱条状工具用于镂空，使用时固定在弓形把手两端，玉工手执弓把来回拉锯，透空处的末端呈三角形的收尖之状。下图所示西周玉璜的镂空末端皆呈三角形，正是以三角棱条状工具所拉锯而成的。相同的镂空技法可见于三门峡虢国墓出土的人龙合纹玉璜上。

图片来源：《西周玉器》，页102，图73，“人龙纹璜”。

注：《三门峡虢墓》（下），彩图版一三（XIII－2），“人龙合纹璜”。

西周　人龙纹璜
长12cm、宽6.7cm、厚0.3cm

三角棱条状工具镂空特写

金属薄刃线状工具：春秋战国以后

金属线具主要用于镂空或剑璏的镶嵌孔去料工序上。玉工将金属线固定在弓形把手的两端，以手握弓把来回拉锯，常在切锯面上留下细密的直线痕迹。如下图战国晚期至西汉玉剑璏的矩形镶嵌孔内，见有一道道直线痕迹，便是使用金属线具拉切去料产生。与此相同的切割痕迹亦见于玉剑璏。

图片来源：《认识古玉》，页89，“玉剑璏”。

注：《中国出土玉器全集－11》，页162，“玉剑璏”。

西汉　玉剑璏
长7.5cm、宽1.8cm、厚1.2cm

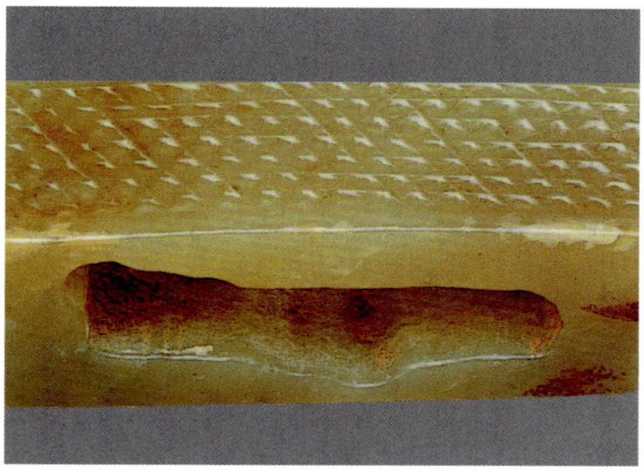

金属线具镂空特写

(四) 金属片状工具

金属片状工具为扁平状的长条工具，主要用来切割玉料。根据出土玉器所作的观察，新石器时代晚期至商周便已开始使用金属片状工具，春秋战国以后，金属片具成为最主要的切割工具。

使用金属片状工具进行切割，往往在切割面上留下平直薄利的痕迹。下图新石器时代玉斧的表面残留有一道浅浅的斜向台阶，这是由于金属片状工具在进行玉料双向切割过程中，对切不齐，使得分剖开的玉料表面留下如此的台阶现象。湖北省肖家屋脊出土的玉璜上，也有相同的对切痕迹，可以作为印证的参考。

图片来源：《中国古玉工艺展》，页18，“玉斧”。
注：《石家河文化玉器》，页157，图130，“璜”。

新石器时代晚期　玉斧
长16.8cm、宽5.7cm、厚0.6cm

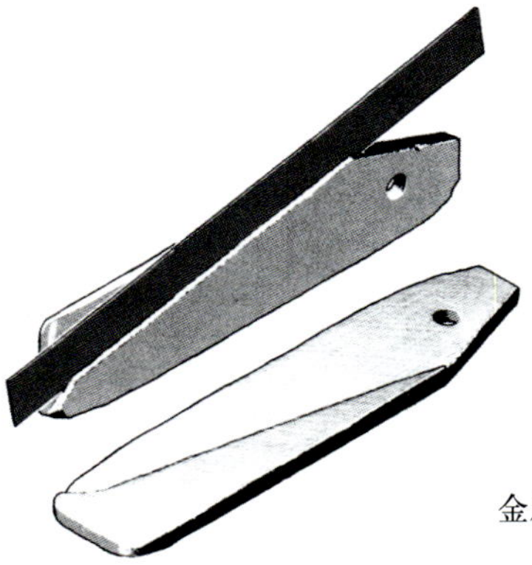

金属片状工具切割示意图

图中红山文化勾形玉簪的表面，也有一道笔直的凹痕，正是玉工用金属片状工具双向切割玉料的时候，因为对切不齐而产生的现象。类似的平直痕迹亦可见于敖汉旗大甸子乡大瓜翅出土的玉箍坯料。

图片来源：震旦博物馆提供。
注：《红山玉器》，页163，“玉箍坯料”。

红山文化　勾形玉簪
长14.8cm、宽3.7cm、厚0.5cm

下图齐家文化玉璧的右侧，有不平整的台阶现象，边缘平直，突起的厚度极薄，与春秋战国玉器上平直薄利的切割痕迹相同，显然是以金属片状工具拉锯而成的。相同的切割痕迹可见于甘肃省定西市安定区内官营镇清溪村出土的玉环。

图片来源：《中国古玉工艺展》，页18，“玉璧”。
注：《中国出土玉器全集-15》，页18，“玉环”。

齐家文化　玉璧
外径12cm、厚0.5cm

由于薄利的金属片状工具可以消耗较少的玉料，进行比较准确的切割，所以适合用于成对片饰器的制作。下图所示战国时期龙形佩尚未完工，器表各有一道平直的切割痕，两者可以互相对应，正是以金属片具切割的例证。类似的切割痕迹亦可见于湖北省随州市曾侯乙墓出土的龙形佩。

图片来源：震旦博物馆提供。
注：《中国出土玉器全集-10》，页84，“龙形玉佩”。

战国　玉龙
长12.5cm、宽2.6cm、厚0.2cm

(五) 管具

圆管状的工具有小管、中管、大管三类，各有不同的功能。小管用于打孔及高浮雕纹饰的减地，中管用来制作环形器的中心圆孔，大管则用于钻磨玉璧的外廓。管具的使用方法有单向管钻和双向对钻两类，由于玉料会随着旋磨次数增加而耗损愈多，或是因为双向管钻对接整齐与否等缘故，使孔径产生宽窄变化，形成喇叭孔及不平整的台阶现象。

管具打孔

管具打孔过程中，往往会发生移位现象，从而在器物表面遗留下相应的制作痕迹。图中所示由福泉山所出土的良渚玉钺，器中部透穿一个系绑孔，系孔上方有一圆形凹痕，是用小型管具打孔时，因移位而留下的移位痕迹。

图片来源：《福泉山——新石器时代遗址发掘报告》，彩版一二(XII)，“玉钺”。

良渚文化　玉钺
长17cm、宽9.6cm

管具打孔示意图

下图为新石器时代晚期玉钺，器中部透穿二个系绑孔，其中一孔具有钻孔移位的圆形凹痕，从凹痕形状可以判断当时所使用的打孔器具为空心的圆管工具。

图片来源：《认识古玉》，页85，“玉钺”。
注：《中国玉器全集-1 原始社会》，图一三一，“玉钺”。

新石器时代晚期　玉钺
长11.5cm、宽5.7cm、厚0.3cm

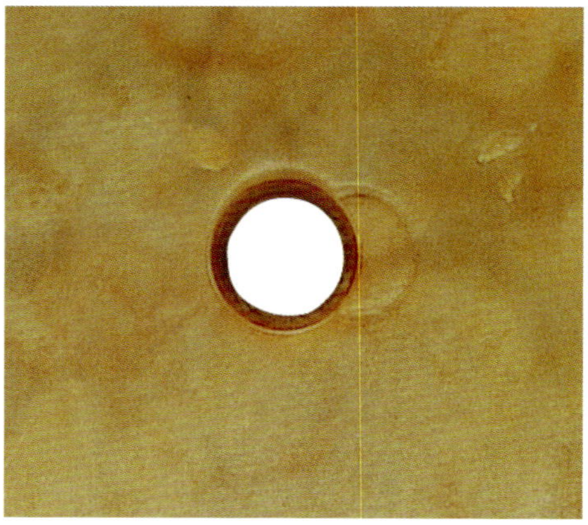

管钻移位特写

单向管钻时，上端旋磨次数最多，玉料耗损量最大，圆孔呈上大下小的喇叭孔状，取出的芯料则为上小下大之状。下图为新石器时代尚未完工之环形器，可以看见玉料耗损量与孔径大小及芯料形状的对应关系。相似的未完工痕迹亦可见于青海省民和县喇家遗址出土的玉璧芯。

图片来源：《认识古玉》，页120，“未完工环形器”。
注：《中国出土玉器全集-15》，页146，“玉璧芯”。

新石器时代　未完工环形器
外径4.3cm、高2.5cm

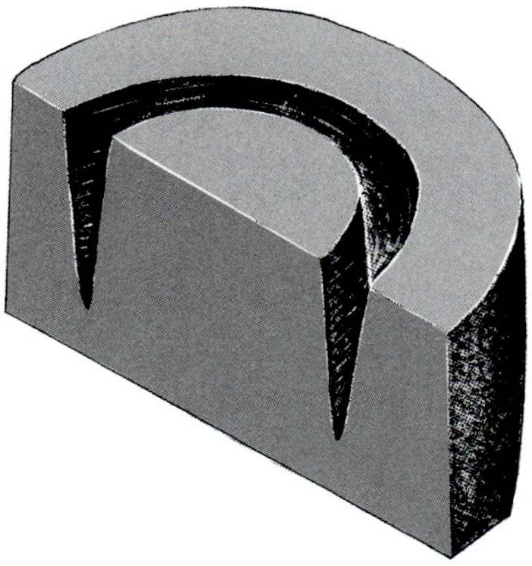

单向管钻示意图

下图新石器时代玉管内部透穿一个长孔，孔缘残留一个管具钻磨的凹痕，其直径比一般的系带孔大，显然是用中型管具钻磨而成的，为中管打孔、取出芯料留下参考的例证。赤峰市文物商店征集的红山文化勾云形玉佩上亦有此种尚未穿透的钻孔痕迹。

图片来源：《认识古玉》，页86，右图，“管形器”。

注：《红山玉器》，页148，“勾云形玉佩”。

新石器时代　玉管
外径1.4cm、高3.5cm

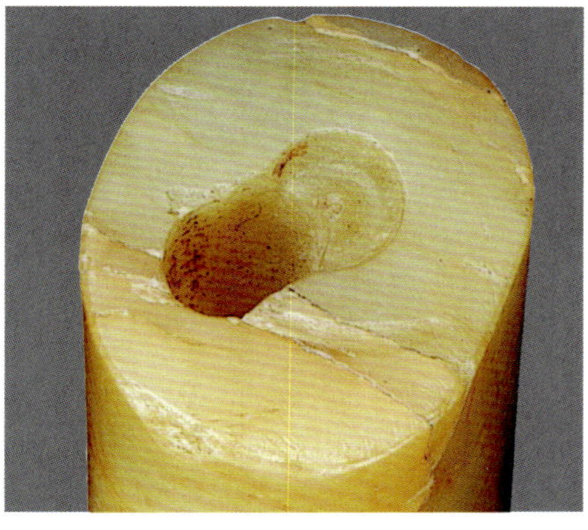

钻孔移位特写

管具去料

战国晚期至西汉的玉剑琫内部，有一个套接剑体的矩形穿孔，穿孔两侧的地子较低，是以管钻法去料而成，因此在低凹的地子上常留成排的管钻凹痕，如南越王墓出土的玉剑琫上即有此种痕迹，可以作为管钻去料法的例证。

图片来源：《认识古玉》，页88，下图，“玉剑琫”。

注：《南越王墓玉器》，图222、225，“格”。

汉代　玉剑琫
长5.6cm、宽1.7cm、厚1cm

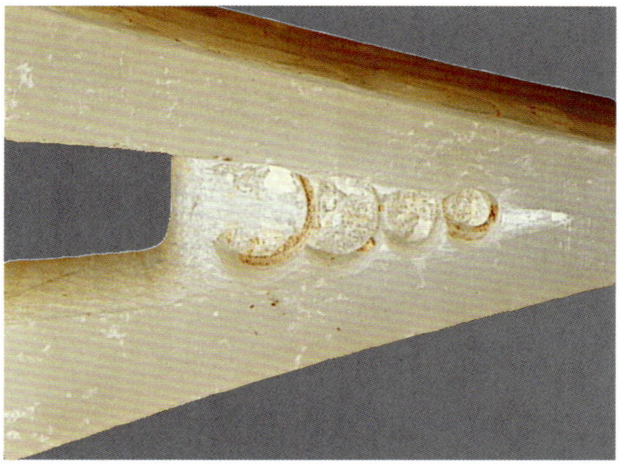

管钻去料特写

(六) 桯具

桯具是一种实心的锥状工具，主要用于系带孔、器内镂空及强化浅浮雕纹饰等工序，使用时有单向桯钻及斜向对钻两种方式。由于桯具的形状特征与玉料耗损量由上向下递减等因素的影响，桯钻圆孔常有上大下小的喇叭孔现象。

桯具打孔

桯具打孔常呈现上大下小的喇叭状，图中齐家文化玉璜具有两个系带孔，右侧系孔上方有一个圆形的凹洞，是以锥状工具打孔时因故移位而留下的，类似的打孔痕迹亦可见于西藏自治区昌都县卡若村出土的玉璜上。

图片来源：《认识古玉》，页83，“玉璜”。
注：《中国玉器全集－1　原始社会》，页205，图二九三，“玉璜”。

齐家文化　玉璜
长13.5cm、宽4.5cm、厚1.3cm

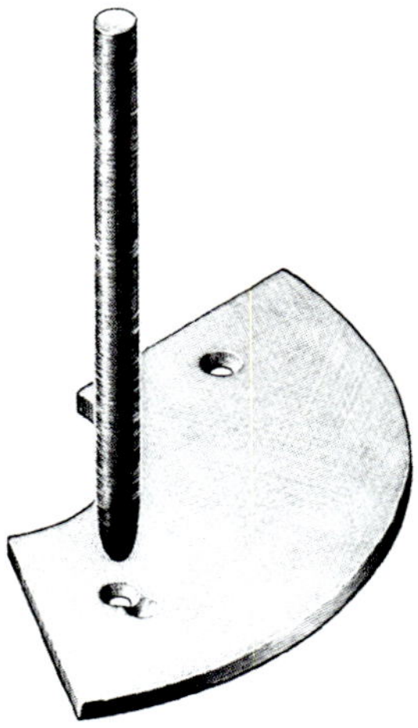

桯钻打孔示意图

桯具镂空

下图为新石器时代晚期玉璜，内部为一人字形镂空，镂空中部有一个上大下小的喇叭状痕迹，即是以桯具打孔作为器内镂空首道工序的例证。江苏省吴县张陵山出土的玉觽上，也有相同的人字形镂空，可以作为印证的参考。

图片来源：《认识古玉》，页92，“玉璜”。
注：《良渚文化玉器》，图203，“觽”。

新石器晚期（江淮地区）　玉璜
长12.5cm、宽5.8cm、厚0.4cm

桯具镂空特写

斜向对钻

“牛鼻穿”，是红山文化颇为盛行的穿孔形式，这种穿孔是用桯具以上下倾斜的方式对钻而成。图中为红山文化玉饰的背面，有二组左右并列的系带孔，每一组均呈现上下倾斜对穿痕迹。与此相同的斜向对钻孔可见于凌源三官甸子红山文化墓地二号墓出土的勾云形佩。

图片来源：《认识古玉》，页81，“兽面玉饰”。

注：《中国考古文物之美·文明曙光期祭祀遗珍1　辽宁红山文化坛庙冢》，图16、18，“勾云形佩”。

红山文化　兽面玉饰
长4.7cm、宽2.8cm、厚0.6cm

桯具镂空特写

双面对钻

桯具双面对钻而成的穿孔孔径呈上下两端较大、中间收窄的现象。下图战国龙形佩通体呈S形，龙身中间有一个系带孔，孔径两端较大、中间收窄，是以桯具双面对钻而成。河南省信阳县长台关一号墓出土的玉龙佩，也有类似的桯具对钻痕迹。

图片来源：震旦博物馆提供。

注：《中国玉器全集－3　春秋·战国》，页161，图二五二，“玉龙佩”。

战国　龙形佩
长8.2cm、宽2.2cm、厚0.2cm

去料凹痕

桯具除用于穿孔外，也用于纹饰等的强化处理。图中汉代玉剑璏以浅浮雕螭龙纹为饰，为强化龙身弯转、突显浅浮雕纹饰，龙纹周边以桯具钻磨数个凹痕。相同的技法亦可见于南越王墓出土的玉剑首上。

图片来源：《认识古玉》，页241，“剑璏”。

注：《中国出土玉器全集－11》，页149，“玉剑首”。

汉代　剑璏
长4.6cm、宽2.3cm、厚1.1cm

三 造型制作工序与痕迹

（一）蹄形器制作

（二）琮形器制作

（三）璧形器制作

（四）璜珩制作

（五）片饰器制作

（六）改形器制作

古玉的形制发展会随着时空的转变而异动，新石器时代晚期以礼器类、仪杖类、兵器类及工具类为主，商周以降，佩饰器、服饰器、剑饰器等装饰品类及丧葬器类逐渐成为主流，其形制特征反映出各时代对于玉器使用需求并不一致，而各种器物的成形方法则可反映出各时期生产条件和技术的差异性。

大致而言，玉器的成形方法首先以各件玉器的形状作为主要的考量。由于玉料的硬度高、难雕琢、珍贵不易取得等因素，促使玉工在进行造型制作时，大多会优先考虑如何节省玉料与工时，将“省工省料”作为玉器制作的准则之一，由此在玉器的成形工艺上产生出某些特殊的现象，如以某种器物的形状为主，用当时所能取得的工具进行切磨，留下各时代特有的工具痕迹；或是以主要器形的余料制作器物，使该件器物呈现余料的形状特征；或是以量产的心态考量，在玉器制作中，用厚玉料制作造型，再分切多片，达到省工省料及配对齐整的目的；又或是对破损及不再使用的旧器进行改制，使新制器物保留有部分原始器物的造型或纹饰。

本单元选取不同时代的典型器物，分蹄形器、琮形器、璧形器、璜形器、片饰器及改形器六项，说明它们的成形工序与制作痕迹。

(一)蹄形器制作

蹄形器是新石器时代红山文化特有的器物，造型呈上大下小、斜口椭圆、中空无底之状。其制作工序如下图所示，首先切磨蹄形器的外廓，其次在器缘处桯钻打孔，然后穿线入孔，沿着器缘拉切，取出中心玉料即成。

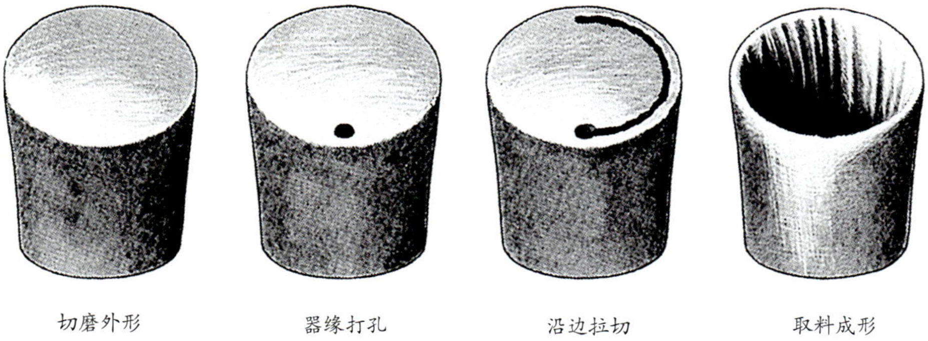

蹄形器制作工序示意图

器缘打孔

蹄形器外廓形状切磨完成之后，玉工往往会在器缘处以桯具打孔，为钻取芯料的工序提供参酌。下图为红山文化蹄形器的半成品，外廓已基本切磨完成，器缘处有一直孔，为桯具对钻而成。类似的玉箍坯料亦曾出土于敖汉旗大甸子乡大瓜翅地区。

图片来源：《认识古玉》，页116，“未完工蹄形器”。
注：《红山玉器》，页162，“玉箍坯料”。

红山文化　蹄形器
高6cm、上最宽8cm、下最宽6.5cm

打孔痕迹

蹄形器制作过程中，各工序所选用的不同工具往往会在器物表面留下相应的制作痕迹。图中红山文化蹄形器的内壁有一个垂直的凹痕，凹痕表面有横向的旋磨线纹，正是以桯具打孔、线拉去料所留下的制作痕迹。与此相同的工序亦可见于辽宁省凌源县三官甸子墓出土的蹄形器上。

图片来源：震旦博物馆提供。
注：《中国美术全集·工艺美术编9 玉器》，图一，"玉马蹄形器"。

红山文化　蹄形器
高8.8cm、上最宽7.8cm

打孔痕迹特写

拉切痕迹

蹄形器的制作在完成器缘打孔之后，会以线形工具沿器缘进行拉切取芯，因此在器物内壁会留下线性工具拉切所留下的痕迹。图中为辽宁省凌源县三官甸子墓出土的红山文化蹄形器，器内有许多软线拉切的痕迹，正是桯钻打孔后、线拉去料所留下的工艺特征。

图片来源：《中国美术全集·工艺美术编9 玉器》，图一，"玉马蹄形器"。

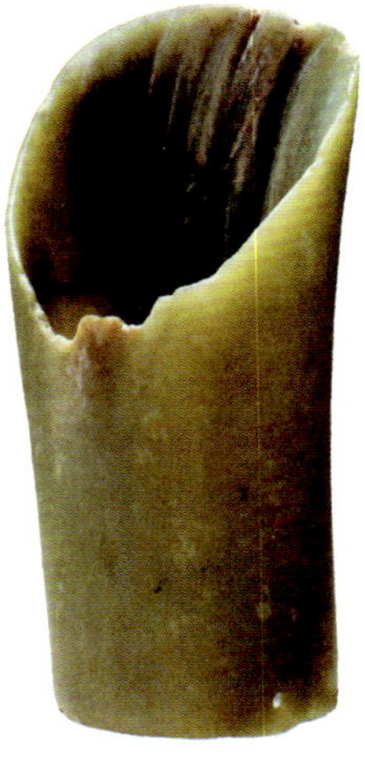

红山文化　蹄形器
高18.7cm、上口径8~11cm、下口径6.5~8cm

取出芯料

取出芯料所使用的工具，有时不仅会在器物表面留下工序特征，也会在取出的芯料上留下相应的痕迹。下图玉料为内蒙古敖汉旗丰收乡骆驼营子出土，玉料表面保留一道垂直的凹槽，符合桯具由上向下钻磨的特征，因此判断此块玉料是从蹄形器取出的芯料。

图片来源：《红山玉器》，页161，"玉箍内芯"。

红山文化　玉箍内芯
高11cm、最宽6cm

（二）琮形器制作

琮形器盛行于新石器时代良渚文化、龙山文化、齐家文化等地区，以外方内圆的形状作为共同的基本特征。其制作工序如下所示，首先切磨出方形的外廓，用管具打孔后取出中心玉料，然后以去角为圆法切磨上下两端的八个方角，形成上下两个圆形射口，即为初步成形的玉琮。

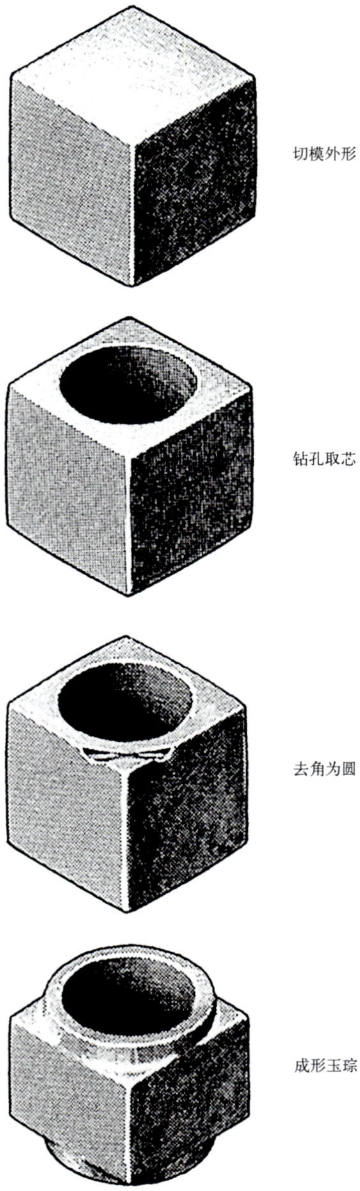

玉琮制作工序示意图

钻孔取芯

琮形器的制作在完成方形外廓切磨之后，即要进行管具钻孔取芯的工序。图中为齐家文化玉琮的半成品，上方用管具钻磨圆形的凹槽，内部突起为圆柱形，整个状态停留在打孔取芯料的未完工阶段。此类现象亦见于青海省民和县喇家遗址出土的玉琮芯。

图片来源：作者提供。

注：《中国出土玉器全集-15》，页147，“玉琮芯”。

齐家文化　未完工琮
高4.8cm、宽4.5cm

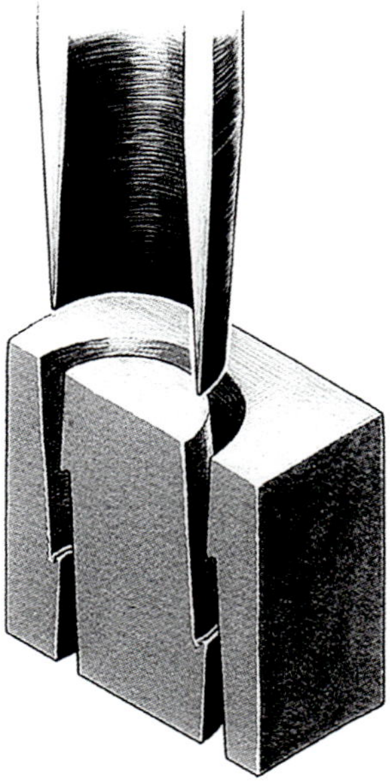

管具钻孔示意图

对钻不齐

琮形器制作中钻孔取芯工序常以双向管钻法处理。在制作中孔时，取芯过程中若管具对接不齐，会在孔壁中间产生不平整的台阶现象，而取出的芯料也有不平整的凸出，例如浙江余杭瓶窑出土的玉芯即可作为管钻错位的例证。

图片来源：《认识古玉》，页122左图，“孔芯玉料”。
注：《东方文明之光——良渚文化玉器》，页71，图90，“玉芯”。

新石器时代　玉芯
高4.8cm、最大径4.5cm

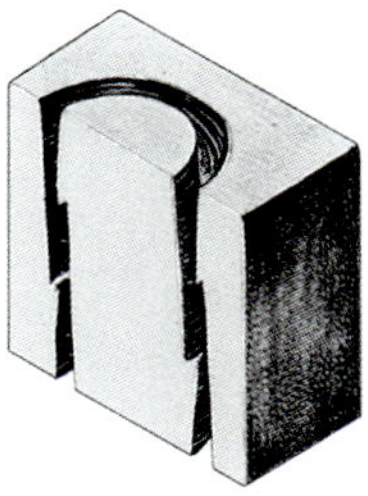

对钻不齐示意图

对钻整齐

以双向管钻法制作中孔时，若管具对接整齐，玉琮中孔呈上下两端较大、中间收窄的现象，取出的芯料则呈上下端较小、中间外鼓的形状。浙江余杭星桥横山出土的半片琮，其孔壁形状与此件芯料互相对应，可供参考对照。

图片来源：《认识古玉》，页124，“孔芯玉料”。
注：《东方文明之光——良渚文化玉器》，页31，图8，“半片琮”。

新石器时代　玉芯
高3.4cm、口径3cm、腹径3.6cm

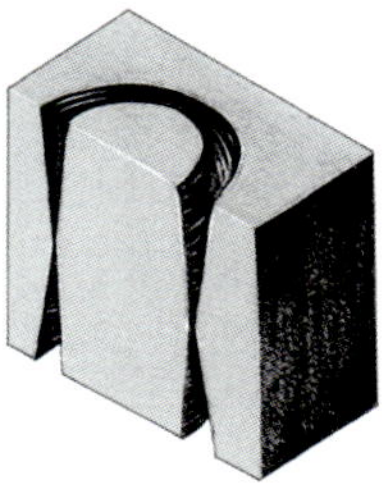

对钻整齐示意图

去角为圆

为呈现玉琮的基本特征，在钻孔取芯之后，会对方形外廓进行去角为圆处理。图中齐家文化玉琮的半成品，上端用砣具将其中一角切磨成圆弧状，呈现射口制作的初步工序。相同的器形亦可见于甘肃省甘谷县渭水峪出土的玉琮上。

图片来源：《认识古玉》，页127，“未完工玉琮”。
注：《中国出土玉器全集-15》，页30，“玉琮”。

齐家文化　未完工琮
高3.3cm、宽4.2cm

往复磨平

初步成型的玉琮，为增强其美观性，玉工往往会在最后进行必要的打磨处理。下图齐家文化玉琮残器的内壁残留有管钻旋转痕和垂直磨平痕，是玉工用双向管钻法取出芯料后，为了修整不平整的台阶现象而往复磨平的结果。甘肃省广河县齐家坪出土的玉琮，内壁也有类似的磨平痕迹。

图片来源：《认识古玉》，页125，“玉琮残器”。
注：《中国出土玉器全集-15》，页29，“玉琮”。

齐家文化　玉琮
高3.3cm、长4.8cm、宽4.8cm

(三) 璧形器制作

璧形器是历代皆有的品类，以内圆外圆作为造型的基本特征，但是制作方法却有明显的差异。新石器时代至商周以去角成圆法制作玉璧外缘，器形并不圆正；春秋战国以后，用大口径的圆管钻磨外廓，器形极为圆整；至战国晚期，保留璧外边料制作透雕纹饰，形成出廓璧的新形制。

去角成圆法

新石器时代至商周，璧形器外部轮廓的处理一般采用去角成圆法。图中良渚文化玉璧即以去角成圆法制作外廓，再用管钻法取出中心玉料，器形并不圆正，局部可见砣具切割的痕迹。

图片来源：震旦博物馆提供。

良渚文化　玉璧
外径20.5cm、厚1.1cm

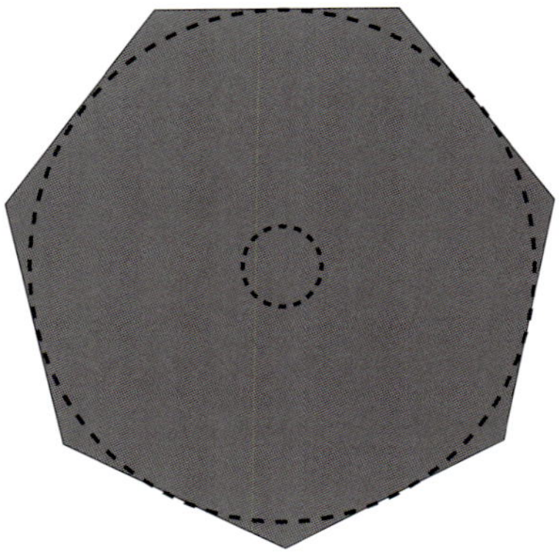

去方为圆示意图

这一时期璧形器去角成圆法的施用多借助于砣具逐步切割完成，边缘切割痕迹具有中间宽深、末端尖浅的现象。图中为上件玉璧的局部特写，边缘处切割残留中间宽深、两端尖浅痕迹，呈现去方为圆法的工艺特征。类似的切割痕迹亦可见于福泉山遗址所出土的玉璧上。

注：《福泉山——新石器时代遗址发掘报告》，彩版一八（XVIII'），5，"玉璧"。

玉璧边缘切割痕迹特写

对钻芯料

以双向管钻法制作璧形器内孔是璧形器内孔处理常用的方法。但是由于管具对钻不齐，孔壁常会有产生不平整的台阶现象，取出的芯料也会存在不平整的凸出。此种芯料特征亦可见于福泉山遗址出土的芯料。

图片来源：震旦博物馆提供。

注：《福泉山——新石器时代遗址发掘报告》，彩版三五（XXXV'），4，"玉钻芯"。

良渚文化　芯料
外径4cm、厚1.5cm

大管钻磨外廓

战国时期至西汉，开始使用大型管具制作玉璧的外廓，所裁切下来的边料常被制作为龙形佩或弧形佩，此类以边料制作的佩饰器一边往往呈圆弧状，弯曲的弧度与玉璧外廓相当，例如江陵望山2号墓出土的玉璧及玉龙即有此种特征。

图片来源：作者提供。
注：《江汉地区先秦文明》，页126，图92，“玉璧及玉龙”。

战国　玉龙与玉璧
玉龙长13cm、玉璧外径15cm

旋转痕迹

大口径的金属管具出现于春秋战国以后，用于钻磨玉璧外廓，使玉璧器形圆正、外缘斜倾，并有细利的旋磨痕迹。

图片来源：《认识古玉》，页135，“外缘特写”。

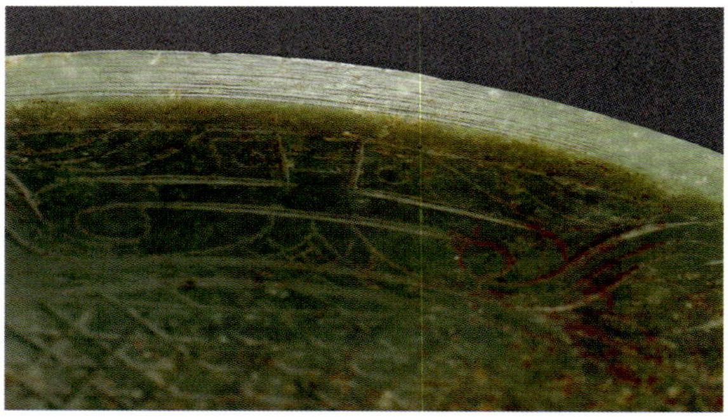

玉璧边缘旋磨痕迹特写

保留边料

战国时期以后，璧外边料常被保留下来透雕为动物纹饰，称为“出廓璧”。下图为未完工玉璧，以中间圆璧为主体，左右两侧各透雕一龙形纹饰，即是典型的保留边料制作而成的出廓璧。类似的设计亦可见于曾侯乙墓出土的双龙璧上。

图片来源：《认识古玉》，页149，“龙形玉佩”。
注：《曾侯乙墓》（下），图版一五二（CLII）：6，“双龙石璧”。

战国　出廓璧
长13.5cm、宽6.8cm、厚0.2cm

（四）璜珩制作

玉璜呈上弦月形，盛行于新石器时代晚期至西周，常以“成形对开法”和“环形分割法”制作，器形弧度多为三分之一或二分之一的圆。至春秋时期，组佩饰逐步发展成熟，玉璜开始倒向使用，成为下弦月形的玉珩，其制作方法亦改为“钉线打稿切锯法”，器形弧度更大，成为左右两端向外开敞的造型。

成形对开法

“成形对开法”是以厚玉料制作成形后，再分剖多片的玉器制作方法。在制玉不易的古代可省工省力，提高玉作的生产力。下图齐家文化玉璜都是青褐相间的多色玉质，器形弧度均为三分之一的圆，三器相叠后，彼此的形状与纹理都能互相吻合，显然是以厚玉料制成玉璜后，再分剖为三件，类似的成形分剖法亦可见于台北故宫博物院藏的三联璧上。

图片来源：《中国古玉工艺展》，页29，“玉璜”。
注：《新石器时代玉器图录》，页149，图52，“三联璧”。

齐家文化　玉璜
各片长11cm、宽5cm、厚0.2cm

玉璜相叠

纹理吻合

环形分割法

“环形分割法”是先制作一圆形玉璧或玉环，然后将其进行等分处理的方法。这种制作方式大多见于商代，玉璜的器形弧度适为半圆，器表常有旋转切割的弧形线纹。例如殷墟妇好墓出土的玉器中，即有玉璜可以上下合组为圆形，正是环形分割法的例证。

图片来源：《认识古玉》，页138，“玉璜”。
注：《殷墟妇好墓》，图版九五，“玉环”。

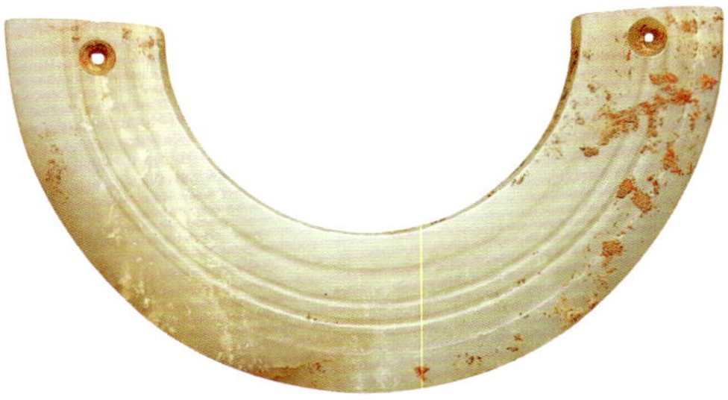

商代　玉璜
长11cm、宽2.4cm、厚0.4cm

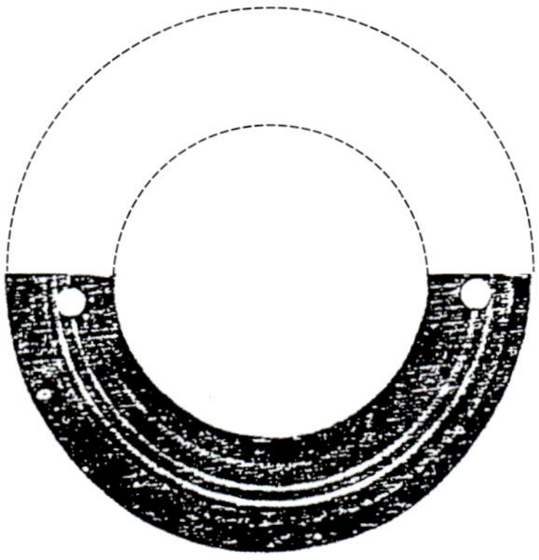

玉环复原示意图

钉线打稿切锯法

“钉线打稿切锯法”是先用砣具在片状玉料上雕琢钉线纹，作为器形的打稿线纹，然后再以金属线具沿着钉线拉切成形。下图为战国时期尚未完工玉珩，器缘可见钉线打稿的痕迹，它的两端向外敞开，器形弧度与商周以前的玉璜不同，具有较大的变化空间，正是钉线打稿切锯法的特色。类似的打稿钉线纹亦可见于湖北省曾侯乙墓出土的玉珩上。

图片来源：《认识古玉》，页139，“未完工玉珩”。
注：《中国出土玉器全集-10》，页75，“玉珩”。

战国　未完工玉珩
长12.7cm、宽2.2cm、厚0.2cm

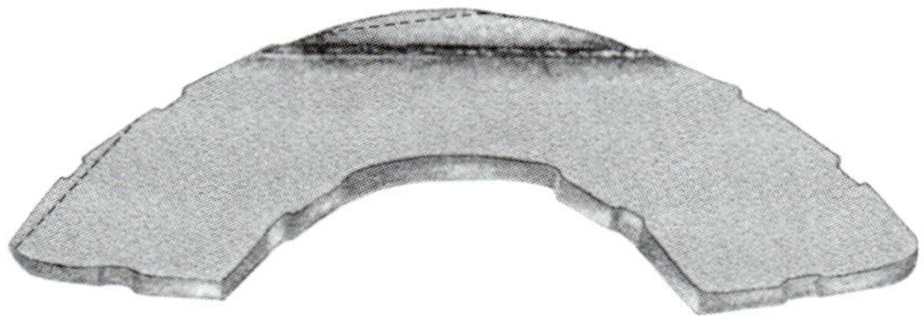

钉线打稿示意图

(五)片饰器制作

“片饰器”泛指片状的象生动物玉饰，造型种类极为丰富。从制作工艺的角度来看，大部分的片饰器是以片状玉料所作的个别设计，但是有些成对玉饰系以一块厚玉料制作而成的，它们的成形工序与玉料切片工序互有先后，因此又可分为“成形对开法”与“对开成形法”二类。

成形对开法

“成形对开法”具有切割线吻合、造型一致的特征，特别适合成对玉饰的制作。图中战国凤形佩器表各有一条平直的切割痕，两器相叠时，形状与切割痕迹吻合，正是“成形对开法”的现象，类似的制作方式亦可见于曾侯乙墓出土的素面卷龙玉佩上。

图片来源：《认识古玉》，页142，“凤形佩”。
注：《中国考古文物之美·战国地下乐宫5 湖北随县曾侯乙墓》，页145，“素面卷龙玉佩”。

凤形佩相叠吻合

战国 凤形佩一对
长5.5cm、宽4cm、厚0.1cm

下图龙形佩呈回首拱身卷尾的造型，表面以浅浮雕谷纹为饰，下缘有一道如图的切割痕。此道痕迹的间隙极窄、底部平直，是用薄利的金属片具切割而成的，可能因为玉料太薄不易切割而中断，为成形对开法的制作方式提供了一个佐证。类似的对开痕迹亦可见于台湾蓝田山房所收藏的西周玉璜上。

图片来源：《认识古玉》，页144，“龙形佩”。
注：《蓝田山房藏玉百选》，页160，图43，“龙纹璜”。

战国 龙形佩
长17.5cm、宽8.5cm、厚0.4cm

对开痕迹特写

对开成形法

“对开成形法”是将厚玉料分切多片后，再各别制作造型的方式，所制作的片饰器玉质相同、切割线吻合，但是叠合后造型并不完全一致，而且各有钉线打稿痕迹。图中此对龙形佩的造型近似，下方各有一道切割痕，两器叠合时，切割线吻合，器形却不一致，而且表面各有钉线纹，显然是以厚玉料分切为两块薄片后，再分别钉线打稿、切割成形的。湖北省曾侯乙墓出土一对龙形玉佩，边缘留有钉线打稿痕迹与一道平直的切割痕，可以作为参考的例证。

图片来源：《认识古玉》，页145，“龙形佩”。
注：《中国出土玉器全集-10》，页84，“龙形玉佩”。

战国　龙形佩
长8.5cm、9.2cm

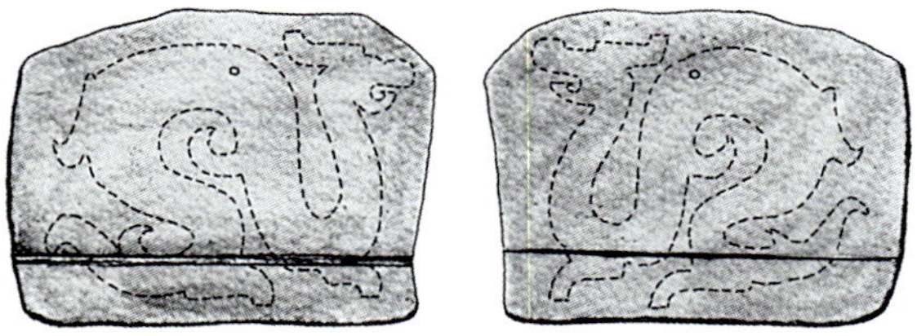

玉龙对开成形示意图

(六) 改形器制作

“改形器”泛指造型经过改制的玉器，普遍存在于考古出土物与传世收藏中。它们的改制时间不一，或为成器当时所改，或为流传至后世所改，无论何时改制，改形器往往会保留有原器的部分形制、纹饰等特征，可以作为追本溯源的依据。

玉璥改形

图中齿纹玉饰为红山文化的器物，但其表面有一道与形制不相干的旋磨凹槽，从横向凹槽的位置与椭圆形的轮廓判断，此器或为红山文化玉璥改制而成的。相同的凹槽现象亦可见于巴林右旗巴彦汉苏木那日斯台出土的玉鹰。

图片来源：《红山玉器》，页333，下图，“勾云形佩”。
注：《红山玉器》，页122，“玉鹰”。

红山文化　勾云形佩
长7cm、宽2.3cm、厚0.7cm

玉琮改形

下图片饰器上下两端较窄，表面有八道对称平行的凹线，呈外宽内窄之状，与琮形器外侧的形制特征相符，显然是以琮形器改制而成的。吴国王室出土的半片玉琮，或许也是续制他器的玉料，可以作为玉琮改形的参考。

图片来源：震旦博物馆提供。
注：《吴国王室玉器》，页56，图59，“玉琮”（背面）。

新石器时代晚期　片状琮形器
长11.9cm、宽6.5cm、厚0.3cm

玉琮改形

图中商代玉兽面犹如瓦状一般隆起，兽面中间突出一道扉棱式的中脊，与玉琮的局部形状吻合，显然是由琮形器改制而成的。类似的改形特征亦可见于侯家庄出土的双鸟玉饰。

图片来源：《古玉选粹》，页178，图55，"凸棱兽面玉饰"。

注：《中国考古报告集之三 侯家庄 第九本》，图版贰P1.XXII，R1383，"玉器"。

商代晚期 兽面玉饰
长5.8cm、宽5.2cm、厚2cm

兽面玉饰侧面

玉饰改形

下图玉饰正面雕琢蝉纹和棱线，背面有四个对穿孔，是西周常见的束帛形玉饰造型。但是它的背面纹饰并不完整，从内细外粗、流畅生动的风格判断，此器应是以其他的西周玉饰改制而成。类似的旧纹痕迹与改制现象亦可见于三门峡虢国女贵族墓出土的束绢形佩。

图片来源：《认识古玉》，页151，"玉饰"。

注：《三门峡虢国女贵族墓出土玉器精粹》，页63，图十，"束绢形佩"。

西周 束帛形玉饰
长3.8cm、宽3cm、厚0.2cm

束帛形玉饰背面

剑珌改形

图中玉剑璏正面隆起，边框略低，框内布满浮雕谷纹，矩形镶嵌孔底部也呈弧面状，并有不完整的谷纹装饰，与一般玉剑璏平板素底的情况不同。由于此器的左翼较长，中间透穿一孔，与玉剑珌正背两面拱起、双面雕琢纹饰、顶部居中处有镶嵌孔的形制相合，所以判断此器是由玉剑珌改制而成的，类似的改制现象可见于南越王墓出土的玉璏。

图片来源：震旦博物馆提供。

注：《南越王墓玉器》，图206，"玉璏"。

战国 玉剑璏
长5.5cm、宽2.7cm、厚1.2cm

玉剑璏背面

四 镂空制作工序与痕迹

（一）砣具镂空　　　红山文化玉器
（二）线具镂空之一　良渚文化玉器
（三）线具镂空之二　龙山时期玉器
（四）边饰镂空　　　商代玉器
（五）器内镂空　　　西周玉器
（六）圆端镂空　　　春秋玉器
（七）造型镂空　　　战国玉器
（八）艺术镂空　　　汉代玉器

镂空又称“透花”或“透雕”，是去除部分玉料以突显玉器造型和纹饰的方法，为古代玉器制作的重要工艺之一。

各代玉器的镂空目的迥异，透空位置亦有不同，而透雕的工具与方法更直接影响各代玉器的镂空。新石器时代晚期，红山文化、良渚文化及龙山时期的玉器，分别因使用宽刃砣具和软性线具以及勾转式的透空形状而形成各自的镂空特色；商代与西周的玉器，由于镂空部位及操作方法的差异，形成一刚一柔的时代风格；春秋与战国时期的玉器，随着管具打孔位置与金属线具拉切纯熟度的变化，产生出不同的透空形状；汉代的玉器，则在管钻圆孔的恰当安排与流畅利落的拉切技术下，使透空部位具有虚实相应的视觉美感，达到“空的艺术”之境界。因此，从制作工艺的角度观察各个时代的透空形状，并由空的形状还原其所使用的工具与方法，是研究玉器镂空的不二法门。

本单元依据各代的镂空工具、镂空部位及镂空目的进行区分与命名，分析新石器时代晚期至汉代的玉器镂空工艺，用以建立镂空的基础性认识。

(一)砣具镂空　红山文化玉器

红山文化玉器的镂空大多见于兽形佩与勾云形器上，主要以宽砣双面对磨而成，造型勾转处再以桯钻圆孔配合，因此称为“砣具镂空”。由于宽砣琢磨的镂空具有中间宽深、末端尖浅的砣磨特征，而桯钻圆孔则有上大下小的喇叭孔现象，所以红山玉器的镂空边缘皆呈薄刃状。

红山文化　兽形佩
长17.2cm

此件红山文化兽形佩是弗利亚美术馆的藏品，与辽宁省朝阳市牛河梁遗址第二地点一号冢27号墓所出土的勾云形玉器相似，整体造型由镂空所形成，它的制作方法请参考下面的工序图：

① 将玉料切磨为椭圆形的外廓。

② 用桯具在玉料内部钻磨数个圆孔，用砣具由器缘向内切割。

③ 在适当位置用砣具双面对磨成空，即可完成镂空的制作。

图片来源：*Orientation*,Vol.24,p87, no.5.

注：《中国出土玉器全集-2》，页133，“勾云形玉器”。

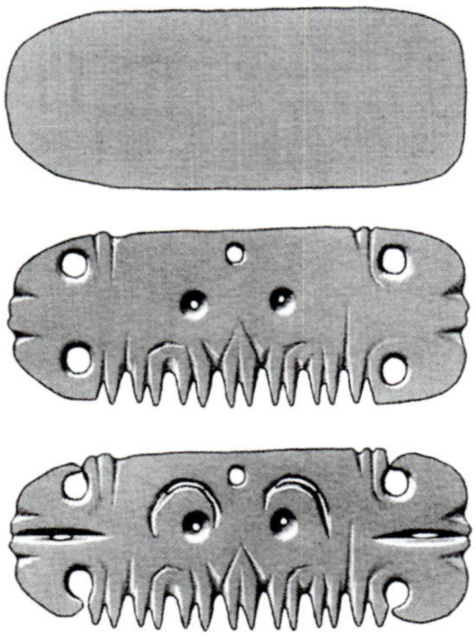

砣具镂空示意图

镂空定位

图中红山文化兽形佩尚未完工，下方用砣具琢磨数个短齿，内部用桯具钻磨一孔，左右两侧有砣具琢磨的定位线纹，呈现镂空制作的初步工序。

图片来源：《中国古玉工艺展》，页22，“未完工玉饰”。

红山文化　未完工玉饰
长9cm、宽5cm、厚0.3cm

砣具痕迹

下图红山文化兽形佩右半部残损，边缘与内部都有镂空。内部圆孔用桯具钻磨，边缘尚未修整，圆孔上方的眉形透空与左边的直线式透空处均为中间宽深、末端尖浅状，呈现砣具镂空的特征。相同的透雕技法可见于辽宁省朝阳市牛河梁遗址第二地点一号冢27号墓所出土的勾云形玉器。

图片来源：《认识古玉》，页91，“兽形玉佩”。

注：《中国出土玉器全集-2》，页133，“勾云形玉器”。

红山文化　兽形玉佩
长9.5cm、宽5cm、厚0.3cm

双面对磨

图中红山文化勾云形佩周边以砣具双面对磨而成，内部以桯具在中间处打孔，再用砣具对磨成涡旋状的透空，透空边缘呈薄刃状，是红山文化玉器镂空的特色。相同的透雕技法可见于辽宁省朝阳市牛河梁遗址第五地点一号冢1号墓所出土的勾云形玉器。

图片来源：《红山玉器》，页184，图128，“勾云形佩”。
注：《中国出土玉器全集－2》，页131，“勾云形玉器”。

红山文化　勾云形佩
长11.7cm、宽7.3cm、厚0.4cm

(二) 线具镂空之一 良渚文化玉器

良渚文化也常用镂空来呈现玉器的造型，其透空位置分布在器内或器缘处，各有不同的工具与方法。位于器内的镂空以桯具和软性线具制作，位于器缘的镂空则以砣具和软性线具搭配制作，故以“线具镂空”加以概括。

良渚文化　玉璜
长7.5cm、宽3.7cm

此件良渚文化玉璜出土于浙江省余杭县反山16号墓葬，整体以镂空技法呈现兽面的形状，其制作方法请参考下面的之工序图：

① 将片状玉料切磨为半椭圆形的轮廓。
② 在玉器内部用三个管钻大孔作为双眼和张口，另外用桯钻小孔作为镂空定位孔。
③ 将软性线具穿入桯钻孔中，朝圆孔外侧做放射状拉切，圆孔处有喇叭孔的现象，线具拉切的镂空末端则有尖浅的特征。

图片来源：《反山》（下），页244，彩版六五一，“玉璜”。

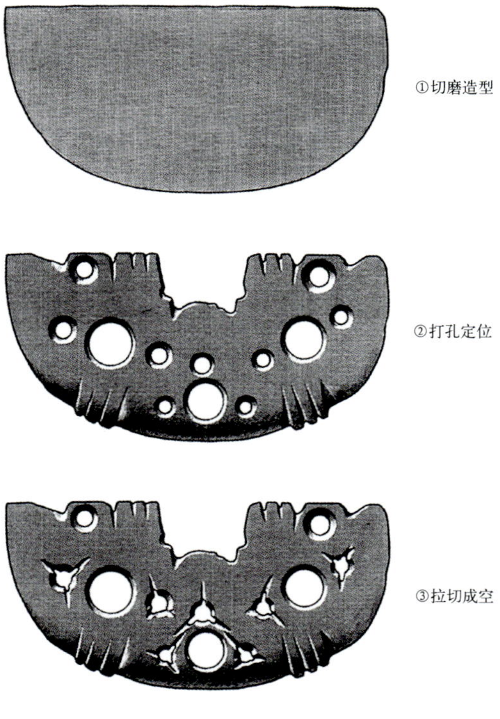

线具镂空示意图

桯具打孔

下图良渚文化玉饰出土于浙江省余杭县瑶山，以镂空来突显兽面的造型。圆形的双眼以管具钻磨而成，额间、眼角和嘴部则以桯具打孔和软线拉切法来制作镂空，镂空末端呈尖浅状，镂空边缘可见桯具钻磨的凹痕。

图片来源：《良渚文化玉器》，页164，图220，“牌饰”。

良渚文化　玉璜
长7.1cm、宽3.9cm

人字形镂空

下图玉璜上缘用砣具切入四个外宽内窄、边缘平直的缺口，并将软性线具穿入其中二个缺口中，向内拉切，形成左右对称的涡卷状镂空。涡状镂空之间则用桯具打孔、穿线拉切的方式，制成人字形的透空。江苏省吴县张陵山出土的玉觿内部也有相同的人字形镂空。

图片来源：《认识古玉》，页92，“玉璜”。
注：《良渚文化玉器》，图203，“觿”。

新石器晚期（江淮地区）　玉璜
长12.5cm、宽5.8cm、厚0.4cm

(三) 线具镂空之二 龙山时期玉器

龙山时期玉器的镂空使用软性线具配合砣具或桯具制作，但是软线拉切的方向及镂空形状与良渚文化玉器制作不同。龙山文化玉器器缘镂空多呈L形，因此也称为“勾转镂空”，而器内镂空则多呈长条状或L形，暂称为“条状镂空”。

龙山时期　玉饰
长6.5cm、宽5.5cm、厚0.4cm

此件龙山时期玉饰内部透穿二个圆孔，周边共有八个L形的镂空均匀分布，其制作工序请参考下面的工序图：

① 将玉料切磨成近似四边形的外廓，内部钻磨两孔。

② 用砣具由外缘向内切入，产生八个外宽内窄、边缘平直的切口。

③ 将软性线具穿入砣切口底部，与砣切口呈垂直方向拉切，即形成L形的“勾转镂空”。

图片来源：《认识古玉》，页93，“玉饰”。

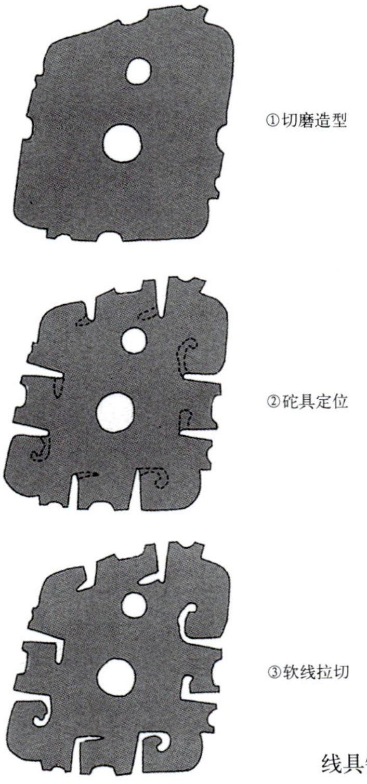

线具镂空示意图

勾转镂空

图中龙山时期高冠人面纹玉饰以简化的面纹作为头部，其上竖立多层次的冠羽或冠帽，高冠内部透穿垂直式的条状镂空，左右两侧以圆转式和方转式的勾转镂空为饰，风格颇为华丽。相同的勾转镂空制作技法，可见河南西北冈2099墓出土的玉头冠饰。

图片来源：震旦博物馆提供。
注：《来自碧落与黄泉》，页35，图19，“玉头冠饰”。

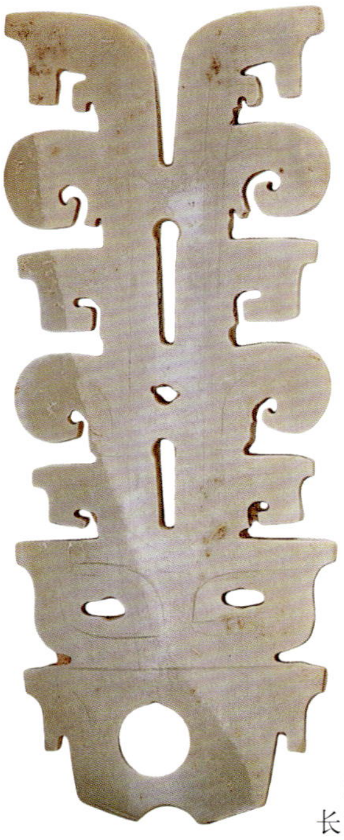

龙山时期　高冠神人像
长12.5cm、宽5cm、厚0.4cm

条状镂空

下图玉冠饰出土于山东省临朐县朱封遗址，玉饰轮廓近似一顶冠帽，周边用软性线具拉切成“勾转镂空”，内部用桯具打孔配合软线拉切法制作对称式的“条状镂空”，每一处透空皆有桯具或软性线具的制作特征。

图片来源：《中国文物精华》，图60，“玉冠饰”。

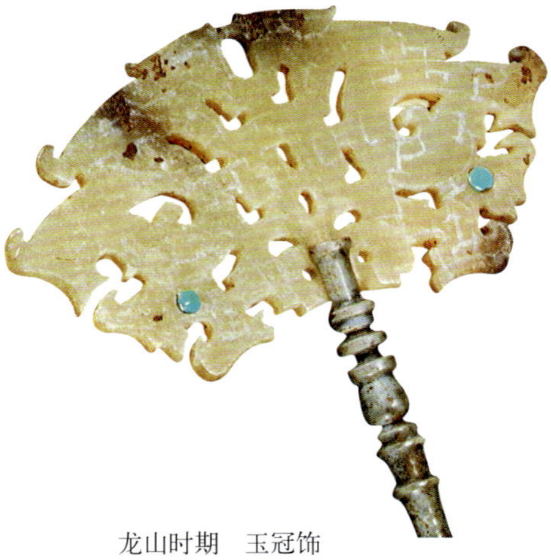

龙山时期　玉冠饰
通长23cm

(四) 边饰镂空　商代玉器

商代玉器的镂空目的是突显器物造型，镂空部位大多位于玉器的边缘，所以称为“边饰镂空”。它的制作工具有砣具、桯具和三角棱条状工具，所产生的透空形状与此时期的纹饰一样充满刚劲有力的风格。

商晚期　玉鸮
高10.6cm、厚0.3cm

图中鸟形佩由河南省安阳市殷墟妇好墓出土，它的周边以镂空来突显造型，其制作工序请参考下面的工序图：

① 用砣具从器缘处切入。

② 用桯具在内部打孔定位。

③ 用三角棱条状工具将砣切口及圆孔之间的玉料拉锯成空，即成为“边饰镂空”。

图片来源：《中国考古文物之美·殷墟地下之美2 河南安阳妇好墓》，图70，“玉鸮”。

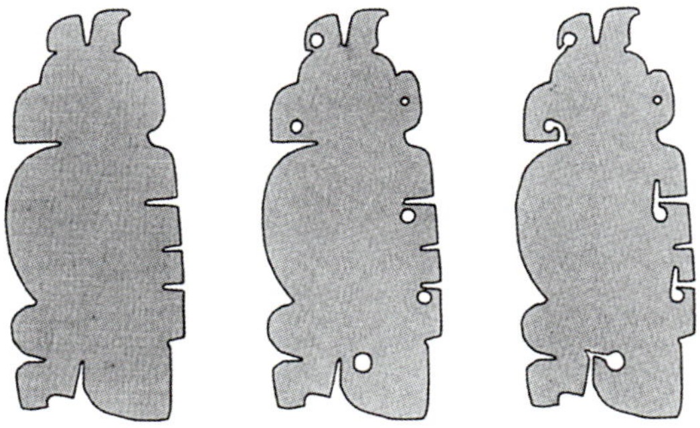

边饰镂空示意图

砣具切入

下图兽面纹玉管呈柱体状，左右两侧有突出的边饰镂空，其透空处是以砣具切入、桯具打孔、三角棱具拉切而成的，外宽内窄、边缘平直的砣切口极为明显。殷墟妇好墓出土的玉鹦鹉中，也可见砣具切割的镂空痕迹。

图片来源：《藏品图录》，图9，“兽面纹玉管”。

注：《殷墟妇好墓》，图版一四三（CXLIII）：2，“玉鹦鹉”。

商晚期　兽面纹玉饰
长3.2cm、宽2.3cm、高2.5cm

三角棱具拉切

图中玉饰的造型近似一个侧面龙首，上半部有规律性的边饰镂空。其中，砣具切入处外宽内窄、边缘平直，内部打孔处呈圆形，而连接砣切口与桯钻圆孔的透空处呈三角状，正是用三角棱条状工具拉切而成的。相同的镂空痕迹亦可见于殷墟妇好墓出土的长条镂空玉片。

图片来源：震旦博物馆提供。

注：《殷墟妇好墓》，图版一六三（CXLIII）：3，“长条镂空玉片”。

商晚期　龙纹玉饰
长8.7cm、宽3cm、厚0.3cm

突显造型

下图玉璜为双鸟相连造型，鸟嘴和卷尾处的透空以砣具切入、桯具打孔、三角棱具拉切的方法制作，具有勾转凌厉的特色，颇能突显商代玉鸟的造型特征。类似造型可见于殷墟妇好墓出土的玉双鹦鹉。

图片来源：《群玉别藏续集》，页168，图91，“对尾双鸟佩”。

注：《殷墟妇好墓》，图版一四一（CXLI）：1，“玉双鹦鹉”。

商晚期　双鸟纹璜
长10cm、宽3cm、厚0.3cm

(五) 器内镂空　西周玉器

西周玉器以镂空来区隔器表上的线纹，突显复杂的纹饰组合，因此镂空部位多位于玉器内部，称为“器内镂空”。由于西周玉器的镂空是以桯具配合三角棱条状工具制作而成的，透空处状如逗点，成为西周镂空最显著的特色。

西周　人龙纹璜
长10cm、宽3cm、厚0.3cm

此件玉璜呈上弦月形，左右两端各有一个系带孔，表面雕琢两组缠身龙凤纹，线纹之间以六个逗点状的镂空区隔，其制作工序请参考下面的工序图：

① 切磨成上弦月形的轮廓。
② 在玉器内部用桯钻圆孔来定位。
③ 将三角棱具穿入孔中，拉切成逗点状的透空。

图片来源：《西周玉器》，页96，图67，“人龙纹玉璜”。

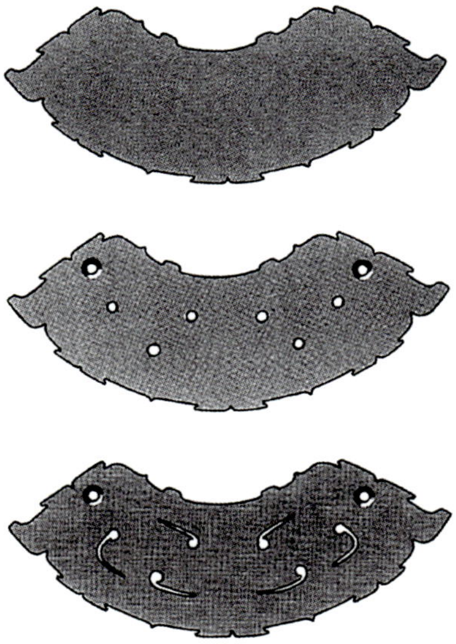

器内镂空示意图

逗点镂空

图中玉佩头粗尾细，造型有如玉觿。左端与器身中间各有一个龙首，分别用逗点式的镂空来突显龙纹的位置和形状，是西周玉器的镂空特色。山西省晋侯墓地31号墓出土的人龙形玉饰上，也可看见相同的镂空技法。

图片来源：作者提供。
注：《晋国奇珍——山西晋侯墓群出土文物精品》，页141，“人龙形玉饰”。

西周　龙纹觿
长12.3cm、宽5.5cm、厚0.3cm

虚空实显

下图西周龙纹佩共有五个龙纹，其中四个龙纹分别居于上下左右四个边角处，居中处的龙纹仅以椭圆形的眼睛暗示。全器运用镂空把龙纹周边的玉料去掉，突显五个龙纹的实体部分，从中可见西周玉器镂空的技法和目的。相同的镂空技法可见于山西省晋侯墓地102号墓出土的玉项饰中。

图片来源：震旦博物馆提供。
注：《晋国奇珍——山西晋侯墓群出土文物精品》，页205，“玉项饰”。

西周　龙纹佩
长5.3cm、宽2.7cm、厚0.3cm

纹饰独立

图中西周玉饰包含两个龙纹和两个凤纹，纹饰周边镂空，突显复杂的组合关系，也让龙凤纹从器形中独立出来，不再依附于玉器的表面，成为视觉鉴赏的焦点。类似的纹饰可见于山西省晋侯墓地31号墓出土的玉龙。

图片来源：《西周玉器》，页132，图109，“人龙纹佩”。
注：《晋国奇珍——山西晋侯墓群出土文物精品》，页142，“玉龙”。

西周　人龙纹佩
长6.2cm、宽5cm、厚0.3cm

(六) 圆端镂空　春秋玉器

春秋时期以镂空来突显玉器的造型，所使用的工具为小型管具和金属线具。当时的玉工常将管具打孔的位置安排在镂空的端点处，因此称为“圆端镂空”，而金属线具拉切的方向往往呈水平或垂直的状态，产生L形、十字形、干字形等镂空形状。

春秋晚期　镂空玉饰
长5.3cm、宽4.8cm、厚0.2cm

此件春秋时期镂空玉佩尚未制作完成，依稀可见四龙相连的造型，龙身周边皆透穿成空，其制作方法请参考下面的工序图：

① 切割此件玉饰的轮廓。
② 用小型圆管在内部打孔。
③ 用金属线具穿入孔中，沿着虚线指示处拉切成空。

图片来源：《中华五千年集刊·玉器篇四》，页108，图106，“素面镂空玉饰”。

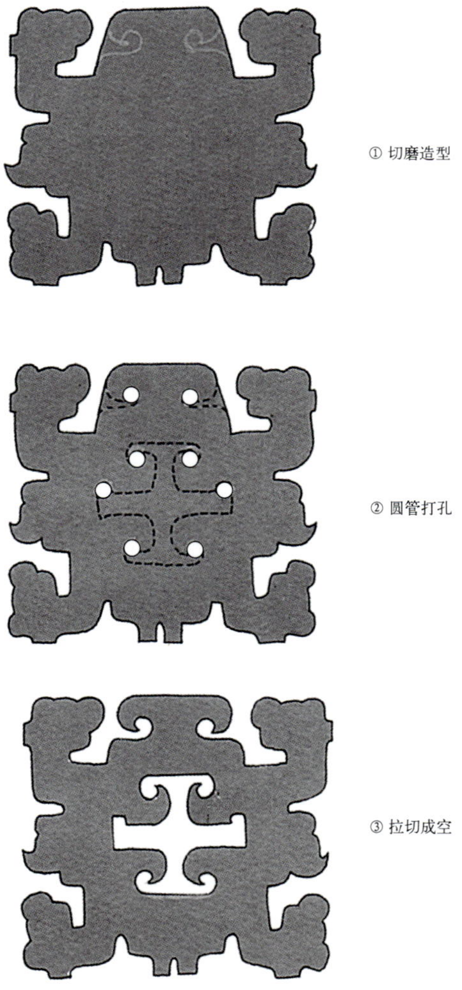

圆端镂空示意图

圆端镂空

图中龙纹璜轮廓呈下弦月形，左右两侧各有一龙，成为双龙连身的造型。龙身周边的圆端镂空有如火柴头一般，透空形状呈L形或十字形的弯转交叉，相同的镂空技法可见于山西省太原市金胜村赵卿墓出土的龙形玉佩。

图片来源：《古玉选粹》，页262，图103，“镂空龙纹珩”。
注：《中国出土玉器全集-3》，页181，“龙形玉佩”。

春秋晚期　龙纹璜
长8.3cm、宽4cm、厚0.4cm

切割外形

下图为春秋晚期尚未完工之龙形佩，龙形周边可以看到管具打孔配合金属线具拉切的圆端镂空，以此切割出玉龙的外形。类似的半成品也可见于山西省太原市金胜村赵卿墓出土的龙形玉佩。

图片来源：《认识古玉》，页148，“龙形佩”。
注：《中国出土玉器全集-3》，页183，“龙形玉佩”。

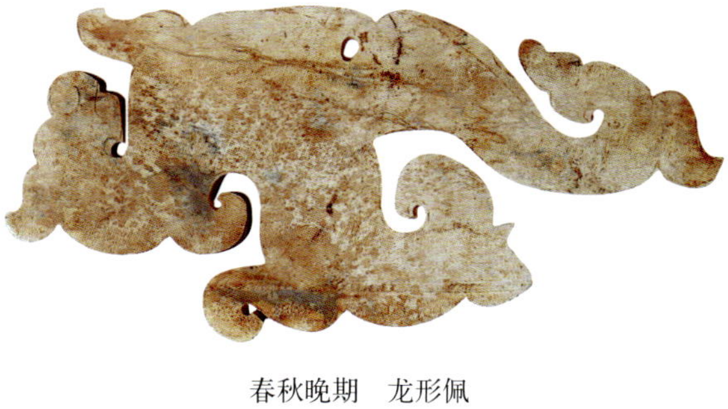

春秋晚期　龙形佩
长11.2cm、宽5cm、厚0.3cm

圆孔特定

由于春秋晚期玉工把管钻圆孔安排在镂空的端点处，所以在龙形佩中，管钻圆孔大多位于颚下、鬣毛及足爪下方等特定的位置，成为春秋晚期玉器的主要特点。此类圆孔位置固定的现象可见于山西省太原市金胜村赵卿墓出土的龙形玉佩。

图片来源：《春秋玉器》，图110，“龙形佩”。
注：《中国出土玉器全集- 3》，页181，“龙形玉佩”。

春秋晚期　龙形佩
长8.2cm、宽5cm、厚0.4cm

(七) 造型镂空　战国玉器

战国时期也是用小型管具和金属线具制作镂空，以突显玉器的造型，但是此时的技术愈加纯熟，管钻圆孔位置不拘，镂空形状多呈弧形或涡形，使器物造型显得更为灵活自然，因此称为“造型镂空”。

战国　龙形佩
长18cm、宽5.5cm、厚0.5cm

此件战国龙形佩的身躯弯转如S形，龙形外侧的玉料皆透穿成空，其制作工序请参考下面的工序图：

① 将片状玉料切割出玉龙的轮廓。

② 用钉线打稿出镂空的形状，并用管具钻磨小孔。

③ 穿线入孔，沿着钉线拉切，完成造型镂空。

图片来源：《认识古玉》，页97，“龙形佩”。

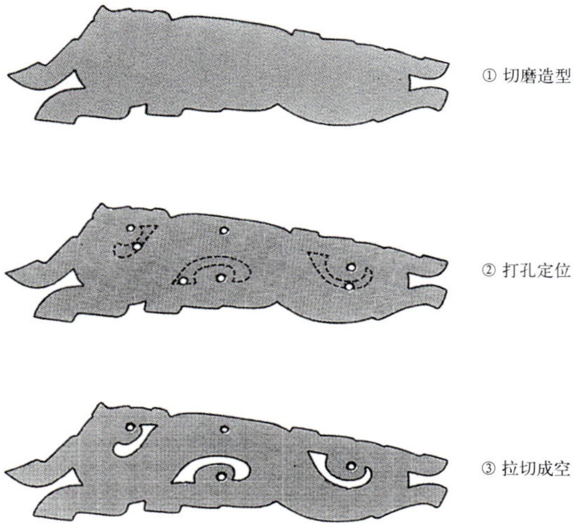

造型镂空示意图

钉线打稿

下图战国早期龙形佩的半成品，其周边轮廓已经初步完成，表面用砣具雕琢的极细的钉线纹，其位置如图所示，是制作镂空的定位线纹，呈现镂空的制作工序。湖北省曾侯乙墓出土的双玉龙璧亦有钉线打稿的痕迹。

图片来源：《认识古玉》，页96，“龙形佩”。

注：《中国玉器全集－3　春秋·战国》，页113，图175，“玉双龙璧”。

战国　龙形佩
长15.5cm、宽9.6cm、厚0.5cm

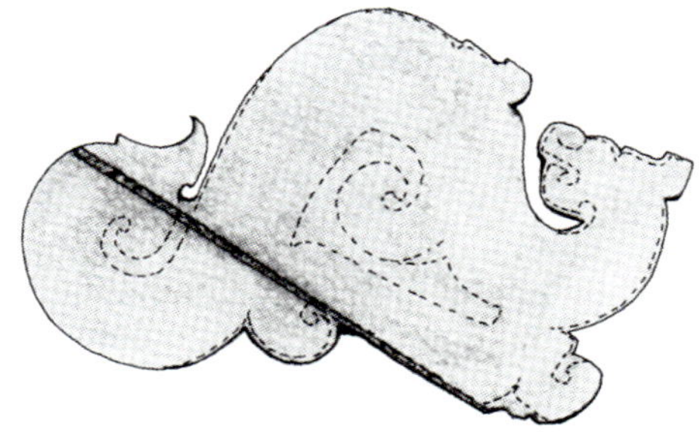

镂空定位示意图

拉切成形

下图战国龙形佩以管钻圆孔配合金属线具拉切的方法制作镂空，部分圆孔位于龙嘴、鬣毛及尾端等处，由于细利的金属线具操作纯熟，使镂空边缘弯转流畅，整体造型灵活生动，体现了战国玉器的镂空特色。类似的镂空风格可见于河南省信阳县长台关一号墓出土的玉龙。

图片来源：《中国古玉工艺展》，页24，“龙形佩”。

注：《中国玉器全集－3　春秋·战国》，页161，图250，“玉龙佩”。

战国　龙形佩
长8cm、宽5.5cm、厚0.4cm

(八) 艺术镂空　汉代玉器

汉代玉器的镂空是以管钻打孔配合金属线具制作而成的，将镂空融入造型之中，一方面使平面立体化的动物造型更加生动有力，另一方面也用精熟的技巧营造出虚实相应的美感，使镂空由技进于艺，成为一种美的设计，因此称为“艺术镂空”。

西汉　镂空龙纹璧
外径5.8cm、厚0.5cm

镂空龙纹璧拓片

此件西汉玉璧内部透雕一个螭龙纹，龙身周边的玉料皆透穿成空，其制作方法请参考下面的工序图：

① 将片状玉料管钻为圆璧，表面雕琢二圈圆形的框线。

② 用砣具雕琢的钉线纹打稿出螭龙的形状，并用管具在龙身勾转处打孔。

③ 用金属线具拉切成空，即可完成如下图所示的镂空。

图片来源：《汉代玉器》，页94，图33，“龙纹镂空璧”。

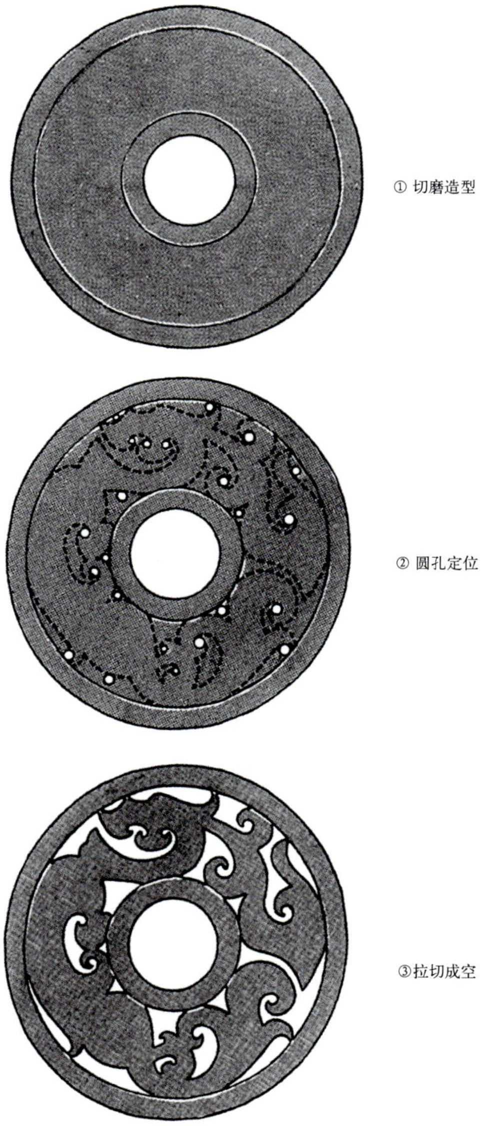

艺术镂空示意图

管钻圆孔

图中玉珩的两端以镂空制作出张口露牙、鬣毛飘卷的螭龙形状，管钻圆孔位于龙形勾转处，塑造出勾转有力的形象。安徽省长丰县杨公二号墓出土的镂空龙凤纹佩上，也有相同的管钻圆孔。

图片来源：《战国玉器》，页126，图73，“双龙首玉珩”。
注：《中国玉器全集-3　春秋·战国》，页181，图287，“玉镂空龙凤纹佩”。

战国晚期　双龙首珩
长10.2cm、宽3cm、厚0.5cm

斧形下巴

下图西汉玉龙呈张口状，下颚处以管钻圆孔配合金属线具拉切的方式，制作出两端尖翘、底部圆弧的斧形下巴，是此一时期的玉龙特色。相似的斧形下巴可见于安徽省长丰县杨公二号墓出土的镂空龙凤纹佩。

图片来源：《认识古玉》，页99，“龙形佩”。
注：《中国玉器全集-3　春秋·战国》，页181，图287，“玉镂空龙凤纹佩”。

西汉　龙形佩
长6.5cm、宽2.5cm、厚0.5cm

技艺衰退

西汉晚期以后，玉器镂空的技艺由盛而衰，逐渐丧失艺术性的美感。图中西汉晚期玉璧，虽以镂空突显龙凤纹的形状，但是透空处无法营造出肢体勾转的力量，使龙凤纹显得柔弱无神。相同的现象亦可见于河北省定县（今定州）四十三号墓出土的玉环。

图片来源：《汉代玉器》，页99，图38，“镂空龙凤纹璧”。
注：《中国玉器全集-4　秦汉—南北朝》，页186，图259，“玉环”。

东汉　镂空龙凤纹璧
外径9.5cm、厚0.5cm

镂空龙凤纹璧拓片

五 纹饰制作工序与痕迹

纹饰如同玉器的外衣，它的题材与制作方式都会随着所属区域与时代的改变而改变，使其成为一种识别性的符号。

新石器时代晚期红山文化、良渚文化及龙山时期玉器，分别盛行浅宽线纹、神人兽面纹及勾转纹饰；商代玉器的纹饰末端常作方硬的转折；西周玉器喜用生动流畅的动物纹；春秋时期抽象繁密的虺龙纹盛极一时，至战国时期演变为规律性的纹样；汉代又出现许多浮雕与线刻的动物纹饰。这些形状各异的纹饰皆以特殊的雕琢工具和成纹步骤，来建立独树一帜的风格特征，像阴刻纹饰的雕琢工具有细砣、斜砣及宽砣，分别用于制作细阴线、斜坡线及浅宽线纹；浮雕纹饰以阴刻定位配合减地法完成，减地工具可能为砣具、管具或桯具；某些动物纹饰利用特殊的图案组合方式以构成该种动物纹的形象特征；某些规律纹样则依固定的工序制作，形成整齐划一的平面装饰。这些工艺技法与各代玉器的纹饰风格的形成息息相关，也是仿古器和赝品无法完全复制之处。

本单元从工艺角度对玉器纹饰的制作工具、成纹工序及痕迹特征进行分析，择取商代至汉代的主要纹饰加以说明。

(一) 纹饰制作工具——砣具

在商代到汉代的琢玉工艺里，砣具是制作纹饰最主要的工具，按照形状可分为细砣、斜砣、平砣及宽砣四种。细砣雕琢窄细的阴线纹，斜砣雕琢坡面式的宽线纹，平砣用于阳纹周边的压地，宽砣则琢磨浅而宽的线纹。

细砣雕琢

细砣是使用最普遍的琢纹工具，其边缘扁薄，所雕琢线纹为窄细线段状，中间宽深、末端尖浅，需以逐段雕琢的方式将短线段衔接为长线、弧线及圆圈纹，因此线纹弯转处常有歧出现象。

图片来源：《认识古玉》，页106，“鸟纹局部特写”。

汉代玉璧凤纹特写

细砣示意图

平砣压地

平砣是边缘宽厚无刃的砣具，主要用于阳纹的压地工序。玉工先以细砣雕琢平行的双阴线，再用平砣将双阴线外侧的器面琢低，使双线之间凸起为阳纹。平砣压磨的地子经过打磨后，只能约略看出浅浅的琢磨凹痕。

图片来源：《认识古玉》，页170，“兽面玉饰”。

商晚期　兽面玉饰
长4.2cm、宽3.6cm、厚0.2cm

平砣示意图

斜砣雕琢

斜砣的使用以西周、春秋中晚期、战国晚期及汉代为盛，其边缘呈向后收窄的斜面状，所雕琢线纹间距较宽，且线纹内部呈倾斜的坡面，俗称“斜刀”。此种坡面宽线纹借由光影的流动，可产生流畅生动的美感。

图片来源：《中国古玉工艺展》，页25，“玉鸟”。

西周　玉鸟
长6cm、宽3.7cm

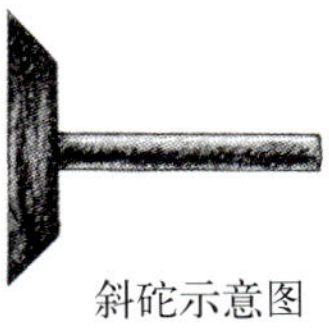

斜砣示意图

(二) 双线纹的制作

商代和西周常以两条阴刻的双线纹组成纹饰，但由于使用不同的砣具及处理，使得两代的线纹风格存在明显的差异性。商代盛行细砣雕琢的双线纹，转折处刚劲有力，俗称“刀雷纹”；西周则以细砣配合斜砣制作内细外粗的双线纹，线条呈大弧度弯转，风格纹样流畅生动。

刚劲双阴线

商代玉器纹饰雕琢中，由于细砣的使用，形成了刚劲有力的时代风格。图中商代玉鹅的周身以细砣雕琢双线纹，各式线纹随玉鹅肢体形状铺排，形成完整的纹样构图，以方转式的双线纹勾绘翅羽，转折处方硬有力，风格刚劲。相同的纹饰可见于殷墟妇好墓出土的玉鹅。

注：《殷墟妇好墓》，彩版三三(XXXIII')：1，"玉鹅"

玉鹅拓片

流畅双阴线

西周玉器的双线纹以细砣雕琢内侧线纹，斜砣雕琢外侧线纹，形成内细外粗的双线纹饰。由于斜砣雕琢的坡面宽线纹会产生流动的光影，加之线纹采取大弧度弯转，因此呈现出流畅生动的时代风格。三门峡虢国墓出土的尖尾双龙纹璜，其纹饰风格即为此中代表。

注：《三门峡虢国墓》（下），图版四九(XLIX)：4，"尖尾双龙纹璜"。

玉璜拓片

(三) 虺龙纹的制作

虺龙纹是春秋时期的主要纹饰，随时间推移及分布区域的差异而发展出双线虺龙纹、宽线虺龙纹、单线虺龙纹及浮雕虺龙纹四种形态。四种虺龙纹形态虽都呈翘鼻张口的侧面形状，但由于制作方法迥异从而产生不同的纹饰样态。

双线虺龙纹

双线虺龙纹由细砣阴刻的平行双线纹构成，具有圆眼、翘鼻及张口等五官特征，是盛行于春秋早期的纹饰。如河南省南阳市桐柏县月河1号墓出土玉虎即以此种纹样为装饰。

注：《南阳古玉撷英》，页161，图131，"玉虎"。

玉虎拓片

双线虺龙纹示意图

宽线虺龙纹

宽线虺龙纹以细砣雕琢间距较宽的双阴线，并在两线之间用斜砣琢磨倾斜的凹面，象征口鼻的S纹以斜砣反向雕琢，犹如两C上下相连，中间形成一道扭转的凸棱，是春秋中晚期的纹饰之一。相同的纹饰可见于河南省南阳市物资城1号墓出土的玉牌饰上。

注：《南阳古玉撷英》，页120，图84，"玉牌饰"。

玉珩拓片

宽线虺龙纹示意图

单线虺龙纹

单线虺龙纹以细砣雕琢的单阴线组成，线纹转折方硬，是盛行于春秋中晚期秦国地区的纹样。陕西省凤翔县南指挥村秦公一号墓所出土的玉觿即以此种纹样为饰。

注：《陕西出土东周玉器》，页64，“秦式龙纹玉觿”。

玉龙拓片

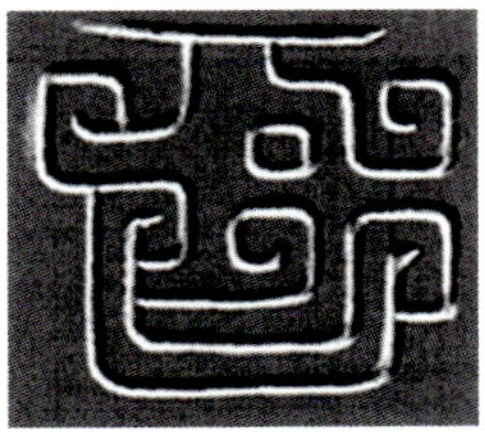

单线虺龙纹示意图

浮雕虺龙纹

浮雕虺龙纹以细砣雕琢阴线纹定位，再将线纹周边磨低，突显虺龙的轮廓，最后雕琢眼睛和扭丝纹等细部线纹，完成纹饰制作，整个制作工序在下图春秋晚期的玉璧半成品上即已全面呈现。山西省太原市金胜村赵卿墓也出土有一件未完工玉环，器表亦可见阴线纹定位、深刻线纹的雕琢过程。

注：《中国出土玉器全集-3》，页171，“玉环”。

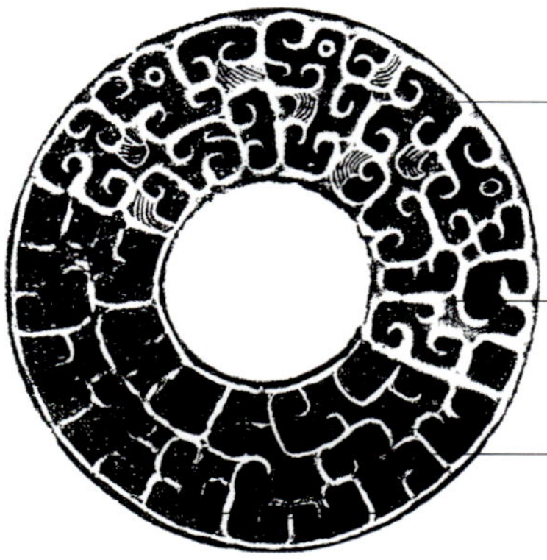

浮雕虺龙纹制作工序

浮雕虺龙纹示意图

下图春秋晚期玉璥呈扁柱状，其中一面纹饰已雕琢完成，另一面则尚未完工。为完工面上半部压地成浅浮雕，下半部只有定位线纹，呈现定位、压地、成纹的琢制工序。

浮雕虺龙纹制作工序

(四)云谷相杂纹的制作

云谷相杂纹有浮雕云谷相杂纹和线刻云谷相杂纹两种。浮雕云谷相杂纹是由浮雕虺龙纹解体演化的纹饰，盛行于春秋晚期至战国早期；线刻云谷相杂纹的出现时间则比浮雕云谷相杂纹略晚，主要盛行于战国时期，可能是玉工简化浮雕云谷相杂纹工序发展而来。

浮雕云谷相杂纹

浮雕云谷相杂纹的制作工序，是先用细砣雕琢的阴线纹定位，然后去料减地，突显浅浮雕的云纹和谷纹。如山西省侯马市西高祭祀遗址441号坑所出土的玉龙，即是以减地成纹的技法，突显浅浮雕的云纹和谷纹。

注：《中国出土玉器全集-3》，页197，“龙形玉佩”。

龙形佩拓片

浮雕云谷相杂纹示意图

线刻云谷相杂纹

线刻云谷相杂纹的制作工序，必须经过细线定位、深刻成纹、刻画边线等步骤才能完成。相似的纹样可见于河南省信阳楚墓出土的玉璜、玉佩等物件。

注：《信阳楚墓》，图版六三：4、5，“玉璜”“玉佩”。

线刻云谷相杂纹制作工序

线刻云谷相杂纹示意图

(五)谷纹的制作

谷纹盛行于战国中晚期，是从云谷相杂纹中独立而出的纹饰题材，因为形似稻谷发芽而得名。谷纹可分为浮雕谷纹和线刻谷纹两类，大多以整齐的形态装饰器面。

浮雕谷纹

浮雕谷纹的制作工序有三个步骤：首先以砣具雕琢三对平行线定位，其次在六角形周边减地成圆形凸粒，最后将圆形凸粒雕琢为圆卷状的谷纹。类似的纹饰可见于安徽省长丰县和山东省曲阜鲁国故城出土的战国玉器上。

注：《中国美术全集·工艺美术编9 玉器》，图126，“玉镂空龙形佩”；《中国出土玉器全集-4》，页212，“玉璧”。

浮雕谷纹制作工序

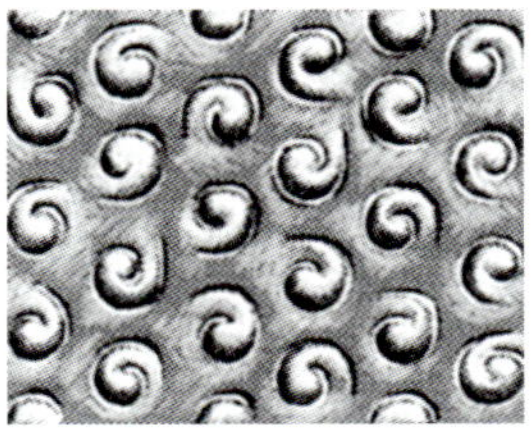

浮雕谷纹示意图

线刻谷纹

线刻谷纹的制作方法是以砣具阴刻谷芽状的线纹。由于圆卷状的凹线会使圆心产生凸起的错觉，因此又有假阳纹的效果。河南省淮阳县平粮台出土的战国龙形佩即可见此类纹饰。

注：《中国玉器全集－3　春秋·战国》，页174，图275，“玉佩”。

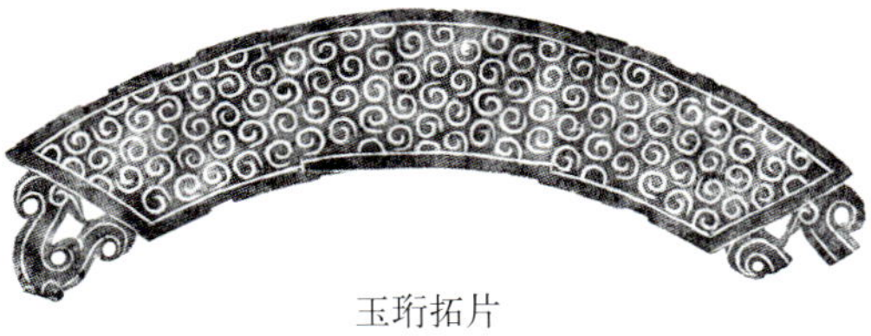

玉珩拓片

线刻谷纹示意图

(六) 蒲纹的制作

蒲纹是由谷纹制作工序中简化而来，玉工把定位谷纹的三对平行线作为纹饰，因线纹交织如蒲席而称为蒲纹。流行于战国晚期至西汉的蒲纹有六角蒲纹和蒲谷相叠纹两类，在蒲纹内部加琢谷纹，即是蒲谷相叠纹。

六角蒲纹

蒲纹因其构图中的三对平行线条交织如蒲席而得名，所组成的小图案含有六角，又名“六角蒲纹”。河南省永城县芒山镇僖山汉墓出土的玉璧上也有此类纹饰，提供对照的参考。

图片来源：《认识古玉》，页218，“蒲纹玉璧”。

注：《中国玉器全集－4　秦汉—南北朝》，页128，图177，“玉璧”。

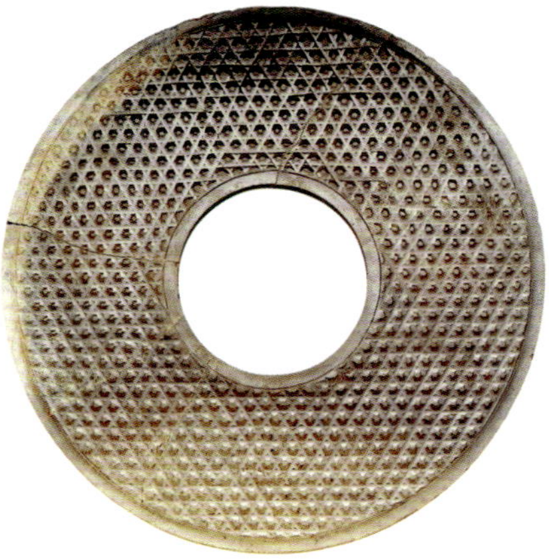

战国晚期至西汉　蒲纹璧
外径14.5cm、厚0.2cm

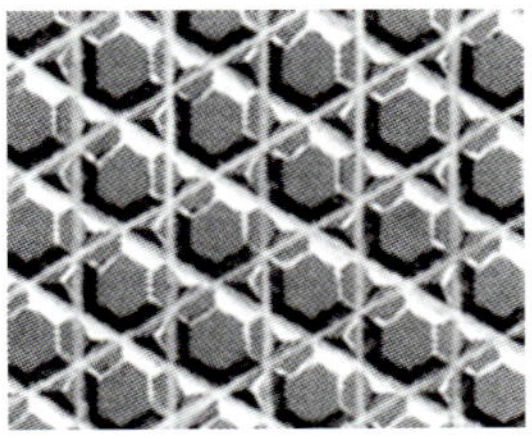

六角蒲纹示意图

蒲谷相叠纹

蒲谷相叠纹是先用砣具雕琢三对平行线后，再于六角形内雕琢圆蜷状谷纹，所以称为蒲谷相叠纹。此类纹饰可见于河北省满城县陵山二号墓出土的玉璧上。

图片来源：作者提供。

注：《中国玉器全集－4 秦汉—南北朝》，页84，图110，“玉璧”。

汉代　蒲谷相叠纹璧
外径18.7cm、厚0.4cm

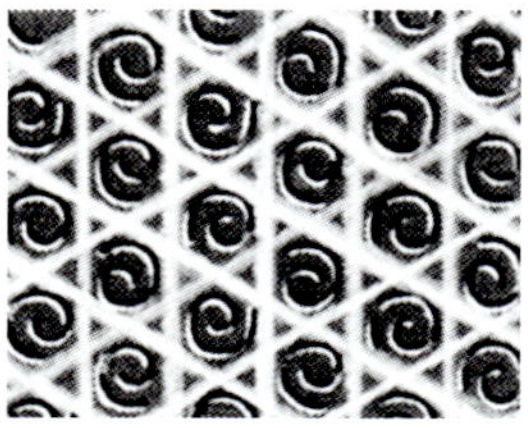

蒲谷相叠纹示意图

(七) 乳钉纹的制作

乳钉纹呈半球形突起，是盛行于战国晚期至汉代的纹饰，有的以阴线相连，有的独立成纹，因此又可分为V字形连线乳钉纹、阶梯式连线乳钉纹及独立式乳钉纹三类。

V字形连线乳钉纹

V字形连线乳钉纹，是用两条线段将三个乳钉连接为V字形的组合，线段夹角有60度、90度、120度不等，此种纹饰盛行于战国晚期至西汉，如临淄商王墓出土的龙形玉佩，广州南越王墓出土的玉卮上即有此类纹饰。

注：《临淄商王墓地》，图版四六(XLVI)，“龙形玉佩”；《南越王墓玉器》，图161，“铜框镶玉卮”。

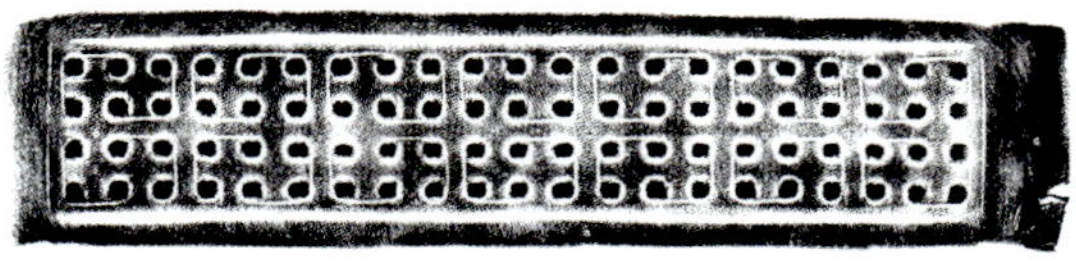

剑璏拓片

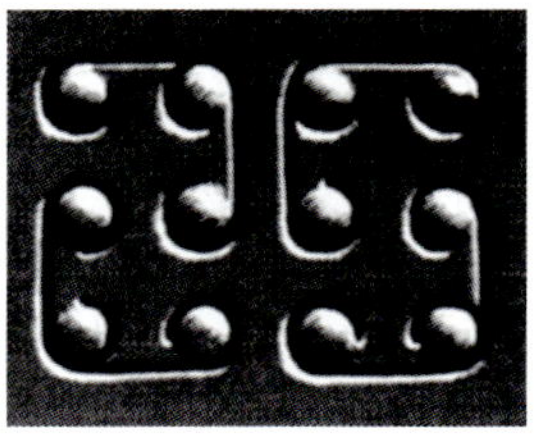

V字形连线乳钉纹示意图

阶梯式连线乳钉纹

阶梯式连线乳钉纹是以直线和横线将两个乳钉纹连接在一起，有如阶梯一般逐级而降的纹饰。此种纹饰盛行于战国晚期至西汉，如临淄商王墓出土的玉璜与广州南越王墓出土的龙纹璧都可见到此类纹饰。

注：《临淄商王墓地》，图版四五(XLV)：1，“玉璜”；《南越王墓玉器》，图53，“透雕龙凤涡纹璧”。

剑璏拓片

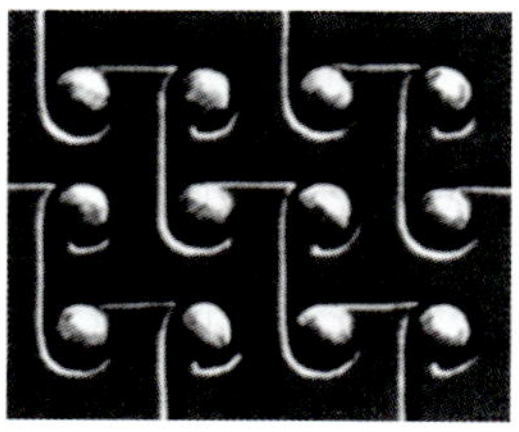

阶梯式连线乳钉纹示意图

独立式乳钉纹

独立式乳钉纹的出现时间较晚，大约盛行于汉代，其制作方法是先用砣具雕琢三对平行线纹定位后，将六角形周边减地，琢磨成半球形的凸起，即是乳钉纹。河北省定县北陵头村中山穆王刘畅墓出土的玉璧上，即有此类纹饰。

注：《中国美术全集·工艺美术编9 玉器》，页105，图193，“玉龙螭乳钉纹璧”。

玉璧拓片

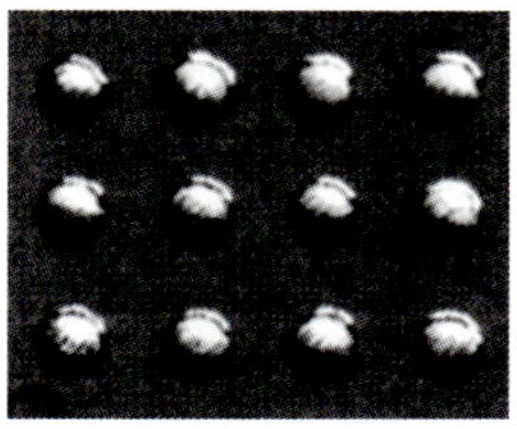

独立式乳钉纹示意图

(八) 云纹的制作

云纹两端形状弯卷如云，故称之为“云纹”，是盛行于战国晚期至汉代的纹饰，可分为浮雕云纹、丁字云纹及如意云纹三类。

浮雕云纹

以砣具雕琢两端勾卷的双线纹，将双线外侧减地，使中间突起如卷云状，再于云纹内侧加琢一道阴线，强化云纹的形状即为浮雕云纹。浮雕云纹极少单独为纹，往往组合为抽象化的兽形纹，雕琢在剑饰器上，如湖南省长沙市杨家山三〇四墓出土的玉剑璏即以此类纹样装饰。

注：《中国玉器全集-4 秦汉—南北朝》，页152，图212，“玉剑璏”。

剑璏拓片

浮雕云纹示意图

丁字云纹

丁字云纹与浮雕云纹流行时代相仿，是以砣具阴刻两端勾卷的云纹、纵横相连如丁字形而成纹。临淄商王墓出土的玉璜即可见此类纹饰。

注：《临淄商王墓地》，图版四五(XLV)：1，“玉璜”。

玉珩拓片

丁字云纹示意图

如意云纹

将云纹作九十度折转即为“如意云纹”。这类纹样通常以浅浮雕的形式出现，类似者可见于广州南越王墓出土的双龙首璜。

注：《南越王墓玉器》，图138，“B组玉佩”。

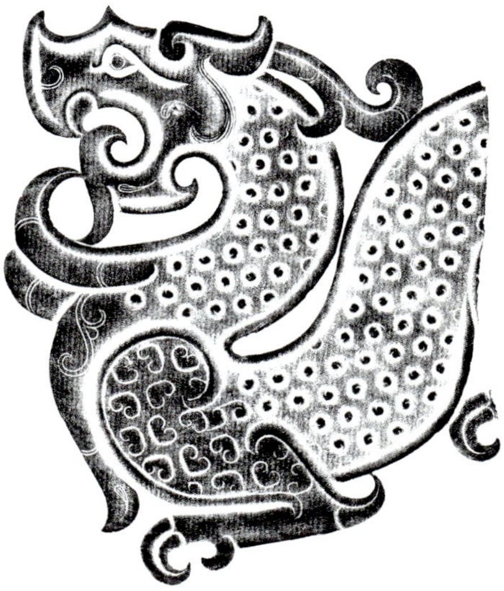

龙形佩拓片

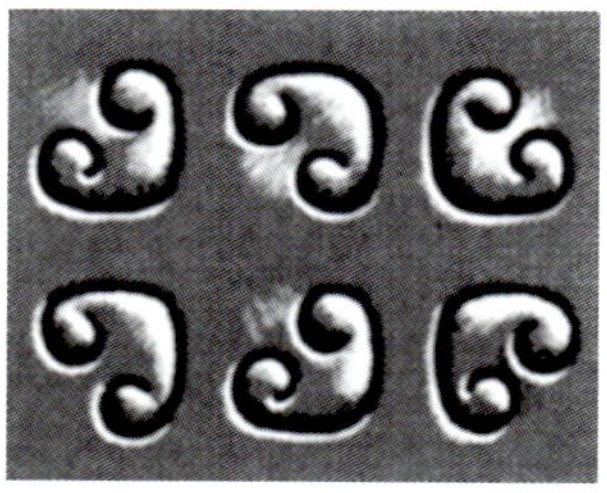

如意云纹示意图

(九)宽线斜坡纹的制作

宽线斜坡纹盛行于战国晚期至西汉，它的形状近似方转的云纹，但是轮廓线的距离加宽，周边以斜砣压地，形成线刻、浅浮雕及坡面式宽线斜坡纹并陈的多层次纹样，往往用于配合器形作左右对称或围绕式的环状布局。

对称式宽线斜坡纹

对称式宽线斜坡纹常出现于玉剑珌之上。在玉剑珌器表，宽线斜坡纹以中线为轴，作左右对称的形态布局，线纹间距疏朗，阴刻、浅浮雕及斜刀纹饰依次排列，使原本单纯的纹样产生多层次的美感。相同的纹饰设计可见于南越王墓出土的玉剑珌上。

图片来源：《汉代玉器》，页273，图198，“剑珌”。
注：《南越王墓玉器》，图228，“珌”。

汉代　剑珌
长6.8cm、宽5.8cm、厚1.5cm

剑珌拓片

环绕式宽线斜坡纹

下图高足玉杯以多种纹样装饰，近口沿处雕琢二圈环绕式的宽线斜坡纹，其纹饰形态上下相对、彼此交错，斜砣雕琢的坡面部分具有流动的光影，使浅浮雕部分更加立体。

图片来源：《汉代玉器》，页215，图144，“高足杯”。

汉代　高足杯
高13.5cm、口径5.2cm

宽线斜坡纹特写

(十) 浮雕动物纹的制作

浮雕动物纹盛行于汉代，可以按照浮雕的高低分为高浮雕动物纹与浅浮雕动物纹两类，这两种纹饰除高度上的差异之外，减地工具也有所不同，形成相异的工艺痕迹与特征。

高浮雕动物纹

高浮雕动物纹的制作方法，是先用砣具雕琢的细线纹打稿，然后在线纹外侧用管具去料，形成突起的动物纹饰。此种管钻去料、突起纹饰的制作技法，亦可见于广州南越王墓出土的玉剑珌。

图片来源：《认识古玉》，页238、239，"未完工剑珌"。
注：《南越王墓玉器》，图193~195、197、198、203，"珌"。

汉代　剑珌
长4.8cm、宽3.3cm、厚1.1cm

剑珌　背面管钻去料痕迹

浅浮雕动物纹

浅浮雕动物纹的制作，是先用细砣雕琢动物的轮廓，然后以较宽的平砣在周边浅琢一层地子，并用桯具在龙身勾转处钻磨圆形凹痕，强化纹饰的弯转。此种纹饰制作技法，与广州南越王墓出土的玉剑首相似。

图片来源：《认识古玉》，页241，"玉剑璏"。
注：《南越王墓玉器》，图194，"首"。

汉代　剑璏
长4.6cm、宽2.3cm、厚1.1cm

(十一) 线刻动物纹的制作

汉代除有浮雕动物纹之外，还有用细砣雕琢的线刻动物纹。线刻动物纹有的周边镂空，突显动物纹的形象，有的则如细笔勾画般雕琢于平面玉器，运用线纹的交叠来区隔肢体，表现动物纹饰的立体感。

镂空线刻动物纹

图中玉片饰内部的龙纹形状以阴刻线纹勾勒而成，龙身外侧镂空，突显线刻动物纹的形象。类似的线刻纹饰可见于河北省定县四十三号汉墓出土的玉座屏。

图片来源：作者提供。

注：《中国玉器全集-4　秦汉—南北朝》，页185，图257，“东汉玉座屏”。

汉代　镂空龙纹玉片饰
长18.5cm、宽5.8cm、厚0.3cm

镂空线刻动物纹示意图

平面线刻动物纹

下图汉代玉片饰布满羽人和凤鸟等图案，所有纹饰皆以阴刻细线纹勾勒，并用交叠的方式区隔相异的肢体部位，使其产生或前或后的景观深度，让平面线刻纹饰具有立体化的效果。

图片来源：作者提供。

汉代　线刻凤纹玉片饰
长16.6cm、宽8.2cm、厚0.5cm

平面线刻动物纹示意图

中国古代玉器

第二章 玉器时代篇

中国古代玉器从新石器时代中晚期发展至清代，经数千年历史的历史累积，数量之多，不可胜数。虽然可以从考古资料里看出各代玉器的大致变化，但若能用古器物学的进阶方法加以研究，则可深入了解这一部风格殊异、连绵不绝的玉器发展史。

古器物学的进阶方法即是在“料、工、形、纹”的分项研究基础上，以时代为主轴，进行两项、三项或四项的整合研究，其内容如下：

(1) “料工形纹”的统合

将各代玉器的质料、工法、造型及纹饰进行统合性的整理，以求掌握各代玉器的整体特征，熟悉历代玉器的典型风格。

(2) 玉料与造型的关系

玉料珍贵，不易取得，“省工省料”成为主要的制作原则，因此历代玉工发展出“因料施工”、“依形选料”及“余料尽用”等方式，使玉器的形状轮廓与玉料之间产生互相对应的特殊关系。

(3) 纹饰的解析

古代玉器常见规律性纹样、五官肢体线纹及独立于造型之上的象生动物纹饰，这些独立的象生纹饰常以二个、三个或更多的群体形态雕琢在器表，布局方式变化多端，需要仔细的分解与整合，才能体会其中之奥妙与趣味。

(4) 造型与纹饰的关系

“纹饰”犹如玉器的外衣，它们的形象可能蕴含着某种特定的思想意义，但每个组成部分在具体的位置安排上，则需考虑器面的形状与大小，以及美感的要求。这种形纹之间的相互关系足可体现出各代玉工的巧思与创意，值得用心领会。

(5) 传承遗风的探索

中国古代玉器是一门世代相传的工艺，虽然造型和纹饰都随着时代的递嬗而转变，但在改朝换代之初常常呈现新旧交融的复杂现象，此即过渡时期的特征。当新的时代风格趋于稳定之后，其身上仍会保留前代的某些特色，可用于探索古代玉器在传承过程里的演变轨迹。

(6) 补琢与改形的鉴定

“补琢”是在以前的玉器之上雕琢新的纹饰，“改形”则是改变玉器的造型，二者都是中国古代玉器特有的现象。这些玉器常包含有不同时期的工艺特征，造成时代上的误判，所以必须加以鉴别认定，使古代玉器回归正确的时代，并从时空的异动中展开新的议题，作为深入研究的史料。

本章以时代先后为序，依据各代玉器的实际状况规划主题，带领大家进入精彩丰富的古玉殿堂。

一 红山文化玉器

（一）玉质呈色
（二）出土特征
（三）制作工具与痕迹
（四）造型种类与特征
（五）线纹种类与特征
（六）纹饰设计
红山文化玉器特征

红山文化距今大约五、六千年之久，主要分布于辽西、内蒙古东部及长城以北山区。早期发现以石器、陶器、房址、陶窑为主，20世纪70年代以后，由于玉器群、积石冢、女神庙的陆续发掘而成为新石器时代晚期重要的考古学文化。

红山文化玉器的出土，使大量传世器物得到可靠的年代学依据，对于红山文化玉器的认识有极大的帮助。在玉质方面，红山文化玉器常见青黄色、青碧色及墨黑色等玉色，并有受到地中铁矿沁入而产生的红褐色自然沁现象。在制作工艺方面，若干未完工的半成品，以及遗留有切割、打孔、琢纹及镂空痕迹的器物，让我们得以一窥当时玉器制作的工具与方法。在造型方面，以蹄形器、匕形器、璧形器、玉玦、勾云形佩、勾形玉簪，以及猪龙、C形龙、玉鸟、玉蚕、神人、神兽等象生动物为主，形制独特，边缘常呈倾斜的薄刃。在纹饰方面，红山文化玉器盛行浅而宽的线纹与略微突出的“隐地突起”阳纹，并且常用斜线交织的网格纹作为局部装饰。此外，红山文化的猪龙会依器形差异作出不同的设计，而片状兽形玉饰与勾云形佩之间，或可整理出由具象到抽象的演变轨迹，呈现红山玉器与众不同的风貌。

本单元从玉质呈色、出土特征、制作工具、线纹种类、形制品类及纹饰设计等方面，对红山文化玉器特征加以概述。

(一) 玉质呈色

红山文化玉器的呈色以青黄色、青碧色、青白色及墨黑色四种色系为主，其中又以青黄色的玉质最为常见。

青黄玉

青黄玉是红山文化玉器最常见的玉色。下图所示红山文化兽面玉佩呈现青中带黄的色泽，质感颇为温润。与此相似的玉质可见于内蒙古巴林右旗那斯台遗址出土的鸟兽纹玉佩。

图片来源：《认识古玉》，页164，“兽面玉饰”。
注：《文物》2008年10期，页27，图二九，“鸟兽纹玉佩”(M23：3)。

红山文化　兽面玉饰
长6.5cm、宽3.8cm、厚0.3cm

青玉

青玉也是红山文化玉器的常见玉质之一。下图红山文化玉鸟的色泽以青碧色为主调，夹杂有少许黄绿色，犹如湖水一般。类似的玉质呈色亦可见于敖汉旗萨力巴乡干饭营子出土的玉龙。

图片来源：《红山玉器》，页142，图87，“玉鸟”。
注：《红山玉器》，页105，“碧玉龙”。

红山文化　玉鸟
长5cm、宽3cm、厚1cm

墨玉

墨绿常用来制作玉鹰、C形龙及兽面等象生动物玉饰。下图红山文化鹰首玉饰的颜色深暗，是红山文化典型的墨黑色玉质。内蒙古自治区翁牛特旗三星他拉遗址出土的墨黑色玉龙亦属此类质地。

图片来源：《红山玉器》，页156，图102，“玉鸟”。
注：《中国出土玉器-2》，页17，“玉龙”。

红山文化　玉鹰首
长11cm、宽4cm、厚2.4cm

(二) 出土特征

红山文化玉器的出土特征与其他玉器一样，常见泥土与黑褐色附着物及白化现象。除此之外，红山文化玉器还具有一种红褐色的自然沁，是此一区域文化的独有特色。

泥土附着

图中红山文化蹄形器玉质青色，表面附着大量黄褐色泥土，泥土虽已硬结成块，但仍可以水洗净，并未沁入玉质内部。类似的泥土附着现象在其他同期器物中颇为普遍。

图片来源：《中国玉器全集-1 原始社会》，页3，图3，“玉马蹄形器”。

红山文化　蹄形器
高11.5cm、上最宽8.4cm、下最宽6.8cm

白化现象

下图红山文化玉鸟为青黄色玉质，表面大部变白，属于表面白化类型。类似的白化现象亦可见于克什克腾旗博物馆所收藏的玉蝉。

图片来源：《红山玉器》，页143，图88，“玉鸟”。
注：《红山玉器》，页132，“玉蝉”。

红山文化　玉鸟
长4.8cm、宽3.9cm、厚0.9cm

自然沁

图中蹄形器为青黄色的玉质，表面白化，内壁附着红褐色泥土处玉质也呈红褐色状，可能是受到土中铁矿沁入的结果，为自然沁现象。牛河梁遗址二号冢四号墓出土的玉雕龙，也有相同的红褐沁斑现象。

图片来源：《认识古玉》，页117，“蹄形器”。
注：《牛河梁遗址》，页36，图38，“玉雕龙”。

红山文化　蹄形器
高7.5cm、上最宽7.5cm、下最宽6.5cm

(三)制作工具与痕迹

红山文化的制玉工具有砣具、软性线具、片状工具、管具及桯具等，使用这些工具进行玉器制作会在器物表面分别留下与工具形状互相呼应的制作痕迹，可作为还原工具种类的依据。

砣具

下图红山文化玉猪龙，颈背处有一道垂直凹痕，上方宽深、下方尖浅，呈现砣具琢磨的特征。相同的砣具痕迹亦可见于敖汉旗敖润苏莫苏木羊羔庙出土的墨玉斧。

图片来源：《红山玉器》，页19，图24，“玉猪龙”。
注：《红山玉器》，页76，“墨玉斧”。

红山文化　玉猪龙
长8cm、宽5cm、厚2.3cm

片状工具

下图红山文化勾形玉簪形体窄长，表面有一道纵向的凹痕，此道凹痕非常平直，是以片状工具双向切割玉料时，因对切不齐所留下的痕迹。敖汉旗大甸子乡大瓜翅出土的玉箍坯料上留有类似的平直痕迹，可供参考。

图片来源：震旦博物馆提供。

注：《红山玉器》，页163，“玉箍坯料”。

红山文化　勾形玉簪
长14.8cm、宽3.7cm

软性线具

图中玉玦右侧有一缺口，缺口上下切割面上具有凹凸对应的现象，是以软性线具拉切所留下的特征。相同的软线切割痕迹也可见于白音长汗兴隆洼文化遗址所出土的玉玦。

图片来源：《认识古玉》，页71，“玉玦”。

注：《红山玉器》，页47，“玉玦”。

兴隆洼文化　玉玦
外径4.5cm、厚1.1cm

管具

下图红山文化玉猪龙呈环体状，中间圆孔略大于龙身处的系带孔，中孔下方有两个互相叠压的圆形凹痕，应是用中型管具打孔时，因故移位所造成的痕迹。相同的圆管打孔痕，可见于赤峰市文物店征集的勾云形玉佩。

图片来源：《红山玉器》，页19，图26，“玉猪龙”。

注：《红山玉器》，页148，“勾云形玉佩”。

红山文化　玉猪龙
长4cm、宽3.3cm

桯具

图中红山文化玉鸟背面颈背处突起一道竖脊，竖脊两侧对穿成孔，孔型呈外大内小喇叭状，应用桯具斜向对钻而成。阜新胡头沟红山文化墓地1号墓出土玉龟的腹部，亦有桯具钻磨的孔痕。

图片来源：《红山玉器》，页149，图94，“玉鸟”。

注：《中国考古文物之美·文明曙光期祭祀遗珍1 辽宁红山文化坛庙冢》，图51，“玉龟腹面”。

红山文化　玉鸟
长6cm、宽5.5cm、厚0.8cm

(四)造型种类与特征

红山文化玉器的品类很多，常见的有蹄形器、璧形器、环形器、勾形玉簪、兽形纹佩、勾云形佩、三孔器、玉玦及象生动物玉饰等，因特殊造型种类与制作工艺形成独特的区域性风格。

蹄形器

蹄形器呈上大下小、斜口椭圆、中空无底之状，内壁常有线拉去料的痕迹，是红山文化特有的器物。辽宁省朝阳市牛河梁遗址第二地点一号冢4号墓即为此类。

图片来源：《红山玉器》，页209，图157，“蹄形器”。

注：《中国出土玉器全集-2》，页134，“玉箍形器”。

红山文化　蹄形器
高13.5cm

勾云形佩

勾云形佩的造型抽象，纹样多以宽砣双面对磨法配合桯具打孔制作镂空，器缘周边扁薄如刃。类似的器形亦可见于辽宁省文物店藏的勾云形玉佩。

图片来源：《红山玉器》，页180，图124，“勾云形佩”。

注：《中国考古文物之美·文明曙光期祭祀遗珍1 辽宁红山文化坛庙冢》，页20，“勾云形玉佩”。

红山文化　勾云形佩
长11cm、宽7cm、厚0.4cm

勾形玉簪

勾形玉簪的前端状如弯刀，弯勾部分以宽砣磨成刃边，再于器表琢磨一道凹槽，凹槽边缘形成两条若隐若现、随形弯转的凸棱，而簪柄部分呈长条状，末端收尖，有的断成二节，以桯钻小孔穿线系绑。类似器物可见于内蒙古巴林右旗的出土物中。

图片来源：震旦博物馆提供。
注：《红山玉器》，页174，“玉勾形器”。

红山文化　勾形玉簪
长16.5cm、宽2.8cm

玉璧

红山文化玉璧形状并不圆整，常以去方为圆法琢磨外廓，内外边缘因使用宽砣琢磨而呈薄刃状。敖汉旗大甸子墓地出土玉璧即为此类。

图片来源：《红山玉器》，页285，图254，“玉璧”。
注：《红山玉器》，页67，“璧形坠”。

红山文化　玉璧
长8.6cm、宽8.2cm、厚0.6cm

联璧

红山文化的联璧呈上下相连的形态，有二联璧和三联璧两类，内外边缘多呈薄刃状，如阜新胡头沟红山文化墓地三号墓出土的三联玉璧，可作为多联璧的参考。

图片来源：《红山玉器》，页282，图250，“双连璧”。
注：《中国考古文物之美·文明曙光期祭祀遗珍1　辽宁红山文化坛庙冢》，页22，“三联玉璧”。

红山文化　双联璧
长8cm、宽2.5cm、厚0.3cm

玉玦

红山文化玉玦常以较厚的玉料制作，玦体厚实，外缘琢磨成弧面状，缺口处多以软性线具拉切，往往在切割面上留下弧形切割痕与上下凹凸对应的现象。此类玉玦大量出土于兴隆洼文化遗址中，是其特色之一。

图片来源：《红山玉器》，页47，“玉玦”。

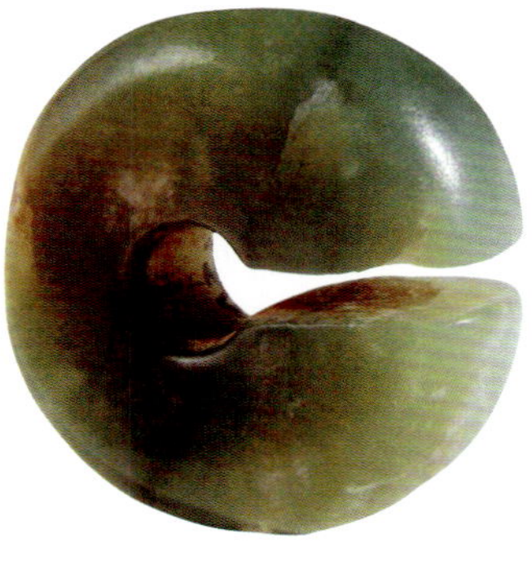

兴隆洼文化　玉玦
外径3.2cm

象生动物玉饰

红山文化的象生动物玉饰有龙、鸟、蚕、蝉、龟、鱼、人、兽等，其中龟、鸟、蚕、蝉的造型极为写实，器表运用厚薄不等的砣具雕琢线纹，用以表现动物躯体的各个部位，并使用桯具或砣具琢磨系带孔。

玉鸟

红山文化玉鸟多呈正面展翅状，双翅以阴刻线纹或“隐地突起”阳纹象征羽翮，背面用桯具对钻“牛鼻穿”孔。敖汉旗博物馆藏的黄玉鹰造型与此器相似，是红山玉鸟的典型风格。

图片来源：《红山玉器》，页149，图94，“玉鸟”。
注：《红山玉器》，页120，“黄玉鹰”。

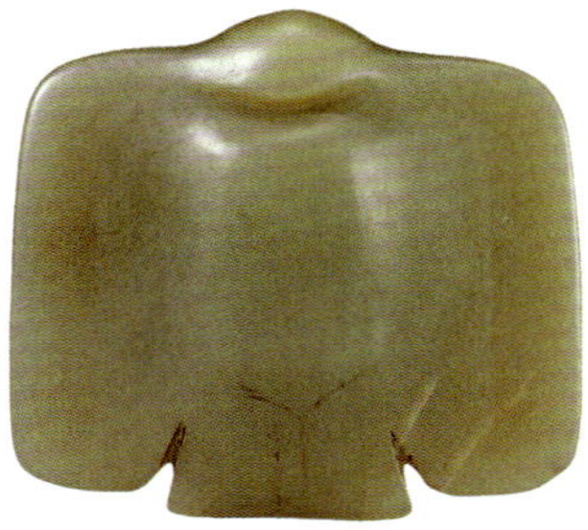

红山文化　玉鸟
长6cm、宽5.5cm、厚0.8cm

玉龟

红山文化玉龟的形象写实，头部前伸，四足张开，用砣具雕琢龟背与足爪，腹部以桯具或砣具琢磨系带孔，类似的造型亦可见于辽宁省阜新县胡头沟一号墓出土的玉龟。

图片来源：《红山玉器》，页124，图68，“玉龟”。
注：《中国出土玉器全集-2》，页119，“玉龟”。

红山文化　玉龟
长4.5cm、宽4.5cm、厚0.4cm

玉蚕

红山文化玉蚕呈扁圆柱形，头端平齐，浅琢圆形的双目，背部雕琢体表线纹，尾端向上斜收，系带孔从头至尾贯穿，或由腰部横穿。类似的造型可见于巴林右旗巴彦汉苏木那日斯台遗址出土的玉蚕。

图片来源：《红山玉器》，页121，图66，“玉蚕”。
注：《红山玉器》，页138，“玉蚕”。

红山文化　玉蚕
长5.6cm、宽2.6cm、厚2.6cm

龙形玉饰

红山文化的龙形玉饰有猪龙、玦形玉龙、C形龙三种形态，三者均都以头部作为雕琢的重点，大眼、鼻吻前突、环形龙身、通体光素无纹，背部常以桯具对钻系带孔。

猪龙

红山文化的玉猪龙具有大眼、立耳、皱鼻及阔嘴，身躯光素无纹饰，因貌似猪首而得名。牛河梁第二地点一号冢第四号墓出土玉龙即为此类。

图片来源：《牛河梁遗址》，页36，图38，“玉雕龙”。

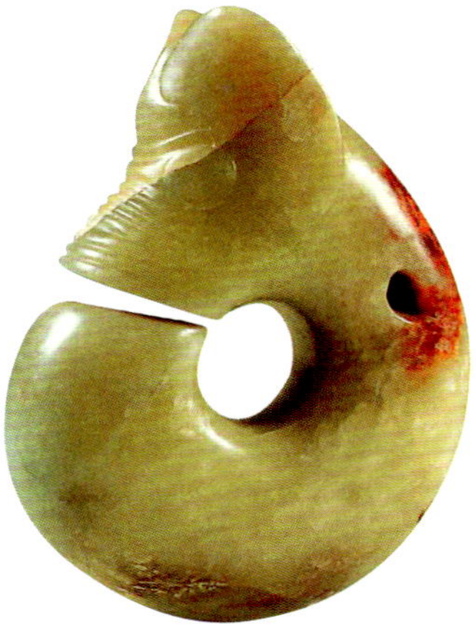

红山文化　玉猪龙
高10.3cm

玦形龙

红山文化玦形玉龙神貌与猪龙近似，因首尾分离如玉玦，故称为玦形龙。此造型可见于敖汉旗牛古吐乡大五家村西出土的碧玉龙。

图片来源：《红山玉器》，页65，图17，“玉猪龙”。
注：《红山玉器》，页101，“碧玉龙”。

红山文化　玉猪龙
长6cm、宽4.5cm、厚2.1cm

C形龙

红山文化C形龙眼长如梭，鬣毛向后飘举，首尾间距宽大，身体蜷曲如C字，故称为C形龙。此造型可见于翁牛特旗广德公镇黄谷屯及赛沁塔拉所征集或出土的玉龙。

图片来源：《红山玉器》，页50，图2，“C形龙”。
注：《红山玉器》，页97、99，“玉龙”。

红山文化　C形龙
长17cm、宽14cm、厚2.5cm

(五) 线纹种类与特征

红山文化玉器上的纹饰可以概分为阴线纹和阳纹两类，其中阴线纹又可依照砣具的厚薄度区分为宽线纹与细线纹两种，而阳纹则以隐约的形态呈现独树一帜的区域性风格。

宽阴线

图中红山文化勾云形佩以宽砣逐段雕琢纹饰，线纹浅而宽，且具有中间宽深、末端尖浅的特征。辽宁省朝阳市牛河梁遗址第二地点一号冢27号墓出土的勾云形器上，也有相同的宽阴线纹饰。

图片来源：《认识古玉》，页101，“玉饰”。
注：《中国出土玉器-2》，页133，“勾云形玉器”。

红山文化　勾云形佩
长4.7cm、宽3cm、厚0.3cm

细阴线

下图红山文化玉猪龙尚未完工，表面以细砣雕琢眼睛和鼻吻等纹饰，线纹窄细，转弯处有逐段雕琢的歧出现象。

图片来源：《红山玉器》，页31，图68，“猪龙”。

红山文化　玉猪龙
长4.6cm、宽3.5cm、厚1.6cm

细砣雕琢

图中为红山文化C形龙残器，龙首的额头与下颚皆以网格纹为饰，由于线纹以细砣雕琢而成，因此中间宽深、末端尖浅的砣具制作痕迹极为明显。类似的砣雕网格纹可见于巴林右旗博物馆所藏的人面玉饰。

图片来源：《红山玉器》，页56，图6，“C形龙首”。
注：《红山玉器》，页37，“玉人面饰”。

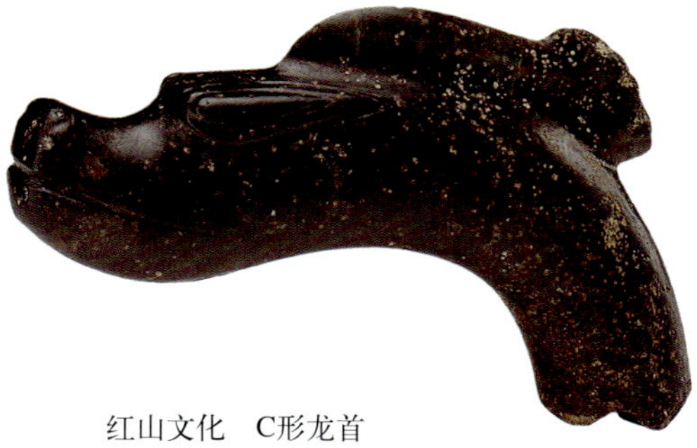

红山文化　C形龙首
长14cm、宽6.4cm、厚2.5cm

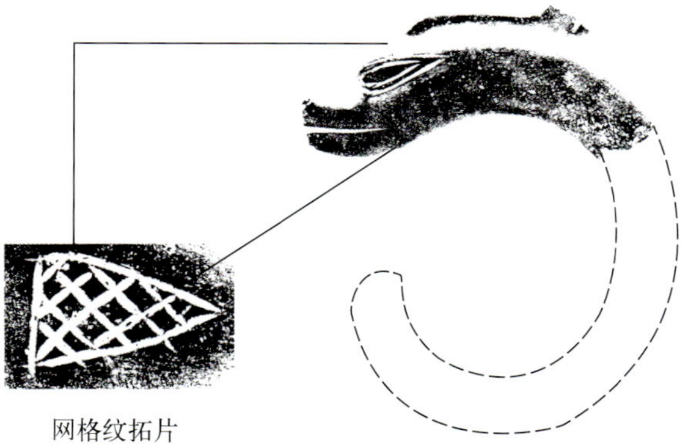

网格纹拓片

隐地突起阳纹

红山文化鸟形佩常以极浅的阳纹勾勒羽翎，其制作工序是先以砣具雕琢平行双线纹，然后在双线外侧琢去一层地子，使两线之间突起为阳纹。由于阳纹的高度较低，末端逐渐融入器表之中，形态颇为隐约，因此称之为“隐地突起”阳纹。相同的纹饰亦可见于巴林右旗巴彦汉苏木那日斯台遗址出土的玉鹰。

图片来源：《红山玉器》，页148，图93，“玉鸟”。
注：《红山玉器》，页122，“玉鹰”。

红山文化　玉鸟
长6.3cm、宽7.2cm、厚1.2cm

(六) 纹饰设计

红山文化的猪龙、Y形器及兽面环形器之上，都有五官夸张的动物面纹，可以视为同一种动物题材在各种器形上的相异设计，即依料设计。

圆雕猪龙

红山文化猪龙的造型大体相似，在圆滚的器身一端，以砣具雕琢眼、耳、鼻、口等五官，整个面容披覆在圆形器表上，属于圆雕的表现方法。此类造型可见于辽宁省朝阳市牛河梁遗址第二地点一号冢4号墓出土的玉猪龙。

图片来源：《红山玉器》，页64，图16，“玉猪龙”。
注：《中国出土玉器-2》，页111，“玉猪龙”。

红山文化　玉猪龙
长8.7cm、宽6.8cm、厚3.2cm

平面猪龙

将圆雕猪龙的正面与Y形器的兽面进行比较，两者在眼、耳、鼻、口的处理及表现方面都极为神似，可知Y形器上的兽面纹应是圆雕猪龙在平面上的表现形式。

图片来源：《红山玉器》，页64，图16，“玉猪龙”；页70，图22，“兽面玉饰”。

红山文化　玉猪龙（正面像）
长8.7cm、宽6.8cm、厚3.2cm

红山文化　Y形兽面（正面像）
长6.8cm、宽4.3cm、厚0.5cm

环面猪龙

下图红山文化环形器上雕琢四个兽眼、四个鼻子、四张嘴巴、四个耳朵，组成四个兽面纹。每个兽面的五官特征都与猪龙及Y形兽雷同，显然三者是相同的动物，为猪龙在环形器表上的形态。

图片来源：《中华五千年集刊·玉器篇五》，页148，图45，“环面猪龙”。

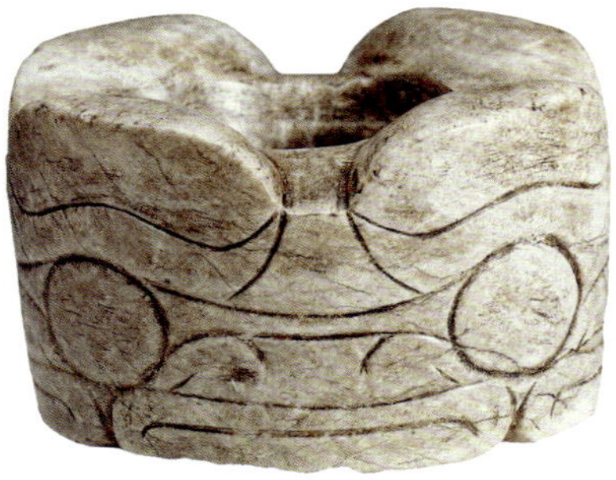

红山文化　兽面纹玉环
外径6cm、高4cm

兽面纹玉环拓片平展全貌

圆雕、平面、环面的猪龙面纹比较

圆雕、平面、环面的猪龙面纹造型三者均有大眼、立耳、皱鼻及横阔嘴等特征，应是同一种动物题材在圆雕、平面及环面上所作的巧艺设计。

圆雕猪龙

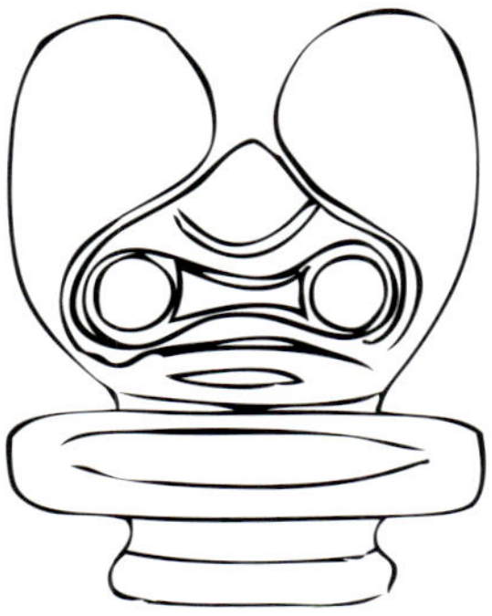

平面猪龙

环面猪龙

兽形佩与勾云形佩解析

红山文化兽形佩的形态颇为具象，但是在同期器物的对比下，可将其分解为三个独立的动物纹饰。此外，它的简化发展与勾云形佩息息相关。

兽形佩解析

图中兽形佩的造型与辽宁省朝阳市牛河梁遗址第二地点一号冢27号墓出土的勾云形玉器较为相似，乍看之下是一个兽形动物，然经细分可解析为一个正像兽面与两个侧面龙首。

图片来源：《中华五千年文物集刊·玉器篇五》，页36，图35，“兽形玉佩”。

注：《中国出土玉器-2》，页133，“勾云形玉器”。

红山文化　兽形玉佩
长20cm、宽6.8cm、厚0.4cm

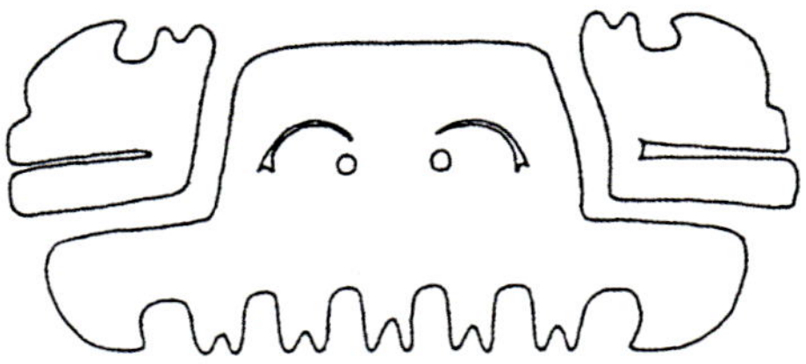

兽形佩分解示意图

侧面龙首参照物

兽形佩左右两侧的龙首与下图红山文化龙首玉饰近似，呈现出张口、扬鬣的侧面龙首形象。

图片来源：《中华五千年文物集刊·玉器篇五》，页31，图30，“龙首玉佩”。

红山文化　龙首玉佩
长8cm、宽3.5cm

居中兽面参照物

兽形佩中间的兽面与此件红山文化兽面玉饰相近，只是嘴巴朝向两侧拉开，夸张地呈现平顶、圆眼、口露獠牙的兽面形象。

图片来源：《中华五千年文物集刊·玉器篇五》，页45，图44，“兽形玉佩”。

红山文化　兽形佩
长6.5cm、宽3.2cm、厚0.3cm

兽形佩简化与勾云形佩的兴起

从现有的考古出土物与传世品中，可以排出兽形佩→简化兽形佩→勾云形佩的发展序列，呈现兽形佩的简化过程中，被分解、抽象化及重新组构为勾云形佩的发展脉络。

具象兽形

下图勾云形佩左右两侧呈现侧面龙首的形态，下部为两两并立的獠牙，但是玉佩中间只有一个涡旋眼，应是从兽形佩简化而来的单眼兽形佩类型。

图片来源：《中华五千年文物集刊·玉器篇五》，页50，图49，“勾云形佩”。

红山文化　勾云形佩
长6cm、宽2.8cm、厚0.4cm

简化兽形

图中勾云形佩左右两侧的龙首形象较为模糊，下部突出的牙状物也不似獠牙般尖锐，是以单眼兽形佩更加简化的结果。相同的器形也可见于赤峰市文物店所征集的勾云形玉佩。

图片来源：《红山玉器》，页178，图122，“勾云形佩”。
注：《红山玉器》，页148，“勾云形玉佩”。

红山文化　勾云形佩
长7cm、宽3cm、厚0.4cm

抽象兽形

沿续上述推测，侧面龙首、獠牙、眼睛均简化为不具动物意象的几何线条，完全看不出原来兽形佩的组合关系。此种抽象化的玉饰与辽宁省朝阳市牛河梁遗址第五地点一号冢1号墓出土的勾云形玉器类似。

图片来源：震旦博物馆提供。
注：《中国出土玉器-2》，页131，“勾云形玉器”。

红山文化　勾云形佩
长6cm、宽3.8cm

勾云形佩的零件与组装

兽形佩分解下来的局部形状或抽象化的形状，都是勾云形佩的组装零件，玉工透过不同的组合，产生各式各样的勾云形佩造型。

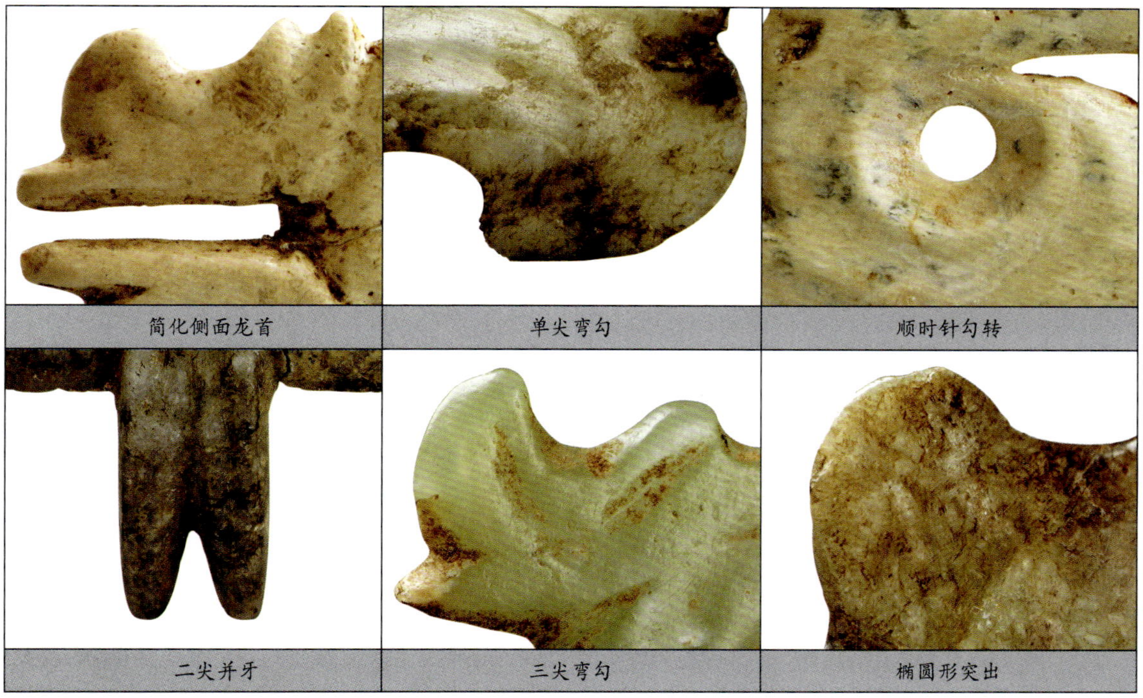

勾云形佩零件

单涡旋体组装

图中勾云形佩由一个顺时针勾转、四个双尖弯勾及两个单牙所组成，虽然零件位置与兽形佩接近，但是整体形态颇为抽象。

图片来源：《中华五千年文物集刊·玉器篇五》，页51，图50，“勾云形佩”。

红山文化　勾云形佩
长8.5cm、宽5cm、厚0.4cm

单涡旋体组装

下图红山文化勾云形佩勾转处呈顺时针分布，两旁各有一个侧面龙首，右边的龙首鼻吻朝向右方，左边的龙首则作向上翘鼻状，底下连接四对併牙与一个单尖弯勾。类似的造型与纹饰可参见内蒙古敖汉旗大甸子出土的勾云形佩。

图片来源：《红山玉器》，页176，图120，“勾云形佩”。
注：《东亚玉器》Vol. I，页113，图11.7-14，“勾云形佩”。

红山文化　勾云形佩
长7.4cm、宽4cm、厚0.3cm

双涡旋体组装

图中勾云形佩包含两个反向的顺时针勾转、一个双尖弯勾、三个单尖弯勾、四个椭方形突出及两个小型尖状突出，组成行云流水般抽象化的造型。

图片来源：《红山玉器》，页174，图118，“勾云形佩”。

红山文化　勾云形佩
长11.5cm、宽5.5cm、厚0.4cm

双涡旋体组装

下图勾云形佩以两个倒向连接的顺时针勾转构成全器的主体，左右两侧附加四个简化的侧面龙首，形成上下相倒、左右对称的组合。类似的形纹风格可见于北京故宫博物院所收藏的玉镂雕云形器。

图片来源：《红山玉器》，页173，图117，“勾云形佩”。
注：《故宫博物院文物珍品全集·玉器》（上），图5，“玉镂雕云形器”。

红山文化　勾云形佩
长17cm、宽6cm、厚0.6cm

红山文化玉器特征

经前文分项叙述，对于红山文化玉器的质地特征、制作工艺及造型纹饰均可建立起基础性认识。此处将红山玉器最显著的特点浓缩为四句口诀，期能对红山文化玉器的深入研究有所助益。

红山玉器边薄刃

红山玉工以宽砣双面对磨法制作镂空，镂空边缘扁薄如刃，玉器外缘也常琢磨为薄刃状，形成整体一致的刃边风格。

象生动物形写实

红山文化的象生动物玉雕中，有鸟、龟、鱼、蝉等题材，它们的形象具有头部、身体、翅膀、尾巴及足爪，具体呈现真实动物的样貌。

依料施工猪龙首

透过拓片的比较，圆雕猪龙、Y形兽面及环形兽面三者的五官相貌雷同，是同一种动物在不同器形上的设计，为“依料施工”法的表现。

角度组合兽形佩

红山文化的镂空兽形佩，是结合一个正面兽首与两个侧面龙首的作品，虽是三个动物的拼合体，形态仍属具象，与抽象的勾云形佩之间具有由繁到简的演化关系。

红山玉器边薄刃　象生动物形写实
依料施工猪龙首　角度组合兽形佩

二 良渚文化玉器

良渚文化距今约五千三百年至四千二百年左右，是长江下游重要的新石器时代文化之一。经济生活以农业为主，手工业也颇为发达，现已发现的有纺织、竹编、木器、玉器等遗存，其中尤以数量庞大、制作精美的玉器为世人所瞩目。

良渚文化玉器无论质地、造型或纹饰都呈现独特的区域性风格。在玉质方面，常见青黄色与青碧色质地，并伴有白化、玻璃光及褐色自然沁等出土现象。在器形方面，以琮、璧、钺、璜、璥、镯、冠形器、锥形器、三叉形器及龙、鸟、鱼、龟、蝉等象生动物玉饰为主，形制功能极富特色。在纹饰方面，神人兽面纹是此一时期最主要的题材，其形象或繁或简，以单一或连续的形态置于器表，布局依器形差异，产生平面式、折角式及共用式的设计。边缘处常以减地法形成突起的浅浮雕，其余器表布满细密的阴刻线纹，整体风格繁缛华丽。除此之外，良渚文化普遍以软性线具配合砣具、桯具以及特定的技法进行镂空来制作，形成的透空形状与众不同，是此时特有的工艺形态。

本单元从玉质特征、制作工艺及造型纹饰方面叙述良渚文化玉器的基本特征，并着重分析神人兽面纹的设计形态与良渚玉龙的形纹风格。

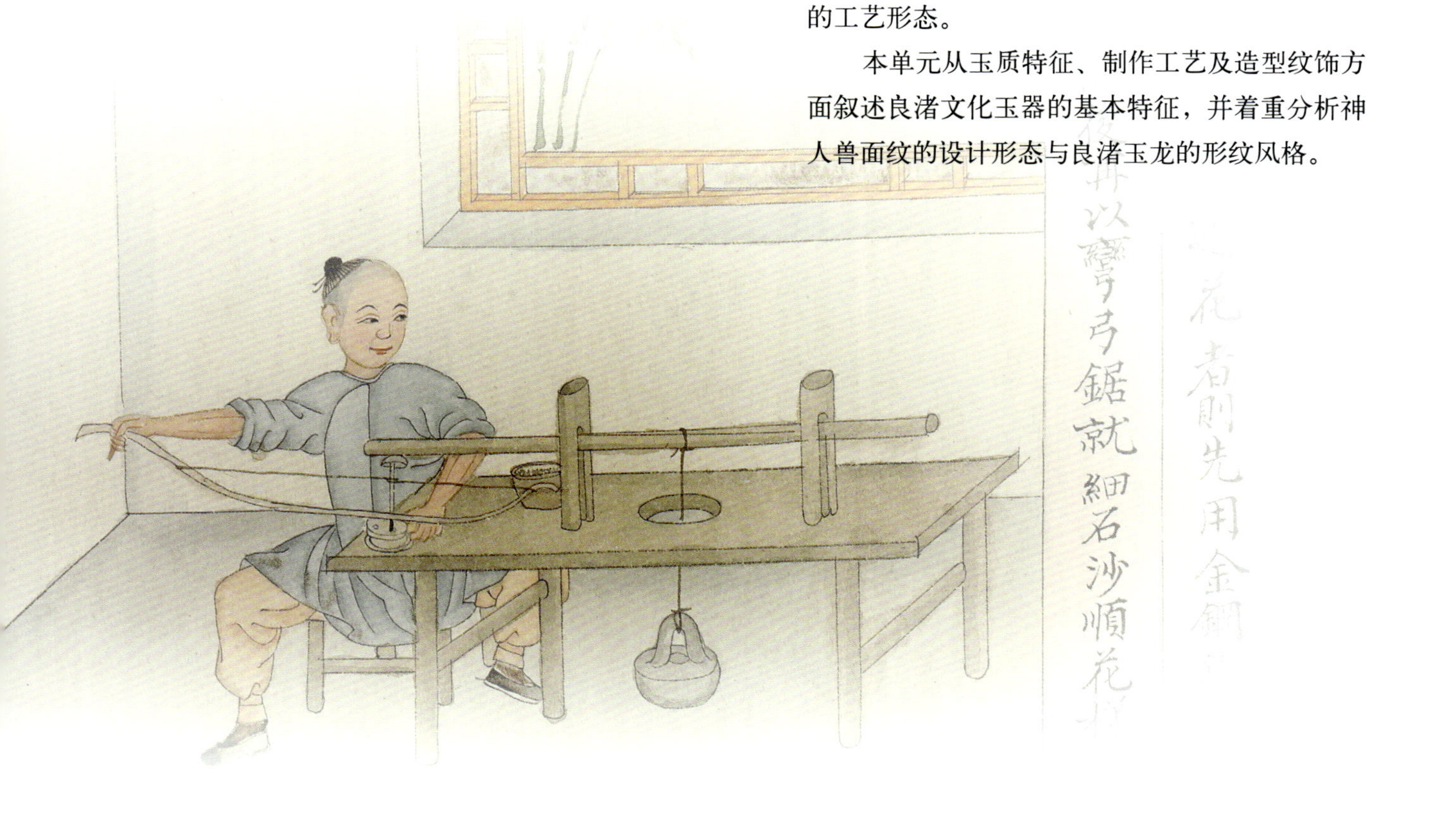

(一)玉质特征

良渚文化玉器玉质的自然呈色以青黄色与青碧色为主，以见有少量其他色泽。出土现象极为丰富，常见的有附着物、白化、自然沁、玻璃光等。

青黄玉

青黄玉是良渚文化玉器中常见的玉质之一。图中福泉山遗址出土玉坠颜色为青黄色，质感颇为温润，为典型的青黄玉质地。

图片来源：《福泉山》，彩版三〇（XXX'）:2，“玉坠”。

良渚文化　玉坠
长2.5cm、宽1.4cm

青玉

青玉也是良渚文化玉器中较为常见的玉质。下图玉璜色泽青碧，颜色深暗处较不透光，为典型的青玉质地。类似的玉质可见于福泉山遗址出土的玉钺。

图片来源：作者提供。
注：《福泉山》，彩版一一（XI'）:3，“玉钺”。

良渚文化　玉璜
长14.3cm、宽4.2cm、厚0.4cm

（二）出土特征

良渚文化玉器的出土现象极为丰富，常见的有白化、附着物及玻璃光。

整体白化

良渚文化玉器由于白化程度及其他因素的影响，形成不同的视觉效果。图中所示良渚文化冠形器玉质通体变白，用灯光照射并不透光，可见玉质整体已发生白化，此类白化称之为整体白化。与此相类的白化现象可见于浙江省桐乡市姚家山遗址7号墓出土的三叉形器。

图片来源：震旦博物馆提供。
注：《中国出土玉器全集-8》，页54，“三叉形器”。

良渚文化　冠形器
长5cm、宽4.3cm、厚0.6cm

网状白化

下图良渚文化玉璧质地深暗，器物表面遍布丝网状白色纹理，透过特写镜头的放大，可观察到此部分为玉质白化以粗细不均的形态深入玉质

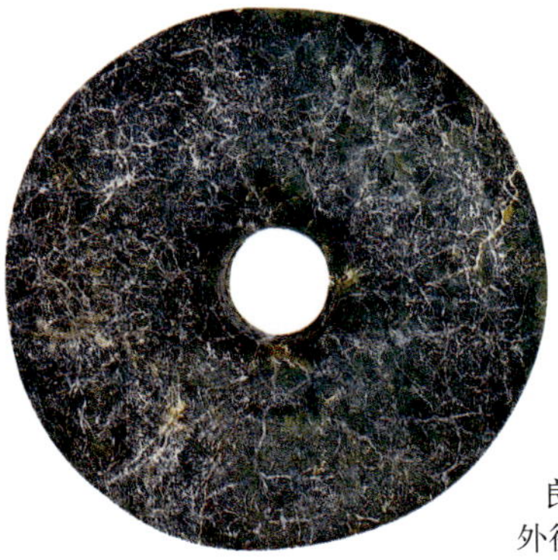

良渚文化　玉璧
外径20.5cm、厚1cm

网状白化特写

内部所致，可能与特殊玉质结构有关。此种“网状白化”是良渚玉器特有的现象，如反山出土的玉璧亦有此种特色。

图片来源：震旦博物馆提供。
注：《反山下》，页294，彩版八七七~八八八，“玉璧”。

附着物

良渚文化出土玉器表面，常见有泥土、朱砂、黑褐色有机质等一般性附着物，以及会造成沁色的深褐色点状物质。

黑褐色有机质

下图良渚文化环形器器身整体白化，表面附着有黑褐色有机质，此类附着物并未渗入玉质内部造成沁色，可用水洗净。类似情况亦可见于浙江省海宁市大坟墩遗址8号墓出土的琮式玉管。

良渚文化　环形器
外径8cm、高2cm

图片来源：震旦博物馆提供。
注：《中国出土玉器全集-8》，页28，“琮式玉管”。

自然沁

良渚玉器表面常见有深褐色点状附着物，并有沁入玉质内部的现象。图中所示玉璧表面附着若干物质，点状处玉质呈深褐色，并有顺着玉质结构扩散的现象，应为自然沁。相同的情形亦可见于江苏省常熟市嘉菱荡出土的玉璧。

图片来源：震旦博物馆提供。
注：《良渚文化玉器》，图81，“璧”。

良渚文化　玉璧
外径17cm、厚1cm

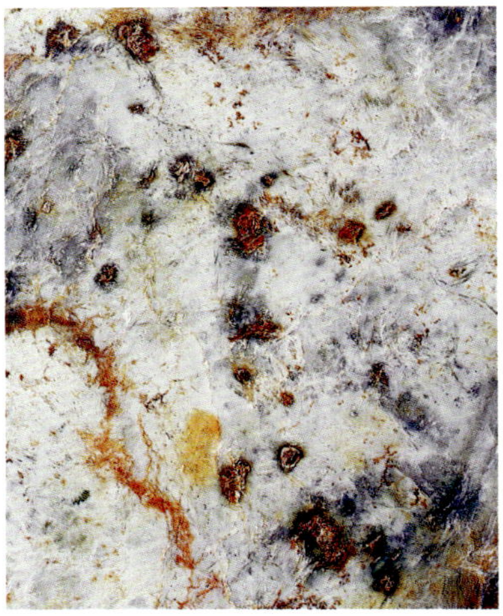

自然沁特写

玻璃光

良渚文化玉器出土时，表面常伴有一层闪亮的玻璃光，这些玉器均经过仔细打磨，有的玉器已经白化，有的仍保持原有质地，由此可见玉质白化与否对器表玻璃光的产生并未造成影响。

白化玻璃光

图中良渚文化环形器的玉质整体白化，表面具有一层匀亮的玻璃光。相同的现象可见于瑶山出土的玉镯形器。

图片来源：《认识古玉》，页54，“玉环”。
注：《瑶山》，页250，彩图205~221，“玉镯形器”。

良渚文化　环形器
外径7.2cm、高4.3cm

玉质玻璃光

下图良渚文化玉璏表面雕琢浅浮雕兽面纹，并有轻微白化现象，器物通体打磨匀整，白化部分与原玉质处均闪现有明亮玻璃光。类似现象可见于福泉山出土的玉坠。

图片来源：作者提供。
注：《福泉山——新石器时代遗址发掘报告》，彩版三〇（XXX’）:1，“玉坠”。

良渚文化　玉璏
外径1.2cm、高4.3cm

（三）制作工具与方法

良渚文化的制玉工具有砣具、桯具、管具、软性线具及某种尖利器具等，玉工会依据切割、打孔、镂空或琢纹等工序的需要而选择适合的工具进行玉器制作，因而在玉器表面会留下各种不同的制作痕迹。

砣具

下图良渚文化环形器边缘，有一道中间宽深、末端尖浅的凹痕，应是以砣具切割所留下的痕迹。类似的砣切凹痕亦可见于瑶山遗址出土的柱形器。

图片来源：震旦博物馆提供。
注：《良渚文化玉器》，图62，“柱形器”。

良渚文化　环形器
外径4.8cm、厚1.5cm

软性线具、桯具

图中玉佩具有多处镂空，桯具打孔处呈上大下小的喇叭状，软性线具拉切处则呈现凹凸对应与末端尖浅的特征。相同的工具痕迹可见于反山遗址所出土的玉璜。

图片来源：震旦博物馆提供。

注：《反山》（下），页244，彩版六五二，“玉璜”。

新石器晚期（江淮地区） 玉佩
长4.8cm、宽3cm、厚0.35cm

砣具、管具、尖利器具

下图神人兽面纹平行直线处以砣具雕琢，线纹呈中间宽深、末端尖浅状；兽面双眼以管具钻磨，颇为圆正；繁复地纹则以尖利器具雕刻，有反复刻琢、毛糙歧出的现象。相同的纹饰制作特征亦可见于反山二十号墓所出土的玉琮。

图片来源：《认识古玉》，页167，“玉琮残器”。

注：《反山》（下），页286，彩版八三九，“玉琮纹饰细部”。

兽面纹特写

纹饰制作

良渚文化玉器上的浅浮雕兽面纹形态组成较为繁复，其制作过程大致经过圆管定位、浮雕五官及完成琢纹三个工序。

圆管定位

图中冠形器由江苏省吴县草鞋山出土，器表以小型圆管钻磨两个左右并列的圆形凹痕作为兽面双眼的定位线纹。此为制作兽面纹的第一个工序。

图片来源：《良渚文化玉器》，图116，“冠形器”。

良渚文化 冠形器
高5.05cm、上宽8.1cm、下宽4.6cm、厚0.5cm

兽面双眼定位特写

外深内浅

下图冠形器出土于江苏省江宁县昝庙，兽面双眼定型深刻，椭圆形眼眶以浅琢法制作，拱形鼻梁及横阔嘴，和眼眶周围则去地为外深内浅状。此为制作兽面纹的第二个工序。

图片来源：《良渚文化玉器》，图113，“冠形器”。

良渚文化　冠形器
高4.2cm、上宽7.2cm、下宽6.4cm、厚0.4cm

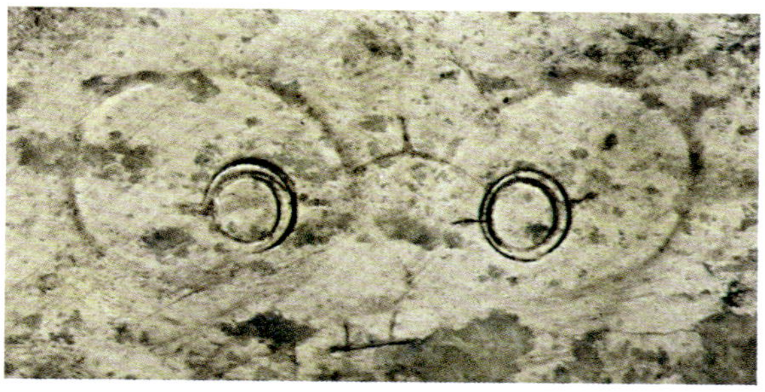

兽面双眼深刻特写

完成琢纹

下图冠形器出土于浙江省余杭县反山，正面浅浮雕兽面以减地法处理。兽面内部及下方以尖利器具反复刻琢繁密细线纹，形成完整兽面纹饰。

图片来源：《良渚文化玉器》，图115，"冠形器"。

良渚文化　冠形器
高6cm、上宽9.15cm、下宽7.5cm、厚0.35cm

兽面雕琢繁密细线纹特写

(四) 造型种类与特征

良渚文化玉器的品类以琮形器、璧形器、环形器、柱形器、冠形器、锥形器、三叉形器、斧形器、璜形器、管形器、手镯及象生动物玉饰为主，各种器物皆以独有的特征形成自体性的区域风格。

琮形器

外方内圆的琮形器是良渚文化的代表器物，数量丰富，形态各异。器表以折角为中轴雕琢神人兽面纹或其简化纹样。反山十四号墓所出土玉琮即为此类。

图片来源：震旦博物馆提供。
注：《反山》(下)，页176，彩版453，"玉琮"。

良渚文化　玉琮
高3cm、宽7cm

璧形器

良渚文化玉璧孔径较小，器形厚重，以去方为圆法制作外廓，器形并不圆正，内孔大多以管具双向对钻而成，孔壁常保留管钻旋磨痕或对钻不齐的台阶现象。反山十四号墓出土玉璧即为此类。

图片来源：作者提供。

注：《反山》（下），页183，彩版483，“玉璧”。

良渚文化　玉璧
外径24.1cm、厚1.3cm

玉镯

良渚文化玉镯呈圆环状，器身较为厚实，外缘平直或琢磨成圆弧状，具有区域性特色。此类玉镯可见于反山十二号墓。

图片来源：《反山》（下），页152，彩版372，“玉镯”。

良渚文化　玉镯
外径8.7cm、厚2.9cm

玉钺

良渚文化玉钺呈上窄下宽长方体状，下端具有弧形边刃。上方透穿一至二个系绑孔，形制颇为规整，此类器物可见于瑶山十号墓。

图片来源：《瑶山》，页282，彩图383，“玉钺”。

良渚文化　玉钺
长15.6cm、宽10.6cm、厚0.8cm

玉璜

良渚文化玉璜为上弦月形，左右两端边缘处于同一水平线，呈半椭圆式水平状。瑶山四号墓即有此类玉璜出土。

图片来源：《瑶山》，页234，彩图115，“玉璜”。

良渚文化　玉璜
长13.7cm、宽6cm、厚0.6cm

三叉形器

良渚文化三叉形器近似“山”字形，又称“山形器”。其左右两端顶部同高，中央凸起处较短，并有透穿小孔，因出土位置常出现在头骨之上，或为发冠饰件。此类器物可见于瑶山二号墓出土物中。

图片来源：《瑶山》，页220，彩图31，“三叉形器”。

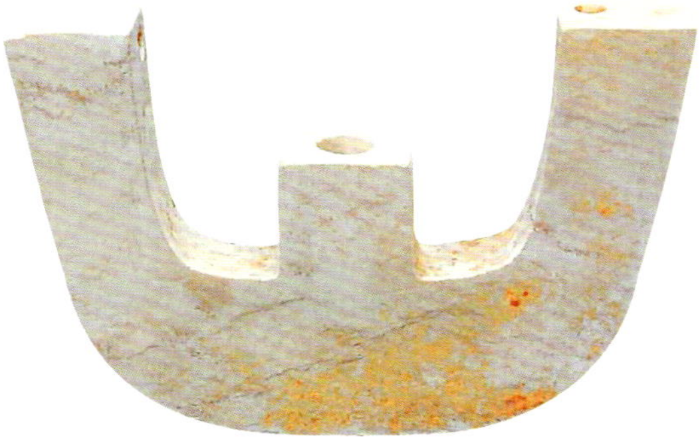

良渚文化　三叉形器
长6.3cm、宽4.2cm、厚1.1cm

锥形器

良渚文化锥形器器身呈圆柱状或方柱状，一端突出有小系孔，表面光素或以神人兽面纹为饰。此种器物在良渚文化地区出土很多，如反山遗址即有此类器物出土。

图片来源：《良渚文化玉器》，图133、134、135，“锥形器”。

良渚文化　锥形器
高5.4cm、8.5cm、6.3cm

管形器

良渚文化玉管常以玉琮或玉镯芯料制作，器身并不圆整，有的横剖面近似三角形，外表常留有以管钻取芯时所留下的弧形凹痕。罗墩遗址出土的玉管表面即有此类制作痕迹。

图片来源：作者提供。
注：《常熟博物馆藏玉》，图27，“玉管”。

良渚文化　玉管
长5cm、宽2cm、厚1.8cm

象生动物玉饰

良渚文化象生动物玉饰有龙、鸟、蛙、鱼、龟、蝉等，虽然数量不多，但是极具区域性特色。浙江省桐乡市新地里遗址此类玉鸟出土。

图片来源：作者提供。
注：《中国出土玉器全集-8》，页51，“玉鸟”。

良渚文化　玉鸟
左高2.5、右高2cm

(五) 纹饰题材与设计

良渚文化玉器纹饰多以神人兽面纹为主题，各件玉器纹饰繁简不一，或以神人与兽面组合出现，或以神人及兽面单独为饰，并依造型特征作不同设计。

纹饰题材

良渚文化玉器常见的纹饰题材主要有神人兽面、神人及兽面等。

神人兽面纹原型

图中此组神人兽面纹，神人头戴羽冠，双臂展开，呈骑坐之姿，兽面双眼圆睁，嘴巴横阔，作獠牙外吐状，具体的神人形象与清楚的骑坐关系或为某种简化纹饰的原型。反山十二号墓出土的玉琮，其四角直槽上刻有八组神人兽面纹亦为此类。

图片来源：《文物精粹》，页23，图4，“神人兽面纹璜”。
注：《反山》（下），页51~54，彩版156~159，“玉琮四角直槽上的神人兽面像”。

神人兽面纹原型

简化神人兽面纹

下图纹样神人羽冠简化为长平行线，四肢消失，仅以小圆圈纹与横档嘴组成面纹；兽面双眼较大，椭圆形眼眶向上倾斜，两眼之间有拱形鼻梁，下有横档嘴，是较为简化的神人兽面纹形式。相同的纹饰可见于瑶山出土玉琮。

图片来源：作者提供。
注：《瑶山》，页222，彩图43，“玉琮”。

简化神人兽面纹

单一题材装饰

良渚文化玉器除了有神人兽面的组合之外，二者也可单独作为纹饰主题，以单一或多节的形态装饰器表。如瑶山出土的玉琮表面即有此种神人纹饰。

图片来源：作者提供。
注：《瑶山》，页317，彩图583，“玉琮”。

单一题材装饰

形纹设计

神人兽面纹的布局会依随器形不同而发生改变，常见的有平面设计、折角设计及共用设计三种形态。

平面设计

图中玉璜呈半椭圆形，器表雕琢三组纹饰，居中处为神人骑兽纹样，左右两侧另各有半个神人纹样，其状似面向外侧的侧面纹，却又可接合为一组完整的神人纹样，应是依据半椭圆形平面玉料所作的特殊设计。良渚文化遗址反山十二号墓出土的玉琮上，也有与此相似的神人兽面纹样。

图片来源：《文物精粹》，页23，图4，“神人兽面纹璜”。
注：《反山》（下），页52，彩版157，“M12:98玉琮A~B角直槽上的神人兽面像”。

良渚文化　玉璜
长15cm、宽8cm、厚0.5cm

神人兽面纹玉璜拓片

折角设计

玉琮表面的神人兽面纹，以折角为中轴雕琢口鼻，双眼分居折角两侧，形成四个折角、四对眼睛、四个面容的设计。此类设计可见于瑶山出土玉琮。

图片来源：作者提供。
注：《瑶山》，页222，彩图43，“玉琮”。

良渚文化　玉琮
高4.5cm、宽6.2cm

共用设计

在某些体型较小的琮形管上，神人面纹出现简化、共用的情形。神人以折角为中轴雕琢口鼻，眼睛分居中轴两侧，位于平面中部，使相邻面容共用一只眼睛，如此相续循环一周，形成四个眼睛、四个面容的设计。图中所示琮形管的形纹设计与江苏省常熟市黄土山出土的玉管相似，皆属此类。

图片来源：震旦博物馆提供。
注：《良渚文化玉器》，页136，图175，“管”。

良渚文化　琮形管
高7cm、宽1.3cm

(六) 龙形与龙纹设计

良渚文化玉龙数量较少，早期受限于考古资料，玉龙形象并不明朗，直至普安桥良渚文化早期墓葬圆雕玉龙出土后，良渚玉龙造型终被确认。

圆雕玉龙

良渚文化玉龙圆形大眼，双耳突出，向上耸立，鼻吻横阔，略微前突，口露獠牙，身体蜷曲，背饰棱纹。此类玉龙造型可见于普安桥出土物中。

图片来源：作者提供。

良渚文化　玉龙
高3.2cm

依料施工

下图良渚文化玉龙具有圆形大眼、双立耳及宽阔而突出的鼻吻，其身体蜷曲为圆形，内部透穿一圆孔，应是运用小型环形器芯料制作而成。相似的造型可见于后头山遗址18号墓出土的龙形玉佩。

图片来源：《古玉选粹 1》，页133，图32，“龙纹环”。
注：《中国出土玉器全集-8》，页62，“龙形玉佩”。

良渚文化　龙纹环
外径1.7cm、厚0.8cm

龙纹设计

良渚文化玉龙时常附饰在环形器外缘，以浮雕与线刻两种技法呈现。下图瑶山M2号墓出土牌饰环状主体外缘有龙纹，圆眼、立耳、鼻吻及的前突獠牙，细部面容以阴线雕琢，繁密的风格与神人兽面纹极为相似。

图片来源：《良渚文化玉器》，页162，图218，“牌饰”。

良渚文化　牌饰
外径4.8cm、厚0.6cm

良渚文化玉器特征

经前文分项叙述，对于良渚文化玉器的质地特征、制作工艺及造型纹饰均可建立起基础性认识。此处将良渚玉器最显著的特点浓缩为四句口诀，期能对良渚文化玉器的深入研究有所助益。

良渚玉器多白化

良渚文化玉器常见玉质变白的现象，各器白化程度不一，以整体白化与网状白化最富特色，这两种现象的形成可能肇因于玉质结构及入埋环境。

神人兽面细雕琢

良渚文化玉器以神人兽面纹作为主要装饰题材，形式多样，繁简不一，神人以羽冠及小圆眼为标志，兽面则以向上倾斜的椭圆形大眼为代表，极富区域性特色。

浮雕阴刻纹繁复

神人兽面纹可以作平面雕刻，也能雕琢在方柱体的折角面上，后者利用垂直相接的器面营造立体感，以浮雕与阴刻相结合突显纹饰形象，风格繁缛。

琮璧钺璜量丰富

良渚文化盛行玉琮、玉璧、玉钺、三叉形器等礼器，以及由玉璜、玉管和锥形器所组成的玉串饰，是玉质礼器高度发达的文化。

良渚玉器多白化　神人兽面细雕琢
浮雕阴刻纹繁复　琮璧钺璜量丰富

三 龙山时期玉器

除红山文化与良渚文化之外，许多新石器时代晚期文化遗址曾出土大量玉器制品，其中山东龙山文化、河南龙山文化、陕西龙山文化、山西龙山文化陶寺类型及石家河文化区域出土的玉器，由于同质性较高，本文中统称为“龙山时期玉器”。

在玉质特征方面，龙山时期玉器以青白色、青碧色及墨黑色为多，常伴有冰片纹和布丁纹理石等现象；在器形品类方面，斧、圭、琮、璋、牙形璧及多孔玉刀等器物表现突出，人、鸟、蝉及兽面等象生类题材也呈现与众不同的造型，其中最常见的“鸟”和“人首”题材，既可见于薄片状的片雕玉饰，也可见于厚块状的圆雕作品，更甚者雕琢于玉圭、玉钺、多孔玉刀等器物之上成为器面纹饰，虽然制作手法各异，但是五官、肢体、冠帽及耳饰等特征，均呈现高度的同一性；在镂空方面，龙山时期的镂空工具虽然与良渚文化类似，但由于制作方法的不同，使其镂空形状自成一格；在纹饰方面，龙山时期玉器多采用突起阳纹和单线阴刻两类图案表现手法，线条末端常作圆形的勾转，成为其纹饰最大特色。

本单元从玉质、造型、镂空及纹饰方面概述龙山玉器的特色，进而对玉鸟、玉人及人鸟组合的设计形态进行分析，并针对后世常见的补琢纹饰，从制作工艺的角度进行比较。

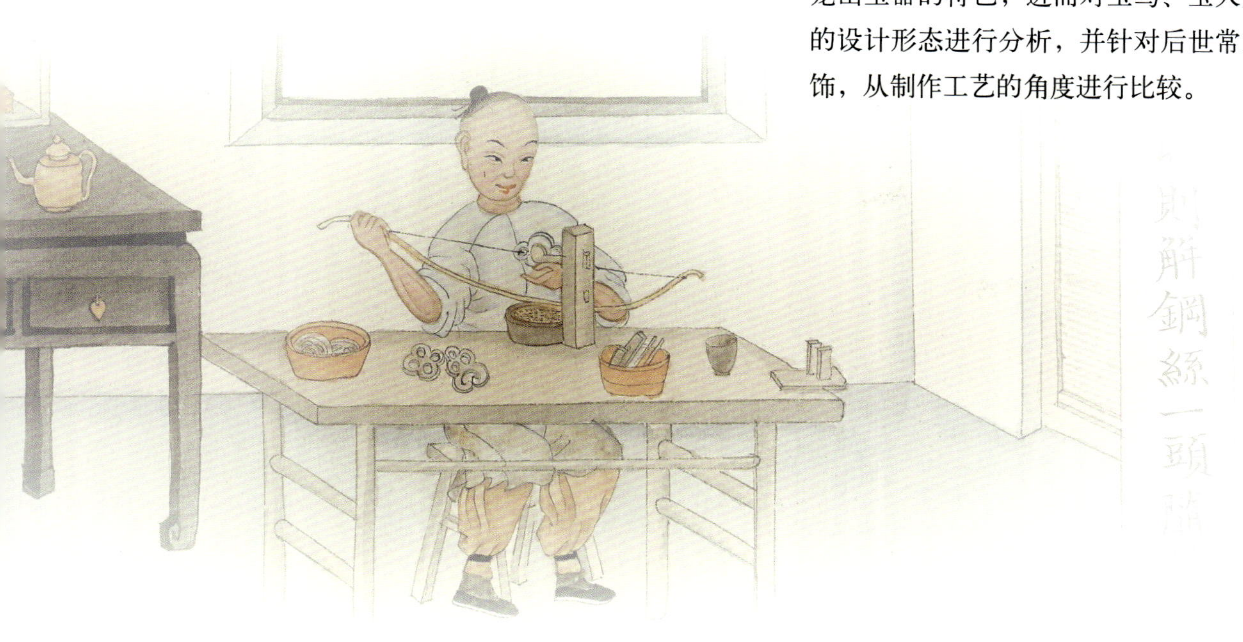

(一) 玉质特征

龙山时期玉器分布范围广泛，玉质色泽呈现多样化形态，并常见有“冰片纹”及“pudding stone”（布丁纹理石）等特殊纹理。

玉质呈色

龙山时期玉质的呈色大致可分为青色系、墨色系、白色系及黄色系等，其中以青色系与墨色系较多。

青白玉

青白玉是龙山时期常见玉质之一。图中龙山时期玉佩颜色青中带白，质感明净润泽，为典型的青白玉质地。山西省襄汾县陶寺遗址出土的璜形玉佩与此器玉质相似，可供参考比对。

图片来源：作者提供。
注：《中国出土玉器全集-3》，页48，“璜形玉佩”。

龙山时期　玉璜
长14cm、宽4.5cm、厚0.3cm

青玉

青玉也是龙山时期常见玉质。下图龙山时期玉钺呈青绿色，颜色深处较不透光，为典型青玉质地。与此相似的玉色可见于陕西省神木新华遗址出土青色玉刀。

图片来源：作者提供。
注：《中国出土玉器全集-14》，页9，“玉刀”。

龙山时期　玉钺
长14.7cm、宽10cm、厚0.6cm

墨玉

除青色系外，墨色系亦是龙山时期玉质的常见色系。图中龙山时期玉刀颜色深暗如墨，是龙山时期玉器常见的墨玉呈色。山东省朱封遗址出土的墨绿色玉刀，其玉质呈色与此器相似，可供参考。

图片来源：《中国出土玉器全集-4》，页21，“玉刀”。

龙山时期　玉刀
长23.7cm、宽10.6cm、厚0.8cm

特殊纹理

龙山时期玉器常见有某些特殊的色块与纹理，既有近似瓷器开片的冰片纹，也有状似布丁的布丁纹理石等现象。

冰片纹

龙山时期玉器时常可见如冰片般的银白色瑕纹，其状态如下图所示，近似冰块破裂的形状，所以称之为“冰片纹”。山西省陶寺遗址出土的玉璧中，即有此种冰片纹的现象。

图片来源：震旦博物馆提供。
注：《中国出土玉器全集-3》，页46，“玉璧”。

冰片纹特写

布丁纹理石

龙山时期玉器常见有与整体玉质呈色相异的色块，其状态如图所示，质感近似凝冻的布丁，因此有“pudding stone”（布丁纹理石）之称。山西省陶寺遗址出土的玉钺中，即有此种布丁纹理石的现象。

图片来源：震旦博物馆提供。

注：《中国出土玉器全集-3》，页28，“玉钺”。

布丁纹理石特写

冰片纹、布丁纹理石

下图器物表面附着有少许灰黄色泥土，玉质整体呈青黄色，其间夹杂有许多凝冻状布丁纹理石及银白色冰片纹。类似的玉质特征可见于山西省陶寺遗址出土的玉钺。

图片来源：震旦博物馆提供。

注：《中国出土玉器全集-3》，页28，“玉钺”。

冰片纹、布丁纹理石特写

(二) 造型种类与特征

龙山时期玉器品类众多，常见的有琮、璧、圭、璋、钺、铲、锥、锛、戚、簪、环、刀以及象生动物造型。

牙形璧

图中龙山时期璧形器主体呈圆形，外缘分布尖齿状突起，突起物沿相同方向均称排列，故又称为“牙璧”。类似的器形亦可见于山东省五莲县丹土遗址的出土物中。

图片来源：《古玉选粹1》，页148，图39，“牙璧”。

注：《中国出土玉器全集-4》，页30，“玉璇玑”。

龙山时期　牙璧
外径11.5cm、厚0.6cm

凸缘环

下图器物造型特殊，中部横向突出一个圆盘状璧面，孔壁处上下延伸，近似于商代凸缘环，但孔壁延伸部分较长，形成圆管状中间体，此类器形是龙山时期玉器特有的形制。类似凸缘设计亦可见于加拿大安大略博物馆收藏的镂空凸缘环。

图片来源：震旦博物馆提供。

注：*Ritual and Power: Jade of Ancient China*. p72. “Ring with Ornate Flange”.

新石器时代晚期至商代　凸缘环
外径18cm、高8.5cm

环形器

下图龙山时期环形器主体呈圆形，外缘处均匀分布有四个琢磨的缺口。类似器形可见于陕西省延安芦山峁遗址出土的玉璇玑。

图片来源：震旦博物馆提供。

注：《中国出土玉器全集-14》，页20，“玉璇玑”。

龙山时期　环形器
外径12.8cm、厚0.4cm

玉琮

下图龙山时期玉琮体型较矮，外表并未分节，表面以折角为中轴雕琢左右对称的圆眼，应是极为简化的神人兽面纹。类似的器形亦可见于山东省五莲县丹土遗址出土的玉琮。

图片来源：作者提供。

注：《中国出土玉器全集-4》，页28，“玉琮”。

龙山时期　玉琮
高5.4cm、长7cm、宽7cm

牙璋

下图龙山时期玉璋器柄呈长方形，阑部两侧出牙，射部内凹呈弧形，为牙璋的基本形制。类似器物在陕西省神木石峁出土极多，是龙山时期特有的品类。

图片来源：《古玉选粹1》，页144，图37，“牙璋”。

注：《中国出土玉器全集-14》，页19，“玉璋”。

龙山时期　牙璋
长37.5cm、宽9.5cm、厚0.7cm

多孔玉刀

龙山时期的玉刀体型硕大，器身呈长方体，左右两侧微向外斜，中部透穿数个小孔，下缘薄刃，于左下角处形成锐利的前锋。类似器物可见于陕西省延安市芦山峁遗址的出土物中，是龙山时期的代表性器物之一。

图片来源：《古玉选粹1》，页140，图35，“玉刀”。

注：《中国出土玉器全集-14》，页8，“玉刀”。

龙山时期　玉刀
长54.8cm、宽10.3cm、厚1.2cm

玉钺

龙山时期出土玉钺较多，器身多呈长方体，左右两侧向外微敞，内部透穿一、二个圆孔，可用于系绑木柄，底部有刃。山东省朱封遗址亦有此类器形出土。

图片来源：震旦博物馆提供。

注：《中国出土玉器全集-4》，页22，“玉钺”。

龙山时期　玉钺
长12.5cm、宽6.4cm、厚0.7cm

玉圭

龙山时期玉圭大致呈长方体，上端略宽，下端略窄，器内透穿一、二个小孔，刃部平刃或无刃，表面光素或有纹饰。与此相似的器形可见于山东省昌乐县袁家庄。

图片来源：震旦博物馆提供。

注：《中国出土玉器全集-4》，页17，“玉铲”。

龙山时期　玉圭
长15.2cm、宽5.4cm、厚1cm

图中玉圭倒向放置，柄部透穿二孔，器身中段突起一方形块面，表面雕琢平行的横线与竖线，是同类器物中比较少见的设计。

图片来源：《群玉别藏》，页85，图17，“圭”。

龙山时期　玉圭
长22.2cm

象生动物玉饰

龙山时期的象生动物玉饰有鹰、蝉、兽等题材，以圆雕或片状技法表现。

图雕玉鹰

下图玉鹰出土于湖北省天门市肖家屋脊遗址，整体以厚实的玉料制作为圆雕状造型，喙部向下，双翅展开，形象颇为写实。

图片来源：《肖家屋脊》，彩版一二（XII'）：1，“飞鹰”。

龙山时期　玉鹰
长4.2cm、宽1.9cm、厚0.5cm

片状玉凤

龙山时期的片状玉凤大多呈侧面状。图中玉凤出土于殷墟妇好墓，却是石家河文化遗物，凤首上方具有冠羽，尖喙朝向一侧，身体弯曲，尾羽长而丰满，造型颇为优美。

图片来源：《中国美术全集·工艺美术编9 玉器》，页37，图68，“玉凤”。

龙山时期　玉凤
长13.6cm、厚0.7cm

玉兽面

下图肖家屋脊出土的龙山时期兽面玉饰，轮廓近似方形，头顶中间拱起，两侧各有一耳，面部以浅浮雕技法雕琢眉、眼、鼻及双颊等五官，造型近似玉虎。

图片来源：《肖家屋脊》，彩版一〇（X'）：w6：53，“虎头像”。

龙山时期　兽面玉饰
长3.4cm、宽2.8cm、厚1.1cm

玉蝉

龙山时期的玉蝉主要出现于湖北省天门市肖家屋脊遗址之中，图中玉蝉即为该遗址出土。玉蝉头端两侧浮雕双眼，双眼之后有横向节纹，翅膀贴于背上，中间阴刻节线，造型颇有特色。

图片来源：《肖家屋脊》，彩版六（VI'）：4，“玉蝉”。

龙山时期　玉蝉
长2.25cm、宽1.7cm、厚0.5cm

(三) 镂空特色

龙山时期玉器的镂空以砣具、桯具配合软性线具进行制作，器缘处透空多呈勾转状，器内透空则以短条状居多。

镂空玉环

下图凸缘环为加拿大安大略博物馆藏品，整体造型呈圆环状，器缘处镂空呈勾转状，器内镂空为长椭圆形短条状，是龙山时期的典型风格。

图片来源：*Ritual and Power: Jade of Ancient China*.

龙山时期　凸缘环
外径5.6cm、厚1.4cm

镂空高冠神人像

下图高冠神人玉饰中，冠体两侧为圆转式与方折式的勾转镂空，内部则是圆形与条状透空，风格颇为华丽。此器所用镂空技法与山东省朱封遗址出土的玉簪首极为相似。

图片来源：震旦博物馆提供。
注：《中国出土玉器全集-4》，页19，“玉簪首”。

龙山时期　高冠神人像
长12.4cm、宽5cm、厚0.4cm

镂空神人像

图中神人玉饰以勾转镂空呈现平顶翘檐的冠帽形状，双耳下方以圆形小孔配合表面纹饰呈现双耳戴环形象，是龙山时期神人面纹的典型特征。山西省陶寺遗址出土的兽面玉饰与此器相似，但纹饰较为简略。

图片来源：《群玉别藏》，页87，图18，“人面纹玉饰”。
注：《中国出土玉器全集-3》，页47，“兽面形玉饰”。

龙山时期　神人像
宽9.7cm、高4.8cm

(四) 纹饰特征

龙山时期玉器的纹饰多采用单线阴刻和突起阳纹两种形式进行表达，线纹末端常呈圆形勾转状，是此一时期的特殊风格。

勾转阳纹工序

勾转阳纹的制作工序如下图所示：首先于器表雕琢两条平行直线，线纹末端以圆形方式连接处理，然后将线纹外侧做减地处理，形成如（A）所示的浅浮雕圆形端头状；其次以尖锥状桯具于（B）所示虚线处钻磨去料，雕琢一凹陷圆孔；最后进行打磨处理使圆孔周边自然形成如（C）所示的勾状阳纹，即为“勾转阳纹”。

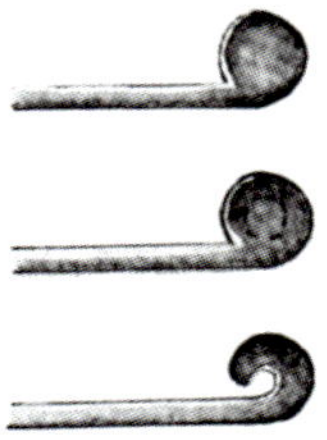

勾转阳纹工序图

勾转阳纹

图中人首玉饰出土于陕西省沣西，表面以阳纹表现轮廓及五官，阳纹末端呈弯钩状，内部以桯具钻磨的圆孔形成自然钩转，是典型的勾转阳纹。

图片来源：《中国出土玉器全集-14》，页28，“神人兽面形玉佩”。

龙山时期　神人兽面形玉佩
高5cm、宽4cm、厚0.5cm

勾转阴线纹

下图侧面神人像以阴刻技法琢制而成。头戴冠帽、耳下挂环、眼睛宽长、鼻梁挺直，是龙山时期神人造型的典型特征。嘴角末端向上弯转呈勾转状，是龙山时期纹饰的典型风格。与此相似的纹饰特征亦见于肖家屋脊出土侧面人头像。

图片来源：震旦博物馆提供。
注：《肖家屋脊》，彩版三（Ⅲ’），“玉人头像”。

龙山时期　高冠侧面神人像
长8cm、宽2.5cm、厚0.3cm

(五) 纹样设计

龙山时期玉器纹样设计题材以人首、鸟形及人首与鸟形的组合为多。

鸟形设计

龙山时期盛行以鸟作为玉器的纹饰主题，常见有圆雕、片雕以及用阴刻或浅浮雕技法制作的鸟类玉饰，虽然表现形式各异，但均以勾转阳纹处理的尖喙、足爪及翅膀，具有高度的同一性。

片状玉鸟

图中青玉鹰攫人面佩为天津市艺术博物馆的藏品，此器上半部透雕呈鸟形，鸟头面向一侧，开喙部向下弯勾，双翅呈正面展开状，足爪外撇，立于人首之上，表面以勾转阳纹表现羽翮等纹样，是龙山时期片状玉鸟的典型代表。

图片来源：《天津艺术博物馆藏玉》，图13，“青玉鹰攫人面佩”。

龙山时期　青玉鹰攫人面佩
高6.8cm、宽4.7cm

圆柱玉鸟

龙山时期柱状玉鸟勾喙向下，表面以极浅的阳纹勾勒五官及翅羽，塑造收翅静立的形象。类似的圆柱玉鸟于陕西省神木石峁与湖北省肖家屋脊等地亦有出土。

图片来源：《群玉别藏》，页88，图19，“鸟纹笄”。
注：《中国出土玉器全集－14》，页24，“鹰玉笄”；《肖家屋脊》，彩版一四（XIV’）：1，“笄”。

龙山时期　柱形玉鸟
高10cm、最大径2cm

柱形玉鸟拓片平展全貌

平面鸟纹

龙山时期的平面鸟纹如下图，头部上仰，双翅开展，鸟爪外撇于尾端两侧。此类纹饰可见于台北故宫博物院收藏龙山时期玉圭。

图片来源：《新石器时代玉器图录》，页269，图118，“圭”。

玉圭鸟纹特写

玉圭鸟纹线绘图

人首设计

龙山时期玉人以头部作为表现主体，既有正面像也有侧面像，以头戴冠帽、臣字大眼、双耳挂环及勾转纹饰为主要的特色。

高浮雕神人像

龙山时期的正面人首往往头顶戴冠，双耳挂环，眼如臣字，鼻头宽大，獠牙外露，相貌极为威严。湖北省天门市肖家屋脊遗址出土的人面玉饰及为典型代表。

图片来源：《肖家屋脊》，彩版一（I'），“玉人头像”。

龙山时期　玉人首像
长3.7cm、宽3.6cm、厚1.4cm

浅浮雕神人像

下图玉人首以较薄的片状玉料制作，同样具有头戴冠帽、双耳挂环、臣字大眼、宽大鼻头、口露獠牙等特征，五官面貌均以浅浮雕勾转阳纹呈现。类似的造型可见于美国华盛顿D.C.John. Gellatly 的藏品。

图片来源：《古玉选粹1》，页155，图43，“玉人首像”。
注：Alfred Calmony, *Carved Jade of Ancient China*, PlateXXXI: 2, “Use Unknown”.

龙山时期　玉人首像
高7cm、宽4.2cm、厚1.5cm

侧面神人像

龙山时期的侧面人首与正面人首形象近似，头戴冠帽、鼻口突出、耳下挂环、长发垂于脑后，颈部以下光素无纹饰。湖北省肖家屋脊即有此类器物出土。

图片来源：《群玉别藏续集》，页118，图44，“玉神祖像”。
注：《肖家屋脊》，彩版三（Ⅲ'），“玉人头像”。

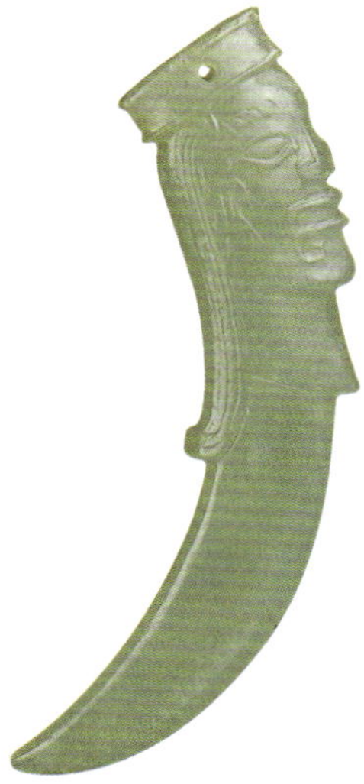

龙山时期　神人像
高7cm、宽1.5cm、厚0.6cm

神人像拓片

人首与鸟形的组合

龙山时期亦常见鸟形与人首并存一器的组合，有“以人为主、以鸟为辅”，或“以鸟为主、以人为辅”两种形态，造型题材颇具深意。

鸟主、人副的组合

目前所见的龙山时期玉器中，鸟形与人首的组合大多以鸟为主体。图中神人鸟纹佩为上海博物馆所藏，主体是一个体型较大的鸟纹，侧面朝右，冠羽后方另依附一鸟，足爪之下抓一人首。这种鸟主、人副的组合是龙山时期特有的题材。

图片来源：《中国玉器全集-2 商·西周》，页132，图181，“透雕玉凤”。

龙山时期　神人鸟纹佩
高10.2cm、宽4.9cm、厚0.6cm

人主、鸟副的组合

龙山时期玉器中，以人为主、以鸟为辅的组合较为少见。下图玉神人像以正面取象的人首为主体，颈部以下光素无纹饰头顶冠羽处以勾转镂空处理，上部蹲坐一鸟，是同期器物中极为少见的设计。此器的面纹部分与肖家屋脊出土的玉人头像相似，可作为对照参考。

图片来源：《群玉别藏续集》，页116，图42，“玉神祖像”。
注：《肖家屋脊》，彩版一（I'），“玉人头像”。

龙山时期　玉神人像
高7cm、宽1.5cm、厚0.6cm

(六) 补琢纹饰鉴定

龙山玉器流传至后世，常被重新雕琢纹饰，俗称“补琢”。补琢纹饰题材较为多样，有的模仿龙山时期的纹样，有的则以新样式出现。

图中龙山时期玉圭为台北故宫博物院所藏，器物表面雕琢兽面纹及乾隆皇帝所作诗文。兽面纹以浅浮雕阳纹处理，但线纹末端并非以桯钻勾转阳纹所作末端处理，应为后世补琢而成。

图片来源：《新石器时代玉器图录》，页270，图119左，“圭”。

玉圭正面拓片

龙山时期　玉圭
高28.6cm、宽6cm、厚0.94cm

此件玉圭背面亦雕琢人面纹与乾隆皇帝诗文，其人面纹由浅浮雕阳纹构成，但人面形象与龙山时期常见人面纹饰不同，阳纹末端亦非标准的龙山时期勾转阳纹，也呈现后世补琢的纹饰特征。

图片来源：《新石器时代玉器图录》，页270，图119右，“圭”。

玉圭背面拓片

玉圭背面

龙山时期玉器特征

经前文分项叙述，对于龙山时期玉器的质地特征、制作工艺及造型纹饰等均可建立起基础性认识。此处将龙山玉器最显著的特点浓缩为四句口诀，期能对龙山时期玉器的深入研究有所助益。

龙山玉器礼器多

龙山时期玉器的文化分布主要集中于山东龙山文化、河南龙山文化、陕西龙山文化、山西龙山文化陶寺类型及石家河文化等，除象生动物玉雕之外，还存在大量的礼器类玉器。

琮璧圭璋多孔刀

龙山时期的礼器类玉器以玉琮、玉璧、玉圭、玉璋及多孔刀等器物最为突出，形制纹饰皆呈现独特的区域性风格。

压地阳纹尾勾转

龙山时期盛行以压地法制作的浅浮雕阳纹，阳纹末端以桯具做一凹痕处理，形成勾转效果，是龙山时期玉器纹饰的主要特点。

人面玉饰耳带环

龙山时期的人首玉雕形象多为头戴冠帽，“臣”字形眼，嘴巴张开，獠牙外露，耳戴环饰，形象颇为一致，极具特色。

龙山玉器礼器多　琮璧圭璋多孔刀
压地阳纹尾勾转　人面玉饰耳带环

四 齐家文化玉器

（一）玉质特征
（二）制作工具与痕迹
（三）造型种类与特征
（四）后代补琢改形鉴定
齐家文化玉器特征

齐家文化距今约四千年至三千五百年，遗址分布范围广泛，东起渭水与泾水上游，西至河西走廊和青海省东部的湟水流域，北达宁夏和内蒙古南部，南至汉水上游。虽然此区玉器尚未经过彻底整理，但从已发表的资料及相关博物馆藏品中，仍然可以对其窥视一二。

在玉质特征方面，齐家文化玉器以色彩斑斓的多色玉质最为突出，部分玉器还夹杂有白色、黑色或褐色条状瑕纹；在器形品类方面，以琮、璧、璜、锛、斧、圭及多联璧为主，种类虽不丰富，但各具特色，其中尤以璜形玉片组成的多联璧最为特殊，其形制功能备受瞩目；在纹饰方面，齐家文化显然并不注重，目前所见玉器均以素面无纹状呈现，故而其表面常保留切割或打孔的痕迹，为后世研究这一区域制玉工具及工艺提供必要的实物证据。此外，也正因如此齐家文化玉器常为后人重新补琢改制，颇为特殊。

本单元从玉质特征、制作工艺及造型纹饰等方面，对齐家文化玉器的基本特征作一整理，并对其补琢与改形问题进行分析。

(一) 玉质特征

齐家文化玉器的质地以斑斓多彩的多色玉为主，出土时常伴有附着物及白化等现象，部分玉器还存在白色、黑色或褐色的瑕纹，质地特征颇为明显。

深褐色多色玉

图中齐家文化的玉料片，具有青、褐、黄、黑等多种颜色，是内部蕴合多种显色离子所呈现的自然色泽。类似的多色玉质也可见于青海省民和县喇家遗址所出土的圆形玉片。

图片来源：《认识古玉》，页30，“玉料片”。
注：《中国出土玉器全集-15》，页170，“圆形玉片”。

齐家文化　玉料片
长14cm、宽14cm、厚1.3cm

红褐色多色玉

下图齐家文化玉琮具有白色、暗棕及红褐等多种颜色，其色泽所呈现的不均匀状态，正是显色离子自然分布的结果。类似色泽可见于甘肃省临洮县出土玉琮。

图片来源：作者提供。
注：《中国出土玉器全集-15》，页31. “玉琮”。

齐家文化　玉琮
高5cm

褐色瑕纹沁

下图齐家文化玉璜为多色玉质，表面倾斜一道横向瑕纹，瑕纹两侧呈淡褐色，可能是因瑕纹的存在而产生的不同色泽，称为“褐色瑕纹沁”。甘肃省定西市安定区内官营镇清溪村出土的玉琮亦可见类似的褐色瑕纹沁现象。

图片来源：《认识古玉》，页31，上图，“玉璜”。
注：《中国出土玉器全集-15》，页32，“玉琮”。

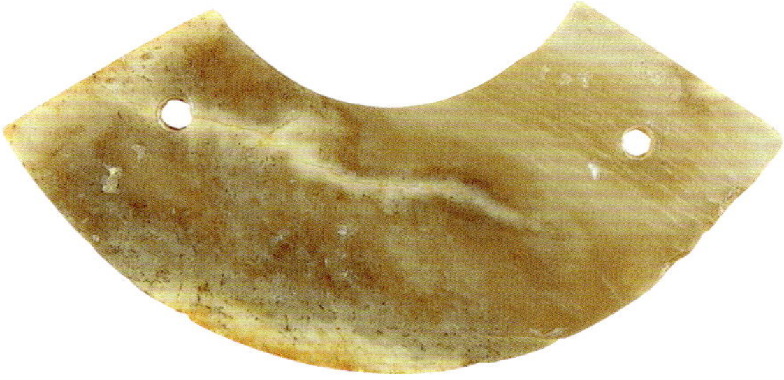

齐家文化　玉璜
长10cm、宽3.2cm、厚0.2cm

黑色瑕纹沁

下图齐家文化玉琮以青白色玉质为主，局部白化处已泛黄，表面有许多瑕纹，瑕纹两侧玉质呈现黑色，属于黑色瑕纹沁之类。甘肃省静宁县治平乡后柳沟村出土的玉璧上，也有此类瑕纹沁现象。

图片来源：作者提供。
注：《中国出土玉器全集-15》，页3，“玉璧”。

齐家文化　玉琮
高6.5cm、宽8cm

白色瑕纹沁

下图玉琮属于青碧色玉质，表面有若干瑕纹，瑕纹两侧玉质转为白色，属于白色瑕纹沁之类。甘肃省静宁县治平乡后柳沟村出土的玉璧亦有此类白色瑕纹沁。

图片来源：作者提供。
注：《中国出土玉器全集-15》，页5，“玉璧”。

齐家文化　玉琮
高17.5cm、宽7cm

白化

齐家文化玉器也存在白化现象，如下图玉琮属黄褐相间的多色玉质，白化部分与多色质地交错，仿若自然多彩的原色之一。甘肃省天水市师赵村遗址出土的玉璧，亦可见此类白化现象。

图片来源：震旦博物馆提供。
注：《中国出土玉器全集-15》，页14，“玉璧”。

齐家文化　玉琮
高2.2cm、宽4.4cm

（二）制作工具与痕迹

根据考古出土物及可靠传世品所作观察，齐家文化玉器表面见有片状工具、砣具、管具及桯具等制玉工具的琢磨痕迹。

片具切割玉料痕迹

下图齐家文化玉璧表面有一道倾斜的台阶状断面，从阶面边缘平直的现象来看，应是以片状工具双向对切所留下的痕迹。类似切割痕可见于甘肃省定西市安定区内官营镇清溪村所出土的玉环。

图片来源：《中国古玉工艺展》，页18，“玉璧”。
注：《中国出土玉器全集-15》，页18，“玉环”。

齐家文化　玉璧
外径12cm、厚0.5cm

砣具切磨射口痕迹

图中齐家文化玉琮尚未完工，其中一角残留两个左右并列的凹痕，凹痕呈外宽内窄之状，应是以砣具切磨边角、制作圆形射口的痕迹。类似现象亦可见于甘肃省甘谷县渭水峪出土玉琮。

图片来源：《认识古玉》，页127，“未完工玉琮”。
注：《中国出土玉器全集-15》，页30，“玉琮”。

齐家文化　玉琮
高3.3cm、宽4.2cm

管钻芯料印证

下图齐家文化柱状玉料具有不平整的凸出现象，应是以管具双向对钻法制作玉琮内孔时对接不齐所取出的芯料。类似现象亦可见于青海省民和县喇家遗址。

图片来源：作者提供。
注：《中国出土玉器全集-15》，页147，“玉琮芯”。

齐家文化　玉芯
高4.3cm、最大径3.7cm

管钻打孔痕迹

图中玉琮为半成品，方形外廓及内部中孔已基本完成，孔沿外侧有一圈圆形凹痕，应是以管具打孔取芯时，工具移位所造成的痕迹。类似现象亦可见于青海省民和县喇家遗址出土的玉琮芯。

图片来源：《认识古玉》，页119，“未完工琮形器”。
注：《中国出土玉器全集-15》，页147，“玉琮芯”。

齐家文化　玉琮
高3.2cm、长5.4cm、宽5.1cm

桯钻打孔痕迹

下图齐家文化玉璜呈上弦月形，左右两端各有一个系带孔，右侧系孔上方残留一圆形凹洞，应是以桯具钻磨打孔时，工具移位所造成的痕迹。

图片来源：《认识古玉》，页83，“玉璜”。

齐家文化　玉璜
长13.5cm、宽4.5cm、厚0.3cm

(三) 造型种类与特征

由于齐家文化玉器的出土材料不多，本单元就个人在中国西北地区实地考察所见，配合传世收藏品整理出琮、璧、璜、锛、斧、圭等具有代表性的器物，说明其形制特征。

玉琮

甘肃省静宁县治平乡后柳沟村出土齐家文化玉琮具有外方内圆的特征，上下两个射口较长，四个外方面平直锐利，属于高长型的玉琮。

图片来源：《中国出土玉器全集-15》，页38，“玉琮”。

齐家文化　玉琮
高12.8cm、宽8.3cm

下图甘肃省临洮县李家坪出土玉琮体型中等，上下两个射口较短，外表光素无纹，局部有黑色瑕纹。

图片来源：《中国出土玉器全集-15》，页33，“玉琮”。

齐家文化　玉琮
高5.4cm、宽6.3cm

下图甘肃省定西市团结乡高泉村出土玉琮体型低矮，上下射口与方形器身较为短小，玉质局部白化，射口并不圆整，呈现去方为圆法的制作现象，为齐家文化玉琮特色。

图片来源：《中国出土玉器全集-15》，页34，“玉琮”。

齐家文化　玉琮
高3.2cm、宽5.5cm

璧形器

齐家文化璧形器数量较多，外廓以去方为圆法制作，器形并不圆正，器表常见片具切割的痕迹，内部多以单向管钻法打孔，呈上大下小的喇叭孔状，孔壁多遗留管钻旋磨痕。甘肃省天水市师赵村遗址即有此类玉璧出土。

图片来源：震旦博物馆提供。

注：《中国出土玉器全集-15》，页14，“玉环”。

齐家文化　玉璧
外径9.5cm

璧芯玉料

下图齐家文化玉饰外缘略微倾斜，并留有管具旋磨痕迹，应是取材自璧形器内部芯料。类似的玉璧芯亦曾出土于青海省民和县喇家遗址。

图片来源：震旦博物馆提供。
注：《中国出土玉器全集-15》，页46，“玉璧芯”。

齐家文化　圆形玉饰
外径4.8cm、厚0.6cm

联璧

齐家文化盛行由数枚璜形器连接成圆或椭圆状的联璧，计有二联璧、三联璧、四联璧、五联璧、六联璧等形式，是颇富区域特色的品类。

二联璧

下图为山西省芮城县清凉寺墓地155号墓出土联璧，由大、小两件玉璜连接而成，可能是由环形器分切为二所成。两件玉璜既可单独使用，也可相接成璧。

图片来源：《中国出土玉器全集-3》，页5，“联璜玉璧”。

齐家文化　二联璧
外径21.5cm、厚0.4cm

三联璧

下图联璧由三件玉璜连接而成，各件玉璜形状及纹理均可互相吻合，显然是以成形对开法制作而成。由于玉璜形状规整，系孔对称，也可单独使用，此类联璧是目前最常见的联璧形式。类似器物甘肃地区亦有出土。

图片来源：作者提供。
注：《中国出土玉器全集-15》，页23，“联璜玉璧”。

齐家文化　三联璧
外径11.8cm

四联璧

下图联璧出土于陕西省甘泉县石门乡杨农河村，四件璜形器以二孔或三孔形式相连，每件玉璜形状均不规整，显然是为系绑成圆而琢磨完成。

图片来源：《中国出土玉器全集-14》，页7，"联璜玉璧"。

齐家文化　四联璧
外径18cm、厚0.4cm

五联璧

下图联璧由五块不对称的玉璜连接而成，各玉片也是为相连成圆而琢磨，彼此之间以一孔对二孔方式衔接，系绑较为牢固。山西省襄汾县陶寺遗址3033号墓亦有五联璜玉璧出土。

图片来源：作者提供。
注：《中国出土玉器全集-3》，页39，"联璜玉璧"。

齐家文化　五联璧
外径23cm、厚0.4cm

六联璧

下图联璧由六块不规整的多边形玉片相连而成，每件玉片都有二个直边，每个直边各钻两孔相连。类似的六联璧组合亦见于山西省临汾市尧都区下靳墓地483号墓中，而宁夏回族自治区隆德县沙塘乡则有单一的玉片零件出土。

图片来源：作者提供。
注：《中国出土玉器全集-15》，页188，"玉片"；《中国出土玉器全集-3》，页18，"联璜玉璧"。

齐家文化　六联璧
长60cm、宽42cm 、每片20~22cm

璜形器

齐家文化璜形器大多为联璧的组件，其形状各不相同，或近似半圆，或近似三分之一圆，或呈不规则状。

玉璜

下图玉璜弧度近三分之一圆，由于器形规整、系孔对称，应可作为三联璧组件，亦可单独佩带。相似器物可见于甘肃省天水市师赵村遗址。

图片来源：震旦博物馆提供。
注：《中国出土玉器全集-15》，页25，"玉璜"。

齐家文化　玉璜
长11.8cm、厚0.5cm

水平玉璜

图中玉璜出土于山西省芮城县清凉寺墓地155号墓，弧度近似半圆，应是由璧形器分剖所得，既可单独佩带，也能组接成二联璧形制。

图片来源：《中国出土玉器全集－3》，页5，“联璜玉璧”。

齐家文化　玉璜
长21.5cm、厚0.4cm

不规则璜

下图玉片为多联璧零件，器形虽不规则，但器身微弯，左右两侧各有一条直边，边上透穿小孔，可与其他璜形器系绑为多联璧。类似的璜形玉片零件亦可见于宁夏回族自治区隆德县沙塘乡的出土物中。

图片来源：震旦博物馆提供。
注：《中国出土玉器全集－15》，页188，“玉片”。

齐家文化　玉璜
长15cm、宽13cm、厚0.5cm

玉锛

图中玉锛器形规整，底部有刃，是玉锛常见的形制。青海省西宁市沈那遗址亦有此类玉锛出土。

图片来源：震旦博物馆提供。
注：《中国出土玉器全集－15》，页158，“玉锛”。

齐家文化　玉锛
长7.2cm、宽5cm、厚1.5cm

玉斧

下图甘肃省静宁县李店乡李店村出土的玉斧器形尚规整，底部有刃，器缘多处残损，上方透穿三孔，可用于系绑木柄。

图片来源：《中国出土玉器全集－15》，页44，“玉铲”。

齐家文化　玉斧
长15.2cm、宽5cm、厚1.2cm

玉圭

图中玉圭与宁夏回族自治区固原县河川乡上台村出土玉圭相似，器形窄长，下端微微外敞，上方钻有一孔，可用于系绑木柄。相同的器形还可见于青海省同德县巴沟乡宗日遗址出土物中。

图片来源：震旦博物馆提供。

注：《中国出土玉器全集-15》，页154，"玉铲"。

齐家文化　玉圭

长27.3cm、宽4.5cm、厚0.5cm

(四) 后代补琢改形鉴定

齐家文化出土玉器至今未经过仔细整理，众多信息仍处于不明了状态，但遗留至后世的玉器中，被加以补琢或改形的却并非少数。

玉琮补琢改形

图中玉琮出土于陕西省西安市长安区张家坡村，其玉质呈色为青褐相间的多色系，方形外廓平直，上下射口并不圆整，玉质、器形均具有典型齐家文化玉琮的特色，但外表凤纹线条流畅，内细外粗，是典型的西周纹饰风格，故而此件齐家文化玉琮表面纹饰应是西周时期补琢而成。

图片来源：《中国玉器全集-2 商·西周》，页149，图206，"玉鸟纹琮"。

西周　玉琮

高5.5cm、宽4.3cm

下图玉饰由侯家庄大墓出土，造型纹饰均为典型商代风格。但此器为黄褐相间的多色玉质，俯视角度下，器身拱起如瓦状，左右两侧突出呈方形轮廓，符合齐家文化玉琮"内圆外方"的局部特征，因此判断此器可能原为齐家文化玉琮，流传至商代被改制为双鸟并立造型。

图片来源：《侯家庄》第九本，图版贰贰PI.XXII，"R1383双鸟形玉饰"。

商代　双鸟形饰
高3.8cm、外径6.5cm

双鸟形饰背面

下图玉饰出土于湖北省随州市曾侯乙墓，器物上方有弧形镂空，下方为方折式垂直器边，背部呈圆弧状，与齐家文化玉琮的局部特征相符，由此推测此器或原为齐家文化玉琮，流传至战国时期被改制为兽形玉饰。

图片来源：《中国玉器全集-3　春秋·战国》，页121，图184，“玉半琮”。

战国　玉半琮
高4.8cm、最宽6.9cm

玉璧补琢改形

图中玉璧为北京故宫博物院藏品，器表刻有内细外粗的双线龙纹，外缘并不圆整，玉质包含多色，应原为齐家文化素面玉璧，遗留至西周时期才补琢纹饰。

图片来源：《故宫博物院藏文物珍品全集-玉器》（上），页95，图79，“玉虎文瑗”。

西周　玉璧
外径16.1cm、厚0.4cm

下图玉虎由河南省淅川下寺一号楚墓出土，两虎首尾相对可组成一圆璧，从斜坡状玉虎足腹处，及遗留管状旋转痕迹判断，此器原应为齐家文化玉璧，至春秋时期被改制为两件玉虎。

图片来源：《中国美术全集·工艺美术编9　玉器》，页55，图106，“玉虎形璜”。

春秋晚期　虎形佩一对
长14.6cm、厚0.4cm

玉璧复原示意图

下图为台北故宫博物院的藏品，造型呈首尾相接的双环形，是明代制作的仿古玉器。但是从它的多色玉质与内圆外圆的器形轮廓判断，此器本来是齐家文化玉璧，遗留到明代被改制为龙形佩，并且加以补琢纹饰。

图片来源：《故宫古玉图录》，页65，图89，“玉龙”。

明代　玉龙
外径11.7cm、厚0.6cm

玉璜补琢改形

下图玉鱼形状近三分之一圆，首尾处各有一孔，极可能是以齐家文化玉璜改制而成。相同形制特征亦可见于河南省安阳市小屯村西一〇三号墓盗坑出土的玉鱼。

图片来源：作者提供。

注：《中国玉器全集-2 商·西周》，页74，图九六，“玉鱼”。

商代　玉鱼
长8.5cm、宽4cm、厚0.3cm

下图西周鸟形佩为多色玉质，器形轮廓近三分之一圆，左右两端各有一孔，与齐家文化玉璜极为相似，故而推测此器或是以齐家文化玉璜改制而成。陕西省长安县张家坡152号墓出土的凤鸟纹玉璜也有类似改形特征。

图片来源：《西周玉器》，页177，图157“鸟形佩”。

注：《中国出土玉器全集-14》，页40，“凤鸟纹玉璜”。

西周　玉鱼
长8cm

下图战国龙形佩轮廓近似扇形，左右两侧各有一残孔状凹缺，显然是以齐家文化玉璜改制而成的。陕西省咸阳市正阳乡秦都咸阳城遗址出土的龙凤纹玉佩也有类似改形特征，但该器左右双孔应在改制时经钻磨扩大处理。

图片来源：作者提供。

注：《中国出土玉器全集-14》，页112，“龙凤纹玉佩”。

战国　玉龙
长8.6cm、宽4.8cm、厚0.4cm

齐家文化玉器特征

经前文分项叙述，对于齐家文化玉器的质地特征、制作工艺及形制风格等均可获得基础性认识，对补琢器与改形器的特点也能有所掌握。此处将齐家文化玉器最显著的特点浓缩为四句口诀，期能对齐家文化玉器的深入研究有所助益。

齐家玉器面光素

从目前公布的考古资料及可靠的收藏品来看，齐家文化玉器大多光素无纹，在历代玉器中显得极为特殊。

玉质斑斓色丰富

齐家文化玉器以多色玉质最为突出，颜色包含青、黄、褐等色调，有时间或夹杂有白色、黑色或褐色的条状瑕纹，呈色颇为丰富。

琮璧璜环为大宗

齐家文化玉器以玉琮、玉璧及玉璜的数量最多，亦有少量玉锛、玉斧、玉圭等器物，但至今尚未发现象生动物类玉雕。

多件玉璜组联璧

齐家文化盛行有数件璜形玉片连接而成的璧形器，目前所见以二联璧、三联璧、四联璧、五联璧及六联璧为多，极具特色。

齐家玉器面光素　玉质斑斓色丰富
琮璧璜环为大宗　多件玉璜组联璧

五 商代玉器

商代玉器在新石器时代晚期基础之上加以创新变化。早期的玉器出土较少，整体风貌不甚明朗；中晚期之后，属于商代的自体性风格逐渐形成，并随着王朝基业的稳固，各地玉器开始呈现统一的时代风格。

在器形品类方面，商代玉器以戈、璧、璜、柄形器及龙、鸟、虎、鱼、兔、鹅等象生动物造型为主，并有少量簋、调色盘等器皿。其中形状与圆相关的玉器为数众多，如圆形的玉璧、玉玦、环身蟠龙，以及近二分之一圆或三分之一圆的弧形玉璜、玉龙、玉鸟及玉鱼等。对这些玉器依照形状大小进行拼叠之后，发现商代玉器多是以“环形分割法”将大块的玉料分制为多件玉器，因而产生出众多与圆相关的器物以及器表残留的圆弧状弦纹，这种计划性的用料方式尚未见于其他时代，应为商代特有的制作方法。除此之外，商代玉器的特殊性还表现在镂空与纹饰方面，此时的镂空依特定的工序制作，形成扉棱状边饰镂空，纹饰则呈现转折处刚劲有力之风格，为这一时期代表性特征。

本单元由介绍商代“环形分割法”入手，从造型、镂空、纹饰等方面对商代玉器特征进行归纳，进而分析纹饰同体关系、夔龙取象角度及依料施工的玉龙造型等问题，并以兽面玉饰为例，对商代玉器和龙山时期玉器之间的传承问题进行初步探讨。

(一)环形分割法与料形关系

商代以“环形分割法”切割玉料，其过程大致如下图所示：首先将玉料切磨成圆形，取出中间芯料，形成一厚环形器；其次运用“旋转切割法”将厚环形器分制成一件凸缘环及两件玉璧，凸缘环和玉璧仍可再进一步进行分制，形成手镯或及其他璜形玉饰，而取出的芯料则可制成小型蟠龙玉饰。如此消耗，从而形成层层利用的关系。

图片来源：作者提供 。

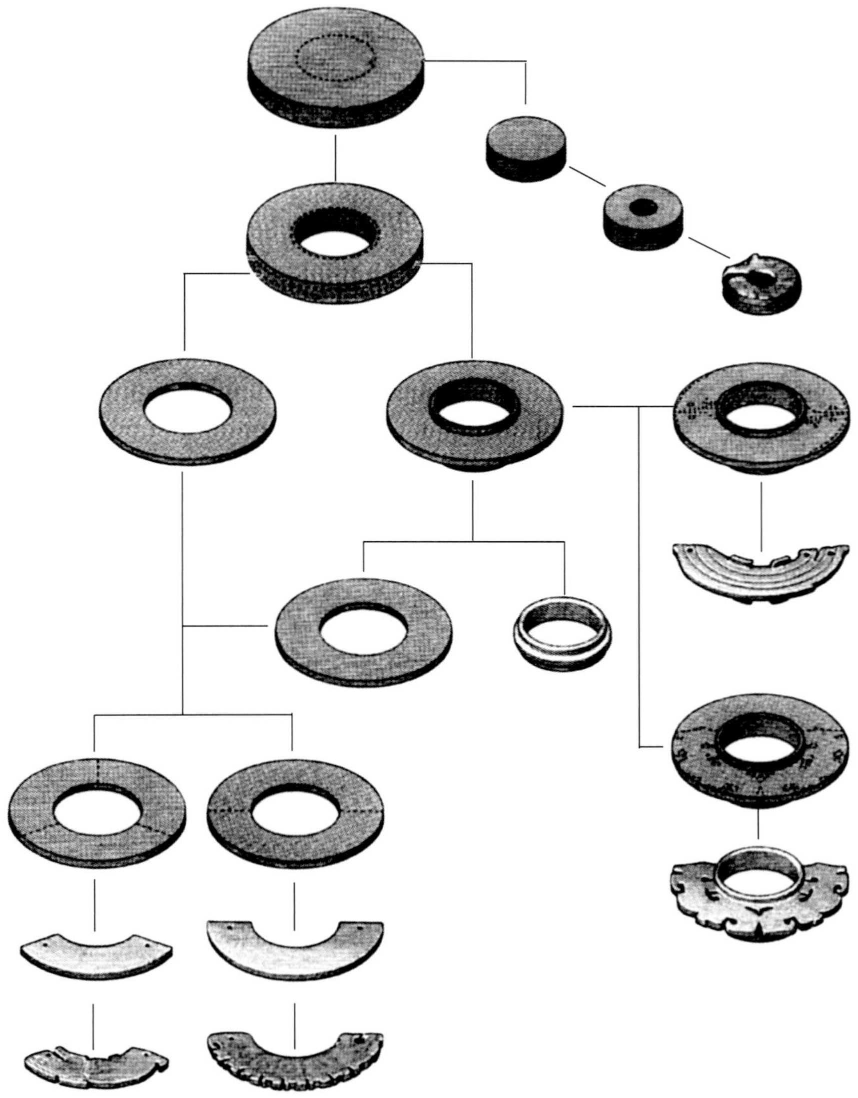

环形分割层层利用示意图

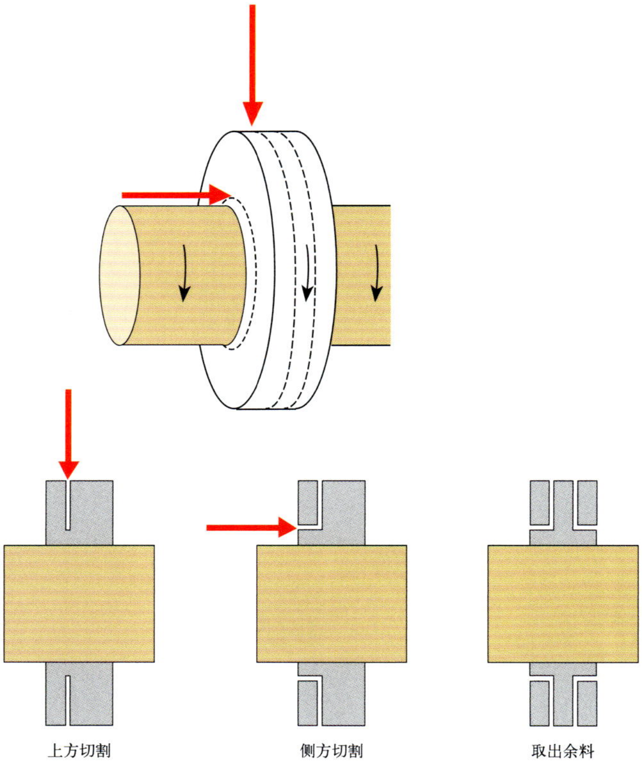

旋转切割示意图

上切割痕迹

侧切割痕迹

商晚期　凸缘环
外径9cm、厚1.8cm

旋转切割凸缘环

取出凸缘环

商晚期　凸缘环及玉玦
凸缘环外径9.5cm、厚1.6cm
玉玦外径10.2cm、厚0.2cm

环状器形特征

以“环形分割法”进行玉料分配，制成的器物形状多与圆形有关，表面也常见有旋转切割法所留下的弧形线纹，如凸缘环、玉璧、玉璜、璜形玉龙、璜形玉鱼等器物。

玉璧

右图玉璧出土于殷墟妇好墓，其表面具有许多弧形线纹，线纹粗细不均，并有相续连接现象，应是以旋转切割法分切凸缘环所留下的痕迹。

图片来源：《殷墟妇好墓》，彩版一五（XV'）：2，“玉璧”。

商晚期　玉璧
外径12.8cm、厚0.3cm

玉璜

图中玉璜弧度为二分之一圆，表面布有粗细不均的弧形线纹，应是由上述玉璧切半而来的器物。

图片来源：《认识古玉》，页138，“玉璜”。
注：《殷墟妇好墓》，彩版一五（XV’）：2，“玉璧”。

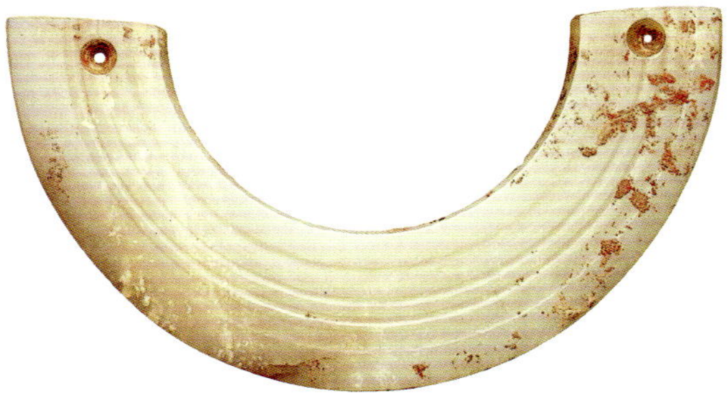

商晚期　玉璜
长11cm、宽2.4cm、厚0.4cm

璜形玉龙

下图玉龙弧度接近二分之一圆，表面残留旋转切割所产生的弧形线纹，应是以玉璧切半而成的璜形玉片所制。类似器物可见于殷墟妇好墓。

图片来源：《商代玉器》，页128，图81，“玉龙”。
注：《中国玉器全集-2　商·西周》，页78，图104，“玉鱼形璜”。

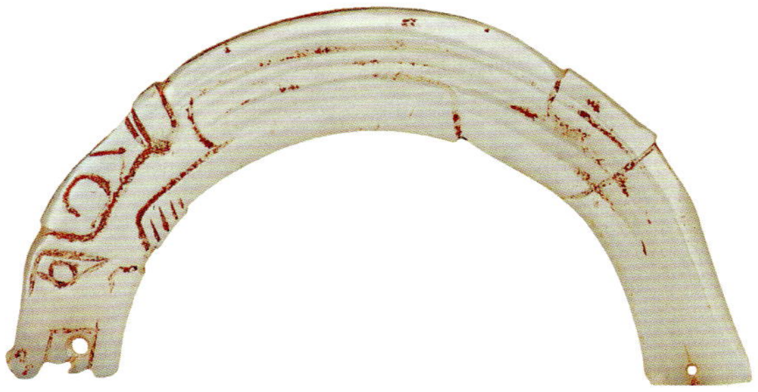

商晚期　玉龙
长8cm、厚0.5cm

(二) 造型种类与特征

商代玉器造型以戈、璧、柄形器及大量龙、鸟、虎、鱼、兔等象生动物为主，亦有少量簋、调色盘等器皿类玉器。

象生动物玉饰

商代玉器中的象生动物玉饰较多，如玉龙、玉鸟、玉虎、玉鹅、玉鳖、玉鱼、玉兔等。

玉龙

图中商代玉龙呈首尾相接的环身龙形，俗称“蟠龙”、“咬尾龙”或“龙胎”，这一形态是商代玉龙典型的造型特色。类似的器形亦可见于妇好墓的出土物中。

图片来源：《商代玉器》，页120，图73，“玉龙”。
注：《中国玉器全集-2　商·西周》，页76，图100，“龙形玉玦”。

商晚期　玉龙
外径6.4cm、厚0.4cm

玉鸟

图中玉鸟昂首前视、胸腹前挺作立姿状，整体弯曲如玉璜，是商代鸟形佩造型特色。类似的玉鸟造型也可见于妇好墓中。

图片来源：《古玉选粹1》，页187，图59，“玉鸟”。
注：《殷墟妇好墓》，图版一四三（CXLIII）：1，“玉鹦鹉”。

商晚期　玉鸟
长8.5cm、宽4.3cm、厚0.4cm

玉虎

下图玉虎由殷墟妇好墓出土，虎首张口前视，以镂空突显尖利的牙齿，虎身呈方柱状，背部微凹，尾端上卷，四肢收于腹下，表面布满纹饰，是商代玉虎的造型特征。

图片来源：《殷墟妇好墓》，彩版二六（XXVI'）：2，“玉虎”。

商晚期　玉虎
长14.1cm、高3.5cm

玉戈

玉戈是商代的新兴品类，形制与铜戈近似，既有造型简单的直内式玉戈，也有以铜玉两种材质拼接的玉援铜内戈，以及用整块玉料制作而成的鸟首玉戈。

直内式玉戈

图中玉戈援部前端尖锋，边缘琢磨呈薄刃状，表面突起一道中脊，内部近长方形，援、内之间透穿一孔，用以固定木柄，属于形制简单的直内式玉戈类型。此类造型亦见于殷墟妇好墓。

图片来源：《商代玉器》，页49，图14，“玉戈”。
注：《殷墟妇好墓》，彩版一七（XVII'）：1，“玉戈”。

商代　玉戈
长41cm、宽9.3cm、厚0.7cm

铜内玉戈

下图玉戈出土于殷墟妇好墓，器物援部以玉琢磨为前端尖锋、边缘薄刃、表面中脊的戈身，内部以青铜铸成侧面鸟首状，表面镶嵌绿松石片，属于玉铜合体的器物。

图片来源：《殷墟妇好墓》，彩版一七（XVII'）：3，“玉援铜内戈”。

商代　玉戈
长27.8cm

鸟首曲内玉戈

图中玉戈以整块玉料制作而成，援部前端尖锋，边缘琢磨成薄刃状，内部雕琢为侧面勾喙鸟首。状殷墟的墓葬中，亦有此类鸟首玉戈出土。

图片来源：《古玉精粹》，页36，图11，“鸟首玉戈”。
注：《支那古玉图录》，图版第三四（PL. XXXIV）：传河南省安阳殷墟墓出土，“玉戈”。

商代　玉戈
长20cm、宽9cm、厚0.4cm

柄形器

柄形器是商代常见器物。下图柄形器以略厚的长方形玉料制作，上半部顶端略宽，其下磨去一层地子，左右两侧收窄后再加宽；下半部器表略高，轮廓近似长方形，底部有一个榫头，是商代柄形器的标准造型。类似的器物亦曾出土于殷墟妇好墓中。

图片来源：《商代玉器》，页83，图44，“玉柄形器”。
注：《殷墟妇好墓》，图版一五六（CLVI）：2，“玉柄形饰”。

商代　柄形器
长9cm、宽2cm、厚0.7cm

器皿类

商代的器皿类玉器有簋、调色盘等物，器表雕琢有纹饰。下图为妇好墓出土的玉簋，口沿外侈，腹部圆鼓，圈足微向外撇，造型近似青铜簋，表面布满刚劲有力的纹饰，为商代器皿典型特色。

图片来源：《殷墟妇好墓》，彩版一四（XIV’）：2，“玉簋”。

商代　玉簋
高10.8cm、口径16.8cm、壁厚0.6cm

改形补琢器

下图玉环内部透穿一大圆孔，外壁附饰四个浮雕蝉纹，与妇好墓出土的蝉纹玉琮近似。但此器为多色玉质，且外部轮廓近似方形，与齐家文化玉琮极为相似，故而推测其原本应为齐家文化玉琮，遗留至商代，被改制为高浮雕蝉纹玉环。

图片来源：《商代玉器》，页110，图65下，“环附四蝉镯形器”。
注：《殷墟妇好墓》，彩版一六（XVI’）：2，“玉琮”。

商代　玉环
高4.5cm、宽7cm

(三)镂空制作与特征

商代镂空以砣具、桯具及三角棱条状工具制作，透空处大多位于器缘，用以突显玉器造型。由于商代镂空的工法特殊，透空形状自呈特色，使玉器造型呈现独特风貌。

下图玉片饰出土于妇好墓，每件玉片皆以砣具、桯具、三角棱条状工具制作镂空，砣切处外宽内窄、边缘平直，桯钻处呈圆形，三角棱具拉切末端为三角状，是典型的商代边饰镂空。

图片来源：《殷墟妇好墓》，图版一六三（CLXIII）：3，“长条镂空片”。

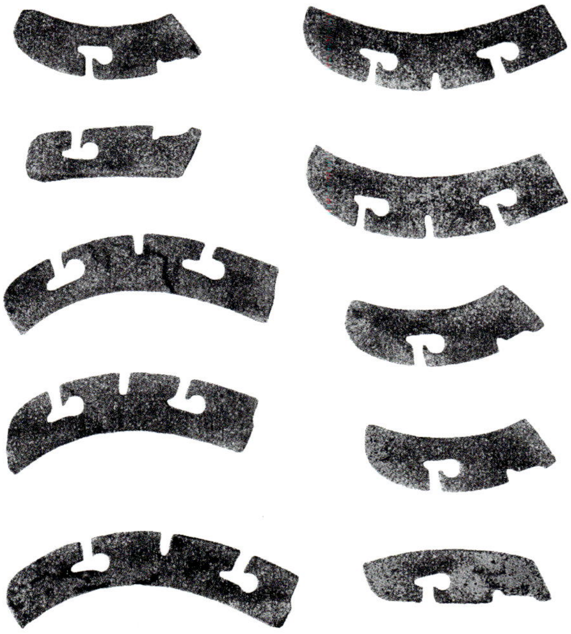

商代　镂空玉饰
长3.1~4.9cm

下图龙首玉饰作张口向下、身躯向上之状，身躯边缘以砣具、桯具、三角棱条状工具制作边饰镂空，为商代镂空之特色。相同的镂空工艺也可见于殷墟妇好墓出土的长条镂空片饰器。

图片来源：《商代玉器》，页164，图117，“龙首玉笄”。
注：《殷墟妇好墓》，图版一六三（CLXIII）：3，“长条镂空片”。

商晚期　龙首玉饰
长8.7cm、宽3cm、厚0.3cm

(四)纹饰种类与特征

商代玉器纹饰具有随形弯转的特征，线纹形态有阳纹、半阳纹、双阴线及单阴线四种，除线纹转折处刚劲有力外，线纹末端的收尾方式也颇为特殊。

双阴线

双阴线是由间距极窄的阴刻双线纹组成，乍看之下有如阳纹，故又称“假阳纹”；若于双线外侧地子处局部压地，即成为“半阳纹”；若将双线之外的地子全部琢低，则为

“阳纹”。图中玉鹅与殷墟妇好墓出土玉鹅纹样极为相似，皆属此类。

图片来源:《古玉选粹1》，页191，图61“玉鹅”。
注:《殷墟妇好墓》，彩版三三（XXXIII’）：1，“玉鹅”。

商晚期　玉鹅
长8.7cm、宽3cm、厚0.3cm

双线纹收尾方式

商代玉器中的双线纹有三种收尾方式：A.双线相交的“尖形收尾”；B.砣雕短线垂直相连的“方形收尾”；C.砣雕短线环状相连，相接处有歧出现象的“圆形收尾”。

（A）尖形收尾　（B）方形收尾　（C）圆形收尾

商代纹饰收尾形式

单阴线

下图玉璜作双鸟连身的造型，表面以砣具雕琢单线纹标示眼睛、翅膀及尾羽，是商代晚期向西周早期过渡的纹饰特征。类似单线纹饰亦可见于安阳殷墟所出土的玉鸟。

图片来源:震旦博物馆提供。
注:《安阳殷墟出土玉器》，页107，“鸟”。

商晚期　双鸟纹璜
长8.8cm、宽2.4cm、厚0.6cm

装饰性线纹

商代玉器除有随形弯转、勾勒造型的主要线纹之外，还有巜纹、[illegible]纹、长平行线等装饰性线纹，分别雕琢在特定部位，属于商代特有的纹饰。

巜纹

巜纹常见于侧面玉鸟的嘴部，偶尔也见于玉鹅嘴部或兽面双角中间，下图商代玉鸟的勾喙处，即以巜纹为饰。相同的巜纹亦可见于妇好墓出土的玉夔冠鹦鹉。

图片来源:《商代玉器》，页190，图145，“玉鸟”。
注:《中国玉器全集－2 商·西周》，页68，图八六，“玉夔冠鹦鹉”。

商晚期　玉鸟
长6cm、宽4cm、厚0.7cm

纹

纹大多分布于鸟颈、兽背、龙身等空白面积较大器表处，从图中鸟首玉饰拓片上，即可看到其颈部以纹为饰。类似的纹样亦可见于妇好墓出土的玉卷尾虎。

注：《中国玉器全集－2 商·西周》，页54，图六五，“玉卷尾虎”。

玉鸟拓片

长平行线

长平行线大多装饰于鸟首的冠羽处，从下图商代鸟形佩的拓片之上，即可清楚看到高冠表面成束弯转的长平行线纹。相同纹样亦可见于妇好墓出土玉人。

注：《殷墟妇好墓》，图版一三二（CXXXII）：2，“玉人”。

玉鸟拓片

（五）依附同体设计

商代玉器常见有两个动物彼此相连依附，构成一幅图样装饰于同一器表的同体关系，其依附形态可以分为上下依附及左右依附两类。

上下依附

图中商代龙凤纹佩由晋侯墓地63号墓出土，是商代晚期遗留物。器表纹样可分解为一龙一凤，凤鸟体型大，位于下部，作为全器主体；夔龙体型小，位于凤首之上，犹如凤鸟冠羽，二者紧密相连，构成上下依附的同体关系。

图片来源：北京大学考古文博学院提供。

商晚期 龙凤纹玉佩
长10.3cm、宽4.3cm

左右依附

下图商代玉璜器表纹样为两个造型相同的凤鸟，二者彼此相背、尾羽相接连成一器，形成左右依附的同体关系。类似的器形亦可见于妇好墓出土的玉双鹦鹉。

图片来源：《群玉别藏续集》，页168，图91，“对尾双鸟佩”。
注：《中国玉器全集-2 商·西周》，页69，图八七，“玉双鹦鹉”。

商晚期 双鸟纹玉璜
长10cm、宽3cm、厚0.3cm

(六)夔龙角度设计

商代玉龙纹样设计具有不同的角度取像，片状龙形佩为侧面取象，方形兽面为正面取像，而柱状玉弭的两个侧面取像可结合为一完整正面取向，充分呈现造型设计与玉料形状相互对应的关系。

柱形玉料：正侧面共用

下图商代玉弭上部雕琢夔龙，由玉弭的正背面来看，夔龙作张口向下、单足置于颚下、蘑菇角向后的侧面取像。由于两个龙首顶部皆延伸至玉弭侧边，在全展拓片的辅助下，可见两个侧面夔龙形象组成一完整正面兽首，呈现夔龙的正面造型。北京故宫博物院所藏兽首玉觿也有类似设计。

图片来源：《商代玉器》，页141，图94，“龙纹玉弭”。
注：《中国玉器全集-2 商·西周》，页127，图176，“兽首玉觿”。

商晚期 玉弭
长5cm、宽1.6cm、厚1.1cm

玉弭兽面拓片

方形玉料：正面取像

下图兽面玉饰是由前方取像的正面兽首，方形脸和双角并立，与由玉弭合组而成的龙首相似，是正面龙首的简化形式。河南省安阳市小屯十一号房子出土的兽面玉饰也有此类设计。

图片来源：《古玉选粹1》，页181，图56，“兽面纹玉饰”。
注：《中国玉器全集-2 商·西周》，页63，图七九，“玉兽面”。

商晚期 兽面玉饰
长4.2cm、宽3.2cm、厚0.5cm

长方形玉料：侧面取像

下图玉龙以长方形玉料制作，以俯首、屈足、卷尾造型呈现侧面夔龙形态，此造型在商代晚期至西周时期颇为盛行。类似的侧面取像设计亦见于妇好墓出土的玉回首狗。

图片来源：《古玉选粹1》，页194，图64，"玉龙"。
注：《中国玉器全集－2　商·西周》，页60，图七五，"玉回首狗"。

商晚期　玉龙
长6.4cm、宽2.7cm、厚0.4cm

(七) 一元多式的龙形设计

"龙"是商代玉器的重要题材，除"环形分割法"而产生的圆弧造型之外，也有因应不同玉料所做的设计，充分体现这一时期依料施工的制玉风格。这种同一题材、造型各异的现象，称之为"一元多式"。

圆形玉龙

下图玉龙以圆形片状玉料制作，形成首尾相接、卷曲如环造型。类似的圆形玉龙亦可见于殷墟妇好墓出土的玉玦半成品。

图片来源：《商代玉器》，页122，图75，"玉龙"。
注：《殷墟妇好墓》，图版一〇六(CVI)：2，"玉玦半成品"。

商晚期　玉龙
外径6cm、厚0.6cm

圆雕玉龙

图中玉龙以较厚的长方形玉料制作，整体依侧面形象镂空成形，五官、双角及卷尾则雕琢在宽厚的侧缘面上，形成圆雕状造型。与此相似者可见于河南省安阳市大司空村一〇七号墓出土的虎形玉饰。

图片来源：《商代玉器》，页117，图70，"玉龙"。
注：《中国玉器全集－2　商·西周》，页55，图六七，"虎形玉饰"。

商晚期　玉龙
长3.5cm、宽2cm、厚0.8cm

弧形玉龙

下图玉龙以窄长的弧形玉料制作，其中四分之三的玉料雕琢俯首拱身卷尾的龙形，其余玉料则切磨为短戈状，是顺着长弧形玉料所作的特殊设计。类似依料施工法也可见于殷墟妇好墓出土的玉璜。

图片来源：《商代玉器》，页132，图85，"玉龙"。
注：《殷墟妇好墓》，页165，图一〇〇(C)：1，"玉璜"。

商晚期　玉龙
长7.5cm、宽1.2cm、厚0.4cm

(八) 传承遗风

虽然目前商代早期出土玉器较少，但通过对已有材料中器形和纹饰的对比，仍可从中发现商代玉器与龙山时期玉器相似之处，如阳纹、臣字眼及边饰镂空等，应均为龙山时期遗风。

龙山时期人面玉饰

龙山时期的人面玉饰，以器缘处勾转镂空突显造型，以勾转阳纹表现五官特征，眼睛比例夸大，形状犹如“臣”字，故称为“臣字眼”。陕西省长安县张家坡17号西周墓出土的神人兽面形玉饰上即有此类。

注：《中国出土玉器全集-14》，页28，“神人兽面形玉饰”。

神人像拓片

商代晚期玉兽面

商代玉兽面，以器缘处边饰镂空突显造型，表面以阳纹、半阳纹或双阴线纹刻画五官特征，双眼依旧为“臣字眼”，应是在商代典型风格中呈的现龙山时期遗风。

图片来源：《尊古斋古玉图录》，页一三三，“兽面拓片”。

兽面拓片

商代晚期至西周早期玉兽面

商代晚期兽面玉饰，眼睛仍为臣字形眼，但刚劲方转的刀形双角逐渐演化为双兽角与双兽耳形式。此种兽面介于商代兽面玉饰与西周牛面玉饰之间，应为商代晚期至西周早期的过渡期风格。

图片来源：《古玉精英》，页43，插图三三，“商代兽面镶嵌饰拓片”。

兽面拓片

商代玉器特征

经前文分项叙述，对于商代玉器的玉料安排、制作工艺及造型纹饰等均可建立起基础性认识，对风格传承的形纹特征也能有所掌握。此处将商代玉器最显著的特点浓缩为四句口诀，期能对商代玉器的深入研究有所助益。

商代玉器纹满身

商代玉器的纹饰随造型需要而雕琢，纹随形走、遍布全器的布局方式贯穿始末，故而形成纹饰满身的印象。

夸大眼睛臣字眼

商代玉兽、玉兽面及玉鸟等象生玉雕，常有比例超大的臣字眼出现，这种臣字眼是由龙山时期延续下来之遗风。

刚劲有力在纹饰

商代玉器纹饰的线条处理呈现有阳纹、半阳纹、双阴线及单阴线四种，线纹转折方硬，风格刚劲有力。

突显造型边镂空

商代玉器以边饰镂空突显造型，特殊的透雕工艺所产生的规律性扉稜边饰与凌厉的勾转造型，使商代玉器风格独树一帜。

商代玉器纹满身　夸大眼睛臣字眼
刚劲有力在纹饰　突显造型边镂空

六 西周玉器

西周早期的玉器承袭商代晚期遗风，随着剖料方式、镂空技法、形制功能及纹饰题材等因素的改变，直至西周中期以后，才逐步发展出自体性的时代风格。

西周玉器以佩饰器数量最多，工具礼器类较少，并出现用于殓葬的丧葬器。在器型品类方面，常见的璜、璥、戈、梯形佩、束帛形玉饰及龙、鸟、鱼、鹿、兔、蚕等动物玉饰，与绿松石、玛瑙、玻璃等材质配合使用，成为项饰、腕饰及胸饰等。由于采用“片状切割法”进行玉料分配，将玉料剖分为多片，然后依照玉料的形状来选择适合的题材，因此象生动物玉饰形象颇为丰富写实。在纹饰方面，西周玉器盛行以内细外粗双线纹表达缠身龙纹、凤纹及人纹等主题，流畅生动，组合形态随器形改变而迥异，如柄形器之上为上下分立，玉璜之上为左右交缠，玉玦之上环状围绕，不规则玉片之上则兼容左右与上下，形式多样不拘一格。较为特别的是西周龙形佩之龙纹装饰，无论人形取像如何，龙纹位置都趋于一致，或插饰其中，或依附人旁，仿若以相同样稿制作，呈现明显的规律性。

本单元由切料方式入手，从料形关系、器形品类与纹饰特征等方面对西周玉器的基本特征进行归纳，分析各器类的形纹设计，并以玉鸟为例探讨同一题材因玉料差异所产生的“一元多式”现象。

(一)造型与玉料的关系

西周时期采用“片状切割法”分剖玉石原料，并依据玉料形状选择合适题材，制作各种象生动物玉饰，而玉璧的芯料或是由玉璧切割下来的弧形玉片，则分别做成圆形玉饰及玉璜，使造型丰富的西周玉器具有因料施工或依形选料的现象。

长条形玉料设计

西周时期常见扁长形的片状玉鱼，这是由于长条玉料形状最接近鱼类造型，因此多制作为直身式玉鱼。三门峡虢国墓出土的鱼形佩即属此一类型设计。

图片来源：《西周玉器》，页211，图196，“玉鱼”。
注：《三门峡虢国墓》（下），彩版二三(XXIII')：1，“鱼形佩”。

三角形玉料设计

西周　玉鱼
长7cm

下图玉鸟头顶突出一圭状尖角，身体作屈肢蹲伏状，由于其轮廓呈三角形，在省工省料的考量下，推测此器应是依三角形玉片形状制作而成。类似的三角玉料设计亦可见于宝鸡强国墓地出土玉鸟。

图片来源：《西周玉器》，页182，图162，“玉圭形冠鸟”。
注：《宝鸡強国墓地》（下），图版一八(CLXXXVII)：2，“鸟”。

西周　玉圭形冠鸟
长5.2cm、宽4.5cm

方形玉料设计

下图玉兔长耳后倾、四肢弯曲，整体轮廓近长方形，很可能是在省工省料考量之下，以方形玉料制作而成。类似依料施工现象亦可见于三门峡虢国墓出土的鸟形佩。

图片来源：《西周玉器》，页207，图189，“玉兔”。
注：《三门峡虢国墓》（下），图版六七(LXVII')：2，“鸟形佩”。

西周　玉兔
长4.7cm、宽2.6cm、厚0.8cm

圆形玉料设计

图中山西省晋侯墓地63号墓出土的圆形玉饰以璧心玉料制作，器身中部透穿一个小孔，可用于穿线佩带的饰物，表面雕琢环身鸟纹。

图片来源：北京大学考古文博学院提供。

西周　圆形玉饰
外径4.6cm、厚0.4cm

弧形玉料设计

下图山西省晋侯墓地31号墓出土的玉璜以弧形玉料制作，左右两端琢磨对称的扉棱，器表雕琢对称的缠身龙纹，应是依据玉料形态所做的特殊设计。

图片来源：北京大学考古文博学院提供。

西周　龙纹璜
长7.3cm

不规则形玉料设计

图中人龙纹佩以不规则玉料制作，依据玉料形态，器表纹样设计为两龙一凤形式，并于纹饰外围作切割去料处理，成为多纹组合的造型。相似设计也可见于山西省晋侯墓地31号墓出土的玉龙。

图片来源：《西周玉器》，页137，图114，“人龙纹玉佩”。
注：《晋国奇珍——山西晋侯墓群出土文物精品》，页142，“玉龙”。

西周　人龙纹佩
长4cm、宽3.5cm、厚0.5cm

(二) 器形种类与特征

西周玉器以佩饰器数量最多，工具礼器类较少，且开始出现用于殓葬的丧葬玉。此时的器形品类众多，或为传承遗风，或为创新款式，均呈现西周特有的造型风格。

耳饰玦

耳饰玦最早出现于新石器时代晚期，商代一度式微，直至西周时期才再度兴起。西周时期耳饰玦为圆体片状的造型，表面雕琢龙纹或凤纹。此造型器物可见于三门峡虢国墓的出土物中。

图片来源：《西周玉器》，页56，图24，“玉玦”。

西周　玉玦
外径5.8cm、厚0.4cm

玉圭

西周玉圭器身窄长，上端呈尖锋状，尖首与左右两侧均扁薄如刃，圭底平齐或钻有小孔，是由商代玉戈演变而来的新形制。此类器形亦可见于三门峡虢国墓的出土物。

图片来源：作者提供。
注：《三门峡虢国墓》（下），图版七七(LXXVII)：2，"圭形饰"。

西周　玉圭
长9.5cm、宽2.2cm、厚0.4cm

柄形器

西周柄形器造型与商代不同，器身呈宽长片状，边缘制作为对称扉棱，表面雕琢上下交缠的龙纹与凤纹。此类器形可见于山西省晋侯墓地31号墓出土的龙凤纹玉圭形器。

图片来源：《西周玉器》，页35，图2，"龙凤纹柄形器"。
注：《晋国奇珍——山西晋侯墓群出土文物精品》，页135，"龙凤纹玉圭形器"。

西周　柄形器
长10.5cm、宽3.5cm、厚0.4cm

丧葬玉

西周丧葬玉品类主要有手握玉、口啥玉、脚趾夹玉、踏玉、幎目缀玉等。其中幎目缀玉常由其他玉器改制而成，以不同形状玉片表现面部形态，象征五官及轮廓。此类器形可见于山西省晋侯墓地62号墓出土玉覆面。

图片来源：北京大学考古文博学院提供。

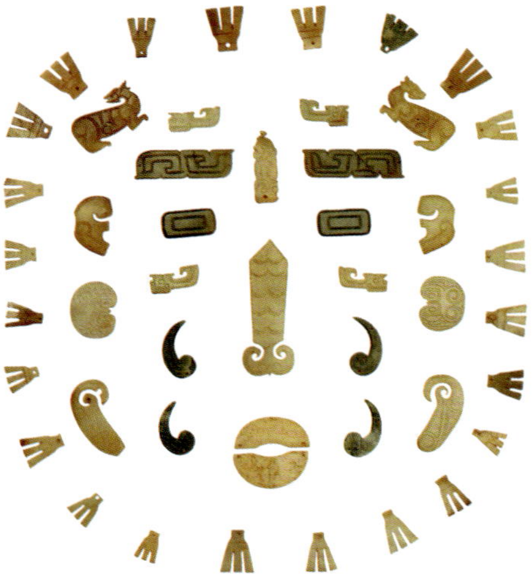

西周　玉覆面
长2.4~8cm

玉串饰

西周时期串饰器主要有项饰、腕饰及胸饰等，组件材质以玉、玻璃、玛瑙、绿松石等较为常见，器形品类繁多，连接方法各异，显然尚未形成统一的定制。山西省晋侯墓地92号墓出土的玉组佩即是此类器物典型代表。

图片来源：北京大学考古文博学院提供。

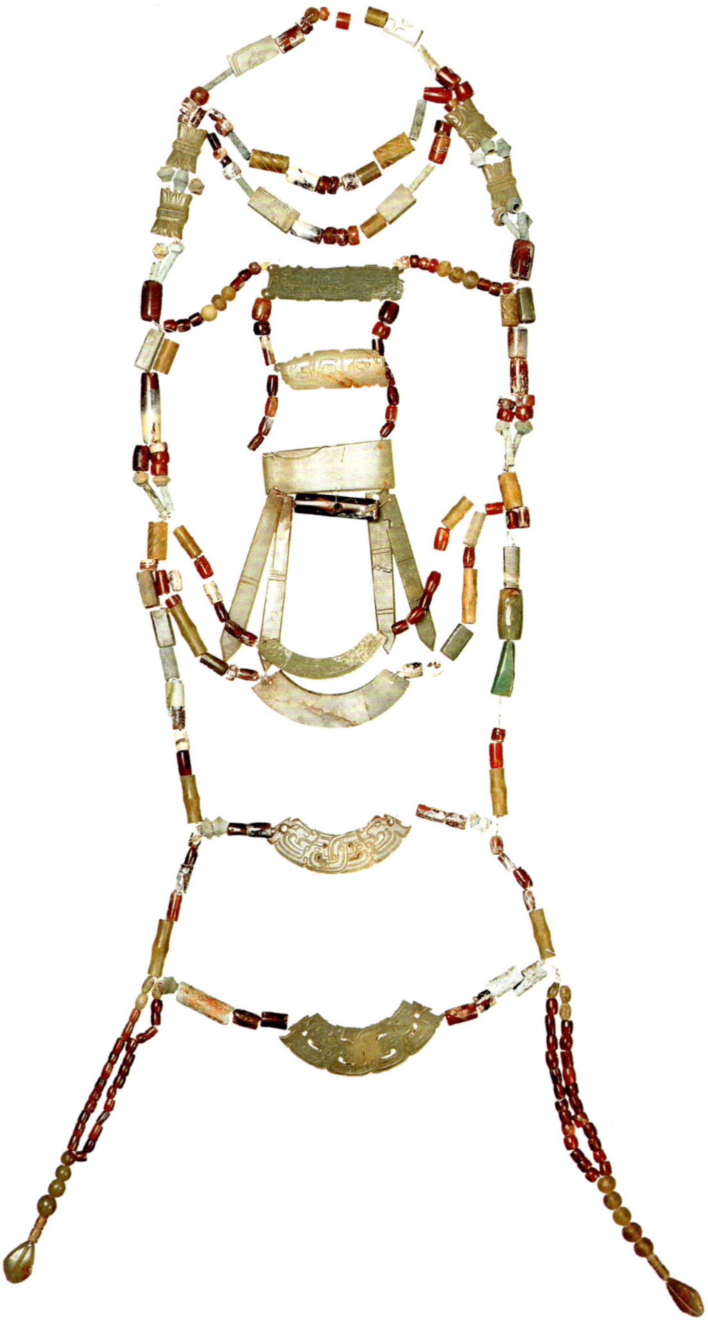

西周　玉串饰

玉璜

西周玉璜造型已趋于定制，器身呈上弦月形，左右两端有对称的系带孔，边缘雕琢对称的扉棱，器表装饰有缠身龙凤纹。在西周玉串饰中，玉璜的数量可以反映佩带者的身份等级，三门峡虢国墓地即有多璜联组的玉串饰出土。

图片来源：震旦博物馆提供。

注：《三门峡虢国墓（下）》，彩版二一（XXI'）：1~6，“玉璜”。

西周　玉璜
长10.4cm、宽4cm、厚0.3cm

玉戈形佩

西周玉戈体型变小，造型可分为援、内两部，前端尖锋，后方透穿一两个小孔，用以穿线佩带。山西省晋侯墓地92号墓出土的玉组佩，即是以此类戈形佩作为串饰组件。

图片来源：震旦博物馆提供。

注：《中国出土玉器全集－3》，页86，“玉组佩”。

西周　玉戈形佩
长5~6cm

玉管

西周时期玉管造型常见有圆柱体、方柱体、喇叭状等，其内部均有一透穿天地的穿孔，器表雕琢流畅生动的纹饰，多与其他串饰组合使用。三门峡虢国墓地即见有各式玉管出土。

图片来源：《西周玉器》，页85，图53，“龙纹玉管”。

注：《三门峡虢国墓》（下），彩版一九（IXI'）：1~6，“扁方形管”。

西周　玉管
长1.4~3.9cm

中心孔玉佩

西周时期常见方形或圆形玉片，器表雕琢龙纹或人纹等纹饰，器内透穿一个中孔，在玉串饰中大多居于颈部后方的位置。三门峡虢国墓出土的人龙合纹佩即是此类玉饰。

图片来源：《三门峡虢国墓》（下），彩版一八（XVIII'）：2，“人龙合纹佩”。

西周　人龙纹玉饰
长4.6cm、宽3.7cm、厚0.5cm

束帛形玉饰

束帛形玉饰盛行于西周时期，其上下两方雕琢蝉纹，中间以平形横棱为饰，整体呈收束布帛状，系带孔位于上下两方，由侧边与背面对钻而成。三门峡虢国墓地即有此类玉饰出土。

图片来源：作者提供。

注：《三门峡虢国墓》（下），图版一〇二(CII)：3~6，“束绢形佩”。

西周 束帛形玉饰
长3.4~4.2cm

束帛形玉饰背面

多孔梯形玉饰

梯形片饰器是西周时期的新兴品类，其器表多雕琢龙纹或凤鸟，上下两方各有一排穿孔，由侧边和背面对钻而成，可用以联结多组串饰物，是玉串饰中的重要组件。此类器物可见于山西省晋侯墓地31号墓出土玉组佩。

图片来源：北京大学考古文博学院提供。

西周　梯形玉饰
长8.7cm、上宽5.6cm、下宽7.7cm

象生动物玉饰

西周时期的象生动物玉饰有龙、鸟、鱼、鹿、牛、兔、蚕、蝉等题材，常作为玉串饰构件使用。由于西周玉串饰的联结形态比较随意，玉雕动物的造型也以写实为主，因此系带孔的位置不拘，只要能穿线佩带即可。

玉龙

图中夔龙为兽身造型，头部低垂，身躯蹲伏，体侧具有一足，头顶有一蘑菇形角，嘴部透穿一个系带，俗称为“蘑菇龙”。类似的造型可见于三门峡虢国墓出土的夔龙形佩。

图片来源：《西周玉器》，页118，图91，“玉龙”。
注：《三门峡虢国墓》（下），图版六六(LXVI)：2，“夔龙形佩”。

西周　玉龙
长5cm、宽1.6cm、厚0.2cm

玉鸟

西周玉鸟多呈侧面蹲伏状，鸟嘴前端宽平，称为“钉形嘴”，表面以斜刀阴刻流畅生动的纹饰，胸前钻有一个系带孔，可用以穿线佩带。张家坡西周墓地即有此类玉鸟出土。

图片来源：《西周玉器》，页176，图155，“玉鸟”。
注：《张家坡西周墓地》，彩版22（XXIII'）：1，“玉鸟”。

西周　玉鸟
长6cm、宽2.5cm

玉鱼

图中陕西省宝鸡市茹家庄強伯墓出土的玉鱼造型依弧形玉料制作而成，背鳍处透穿一孔，应是玉串饰组件之一。

图片来源：陕西省青铜器博物院提供。

西周　玉鱼
长11.3cm、宽3.2cm、厚0.15cm

玉鹿

下图玉鹿出土于山西省晋侯墓地63号墓，整体形态呈站立之姿，表面用斜刀雕琢五官及四肢，写实的鹿角、有神的眼睛以及壮硕的腿部肌肉，配合轻巧的体态，使整个造型颇具动感 。

图片来源：北京大学考古文博学院提供。

西周　玉鹿
长8.5cm 、宽5.9cm

玉牛

图中玉牛呈站立状，表面以浮雕、线刻雕琢五官及肢体，牛首部位嘴部微张，脚底以片具切割为两两并立的四蹄，尾部透穿一个系带孔，突显玉牛憨厚之感。类似器物亦可见于陕西省宝鸡市茹家庄強伯墓出土物。

图片来源：《西周玉器》，页204，图186，"玉牛"。

注：《中国玉器全集-2 商·西周》，页165，图229，"玉牛"。

西周 玉牛
长4.5cm、宽2.7cm、厚0.7cm

玉兔

下图玉兔造型呈蹲伏状，表面阴刻五官及四肢，线纹极为简单，前脚交叠处透穿一个系带孔，呈现钻孔位置不拘一格的随意特性。山东省济阳县姜集乡刘台子出土的碧玉兔即与此器相似。

图片来源：《西周玉器》，页206，图188，"玉兔"。

注：《中国玉器全集-2 商·西周》，页168，图232，"碧玉兔"。

西周 玉兔
长4.3cm、宽1.8cm、厚0.8cm

(三) 纹饰特征

西周早期玉器纹饰延续商代晚期风格继续发展，由于纹饰制作中斜砣的使用，各种以双线纹组成的同体动物纹样于西周中期开始流行，西周一代"内细外粗、流畅生动"的纹饰风格亦逐渐形成。至西周晚期，随着双阴线纹的迂缓繁密化处理，西周前期的纹饰风格逐渐发生变化，呈现出明显的向春秋早期过渡的演化趋势。

斜刀线纹制作

西周时期玉工采用斜砣进行纹饰雕琢，所得线纹呈内深外浅坡面状，由于弯转处弧度颇大，又称为"大斜刀"，是西周时期特有的风格特征。此类大斜刀纹饰可见于张家坡西周墓地出土玉璜。

注：《张家坡西周墓地》，彩版10（X'）:3，"玉璜"。

玉璜拓片

典型风格

西周中晚期，以双线纹构成的龙纹、凤鸟及人物等纹样开始盛行，由于斜砣的使用，线条呈内细外粗之状，加之弯转处以"大斜刀"处理，因此在光线的作用下整个纹饰造型灵活生动。这种"内细外粗、流畅生动"的特点即是西周玉器的典型风格，此种特征可见于山西省晋侯墓地31号墓出土玉柄形器。

注：《中国出土玉器全集-3》，页100，"玉柄形器"。

柄形器拓片

过渡风格

西周晚期出现以细砣雕琢的双阴线，线纹走势迂缓，布局趋于规整繁密，呈现出由西周晚期向春秋早期过渡的风格特征。下图玉玦纹饰与黄君孟夫妇墓出土玉玦纹饰极为相似。

注：《中国玉器全集-3 春秋·战国》，页5，图6，“玉玦”。

玉玦拓片

缠身同体

缠身同体是指动物类纹样在身躯处彼此相互交缠的一种纹饰设计。由于西周时期线纹流畅生动，因此纹样交叠部分会产生一种特殊的视觉立体效果，使纹饰整体更趋灵活，此类设计为西周玉器最具代表性的纹饰之一。这种缠身同体纹样可见于山西省晋侯墓地63号墓出土玉组佩。

图片来源：北京大学考古文博学院提供。

西周　人龙纹璜
长12.4cm、宽2.8cm、厚0.4cm

镂空工艺

西周片饰玉常以镂空来突显纹饰，下图人龙纹璜表面以线纹雕琢两组缠身龙凤纹，内部以六个逗点是镂空进行区隔，用于突显复杂的纹饰组合。类似镂空技法亦可见于三门峡虢国墓出土的人龙合纹玉璜。

图片来源：《西周玉器》，页96，图67，“人龙纹玉璜”。

注：《三门峡虢国墓》（下），彩版一三（XII’）：2，“人龙合纹璜”。

西周　人龙纹璜
长10cm、宽3cm、厚0.3cm

形纹合一

某些不规则片饰玉，常以器表纹饰边线作为器物边缘进行造型制作，使纹饰与造型之间形成相辅相成的表达效果，产生形纹合一的设计模式。此类设计可见于张家坡西周墓地出土玉龙。

图片来源：《西周玉器》，页129，图106，“龙形玉佩”。

注：《张家坡西周墓地》，图版177 (CLXXVI)：5~6，“玉龙”。

西周　龙形佩
长7.8cm、宽4.2cm、厚0.2cm

(四) 各种器形的纹饰设计

西周玉器会根据器形的差异，对器表动物类纹饰的组合方式做出不同的安排。柄形器作上下排布，璜形器为左右对称，璧与玦呈环状围绕，不规则玉饰则运用依附、缠身、共用等关系加以表现，从而产生丰富多变的纹饰形态。

长方形体的纹饰设计

下图西周柄形器呈长方形，器表纹饰以龙凤纹作上下组合。凤纹体积较大，形象具体，位于上方；龙纹比例较小，形体抽象，位于下方。类似的纹饰设计可见于山东省济阳县刘台子征集的玉鸟纹刀上。

注：《中国玉器全集-2　商·西周》，页144，图199，“玉鸟纹刀”。

柄形器拓片

弦月形体的纹饰设计

下图西周玉璜呈上弦月形，表面多雕琢左右对称的龙纹及凤纹，身躯朝向中间伸展交缠，形成对称式的缠身同体组合。相同的纹饰设计可见于三门峡虢国墓出土的尖尾双龙纹玉璜上。

注：《三门峡虢国墓》（下），彩版二一(XXI')：1，“尖尾双龙纹璜”。

玉璜拓片

圆形体的纹饰设计

玉玦与玉璧等圆形器物之上，龙纹、凤鸟及人纹即往往会顺着器形的弯转而作对称式分布，身躯处常见有互相交叠，为缠身同体的纹样。此类纹饰设计可见于三门峡虢国墓出土缠尾双龙纹玉玦。

注：《三门峡虢国墓》（下），彩版三九(XXXIX')：1，“缠尾双龙纹玦”。

玉玦拓片

不规则形的纹饰设计

不规则玉料之上，纹饰数量与铺排形态常因玉料形状而异。下图此件玉器纹饰由一龙一人组合而成，龙首翘鼻张口，位于左上角，人首圆眼钩鼻，位于右下角，二者身躯铺展为S形，显见是依玉料形状所作之设计。类似纹饰可见于三门峡虢国墓出土的人龙合纹佩。

注：《三门峡虢国墓》（下），彩版二九（XXIX'）：4，“人龙合纹佩”。

人龙纹佩拓片

多层次的纹饰设计

图中玉佩纹饰由二龙二人组成，龙首与人首分置于玉饰四角，龙纹的长舌交缠于器身中央，四个纹样身躯隐于后方，形成比较复杂的缠身同体关系。陕西省扶风县黄堆三号西周墓出土的人龙合雕象生玉佩亦见有类似的多层次纹饰设计。

注：《周原玉器》，页120，图九六，“人龙合雕象生玉佩”。

人龙纹佩拓片

共身同体的纹饰设计

下图玉佩纹饰由龙纹、凤鸟和人纹以依附、交缠、共身的形态组合而成，右边龙首的长舌向左曲绕，成为左边龙首的身躯，而左边龙首的长舌向上勾卷，成为中间人首的身体，上方凤鸟则依附在此组合之上。全器利用镂空区隔线纹，突显一人二龙一凤的纹饰形象组合。相同的纹饰设计亦可见于三门峡虢国墓出土的人龙合纹佩。

注：《三门峡虢国墓》（下），图版五九(LIX)：2，“人龙合纹佩”。

人龙纹佩拓片

(五) 玉人的纹形设计

西周人形佩有侧面像与正面像两类，常以龙纹代表人体的某一部位，或以依附形态出现在人体周围，与人的身体有部分共用关系。此类造型雷同性颇高，仿若根据相同样稿制作而成，具有极为鲜明的时代特征。

多龙纹侧身人形佩设计

图中人形佩头部后方见有一倒立龙纹，长吐的龙舌适合为人的头发，人体中央有一龙首，龙身上卷于胸腹处形成手臂，身体下部以一抽象的张口龙首作腿，此外臀下亦依附有一小龙纹。相同的纹样设计可见于山西省晋侯墓地63号墓出土的人形玉饰。

注：《中国出土玉器全集-3》，页116，“人形玉饰”。

人龙纹佩拓片

单龙纹侧身人形佩设计

图中人形佩呈侧身蹲坐的造型，回旋的龙身在人体胸腹处形成手臂，头部后方及腿部的简化龙纹虽然比较抽象，但仍可看出此器的组合方式。类似纹样设计可见于陕西省宝鸡周原博物馆藏的人龙合雕玉佩。

注：《周原玉器》，页152，图一四一、一四二，“蹲踞状的人龙合雕玉佩”。

人龙纹佩拓片

多龙纹正面人形佩设计

下图为西周人形佩的正背面，将其与侧面人形佩比较，二者在人体与龙纹的关系上具有共通之处：龙纹在头部周边、长舌为头发、并皆以龙首作为手臂，可见西周人形佩动物纹饰的安排具有一定的规则性。山西省晋侯墓地8号墓出土的人形玉饰亦有此类设计。

注：《中国出土玉器全集-3》，页89，“人形玉饰”。

人龙纹佩拓片（正反面）

(六) 一元多式的鸟形设计

西周玉器纹饰动物题材较多，其中又以鸟和龙的题材最为常见，其造型会随着玉料的形状而变化，产生侧视、俯视等不同形态，呈现因料施工的时代特色。这种同一题材、造型各异的现象，称为“一元多式”。

圆形玉料设计

下图山西省绛县横水西周墓地1号墓出土玉发饰以圆形玉片为材料，表面阴刻鸟纹，鸟首居于中部，身躯作团绕状，啄内侧透穿一系带孔，成为侧面团凤纹玉佩。

图片来源：山西省侯马考古工作站提供。

西周　玉发饰
外径5.5cm、厚0.5cm

俯视像设计

下图玉鸟亦以圆形玉料制作，表面用简单的线纹划分鸟首、身躯、翅膀及尾部，形成一个俯视下的鸟形，嘴部透穿一孔，可以佩带。相似的俯视像设计可见于 C.T LOO, Paris 所珍藏的玉佩。

图片来源：《西周玉器》，页161，图138，“鸟形佩”。

注：*Carved Jade of Ancient China*, Plate XXV : 4.

西周　玉鸟
长3.8cm、宽3cm

俯视像设计

图中玉鸟以弧形玉料制作，鸟首居中，左右两侧为翅膀和尾羽，形成俯视下的展翅鸟形，鸟嘴部位透穿一孔，可用于佩带。

图片来源：《西周玉器》，页162，图139，“玉鸟”。

西周　玉鸟
长9.4cm、宽7cm

侧视像设计

图中出土于山西省晋侯墓地63号的玉鸟以长方形玉料制作，作侧视角度取象，鸟首平抬，翅膀贴于体侧，长尾后垂，屈肢作蹲伏状，腹部透穿一个系带孔。

图片来源：北京大学考古文博学院提供。

西周　玉鸟
长6.5cm、宽2.5cm、厚0.3cm

俯视像设计

下图玉鸟以长方形玉料制作，前端为鸟首，鸟身与翅膀并排于中间，尾羽居于末端，尖喙处透穿一孔，形成俯视之下展翅飞翔的鸟形佩。类似俯视形象可见于张家坡西周墓地出土玉鸟。

图片来源：作者提供。

注：《张家坡西周墓地》，彩版22（XXII'）：2，“鸟”。

西周　玉鸟
长4.4cm、宽3.4cm、厚0.2cm

弧形玉料设计

下图玉鸟以弧形玉料制作，亦作侧视角度取象，鸟首上仰、胸腹前挺、尾羽上扬，足爪部位透穿一孔，可用于佩带，应是因料施工所作的设计。类似的弧形设计亦可见于 C.T LOO, INC 所珍藏鸟形佩。

图片来源：《西周玉器》，页181，图160，“鸟形佩”。

注：*Chinese Archaic Jades*, Plate XXX : 5.

西周　玉鸟
长6.8cm、宽3.8cm、厚0.4cm

西周玉器特征

经前文分项叙述，对于西周玉器的器形纹饰、制作工艺及纹饰设计均可建立起基础性认识。此处将西周玉器最显著的特点浓缩为四句口诀，期能对西周玉器特色的认知有所助益。

西周玉器线流畅

西周玉工常以细砣和斜砣雕琢纹饰，形成“内细外粗”的双线纹，并于弯转处作大弧度处理，使得整个构图呈现流畅生动的视觉风格。

器内镂空纹独立

西周时期常于玉器内部制作镂空用以分隔相邻线纹，进而突显纹饰的形象与组合关系，使纹饰从器形之中跳脱出来，成为视觉焦点。

纹饰相缠妙趣生

西周玉器的龙纹、人纹及鸟纹，会依照器形的差异而作出不同的组合设计，纹饰之间彼此相缠、共用或依附，充满隐喻趣味。

依形选料动物多

西周玉器会依照所需雕刻的动物形象特征进行玉料的选择，也会依据玉料的形状来设计器物造型，因此这一时期动物造型颇为丰富。

西周玉器线流畅　器内镂空纹独立
纹饰相缠妙趣生　依形选料动物多

七 春秋时期玉器

春秋时期玉器除陕西秦国地区自成一系外，其余各地均呈现高度的同一性风格。此时玉器承继西周遗风继续发展，在器形品类与纹饰题材方面都出现大幅度变化。

在器形方面，以系璧、玉珩、玉璜、龙形佩及玉觿为主要组件，按照“中轴平衡、左右对称”的原则系绑组佩饰逐渐发展成熟；玉质剑饰器开始分项使用，出现剑首、剑琫、剑璏、剑珌等单体剑饰玉，形制功能足以涵盖战国以后的成套剑饰器；以动物状钩首、环状基座及柱形钩纽为特色的玉带钩兴起；玉戈则恢复武器式造型，并以纹饰雕琢的精细度作为划分身份等级的标准。在纹饰方面，盛行以细小的虺龙纹构成抽象繁密的意象，随着时间的推移纹饰的处理方式由平面向立体过渡，产生双线虺龙纹、宽线虺龙纹及浮雕虺龙纹等种类。此外，由于春秋时期雕琢虺龙纹于动物造型之上形成寄生式的同体关系，且善于运用特别的排列方式将细小的龙纹与鸟纹组合为大型动物纹饰，或采用不同角度取象呈现动物形态，使得这一时期的动物类极具审美趣味。

本单元从器形品类、纹饰种类、纹形设计及纹形演变等方面对春秋时期玉器的特征进行归纳，进而分析春秋时期玉器的艺术风格。

(一) 组佩饰与其零件

春秋时期，以璧、珩、瓏、觿、龙形佩等品类为主要构件的组佩饰逐渐发展成熟，为保持连接后整体的对称与平衡，各件器物造型皆以中轴平衡、左右对称为原则进行设计，系带孔位置也以中间及左右两侧为多。

玉瓏

春秋时期的组佩饰零件以玉璧、玉珩、玉觿、玉瓏、龙形佩及虎形佩等玉质饰件为主，其中玉瓏的形状有人物造型、蝉形、动物造型、扁长形及圆体形等，变化最为多端。

春秋晚期　玉组佩　长1.8~11.8cm
图片来源：《春秋玉器》，页72，图13，“玉组佩”。

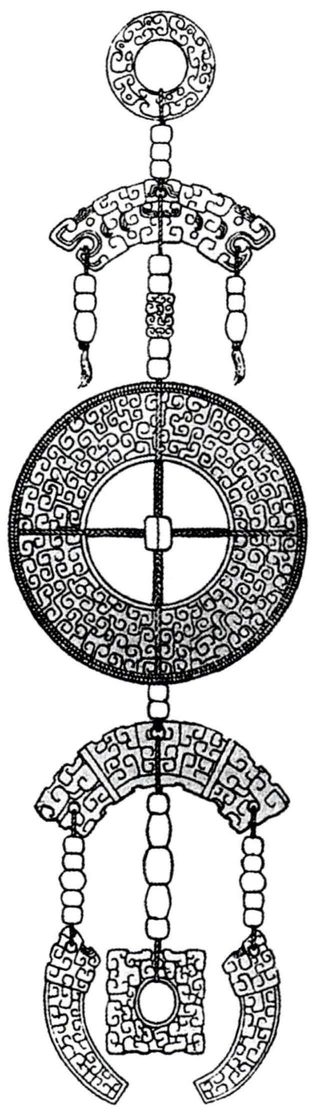

组佩玉复原示意图
图片来源：河南辉县琉璃阁墓60、墓1出土。

人物造型璥

图中人形玉璥，圆雕人形，呈双手合十，于胸前，双膝跪地状，中部由头顶至腿部贯穿一天地穿孔，应是作为佩带之用。类似的人形玉璥可见于固始县侯古堆一号墓出土物。

图片来源：作者提供。

注：《中国玉器全集-3 春秋·战国》，页76，图一一九、一二〇，“玉人”。

春秋晚期 跪姿玉人
高2.4cm

动物造型璥

下图制成圆雕动物造型玉璥，呈回首、翘尾、四肢蹲伏状，背脊至腹底之间贯穿一孔，可用于穿线系戴。类似形制亦可见于山西省长治市分水岭八四号墓出土玉虎。

图片来源：《春秋玉器》，页241，图182，“虎形玉佩”。

注：《中国玉器全集-3 春秋·战国》，页94，图一四九，“玉虎”。

春秋晚期 玉虎
高1.8cm、长3cm、厚1cm

蝉形璥

图中玉璥整体造型呈蝉状，中间最厚、两侧渐薄，器表刻饰五官及翅羽，首尾贯穿一天地穿孔。南阳市物资城1号墓出土的玉串饰中也有此类设计。

图片来源：《春秋玉器》，页244，图186，“玉蝉”。

注：《南阳古玉撷英》，页127，“玉串饰”。

春秋晚期 玉蝉
长2.4cm、宽1.8cm、厚1.3cm

扁璥

下图玉璥呈扁平长条状，中部以天地穿孔上下贯通，在组佩饰中用来连接上下方饰件。相同的造型可见于江苏省吴县严山出土的长条齿边形玉饰。

图片来源：《春秋玉器》，页228，图165，“龙纹玉扁璥壹对”。

注：《中国玉器全集-3 春秋·战国》，页67，图一〇六，“玉长条齿边形饰”。

春秋晚期 玉璥
长9cm、宽1.3cm、厚0.8cm

系璧

玉璧是春秋时期组佩饰主要构件之一。这一时期体积较小的圆形片状玉料被广泛用于此类系璧的制作，并且其表面常雕琢由抽象繁密的虺龙纹装饰。此类玉璧可见于江苏省吴县严山。

图片来源：《春秋玉器》，页86，图21，“龙纹玉璧”。
注：《中国玉器全集-3 春秋·战国》，页57，图九三，“玉璧”。

春秋晚期　玉璧
外径5.8cm、厚0.5cm

玉珩

组佩饰兴起之后，原本呈上弦月形的玉璜逐渐开始于中间加钻一孔，倒向使用，成为下弦月形的玉珩，用于上下连接其他饰件。此类造型亦可见于江苏省吴县严山出土物。

图片来源：震旦博物馆提供。
注：《中国玉器全集-3 春秋·战国》，页60，图九六，“玉璜”。

春秋晚期　玉珩
长13.2cm、宽3.2cm、厚0.5cm

玉龙

春秋时期玉龙的身躯较长，边缘常有鬣毛或足爪歧出，系带孔多置于重心所在，以保证穿系后器物的平衡性。图中此器因与河南省固始县侯古堆一号墓出土玉龙极为相似，故而应是春秋晚期之遗物。

图片来源：《春秋玉器》，页164，图100，“龙纹玉佩”。
注：《譻墓——战国中山国国王之墓》（下），图版二六五（CCLXV）：2，“虎形佩”。

春秋晚期　玉龙
长10cm、宽3cm、厚0.5cm

玉虎

玉虎为春秋时期组佩饰中的常用构件，其身躯比例较短，五官具体，造型整体呈现明显的写实性。为系连其他构件，往往于居中处穿孔。下图所示玉虎与中山国国王墓出土的春秋时期虎形佩相似，应为春秋晚期之遗物。

图片来源：《古玉选粹1》，页250，图96，“虎形佩”。
注：《譻墓——战国中山国国王之墓》（下），图版一五七（CLVII）：1，“虎形玉佩”。

春秋晚期　玉虎
长6.7cm、宽3.5cm、厚0.2cm

玉觿

春秋时期玉觿呈头粗尾细、器身弯曲状，头端常雕琢为龙首，系带孔位于前端或中央，多以成对形态作为组佩饰最下方构件。此类造型可见于河南省淅川县下寺一号墓出土玉冲牙。

图片来源：《春秋玉器》，页72，图13，“玉组佩”。
注：《中国玉器全集-3 春秋·战国》，页40，图六五，“玉冲牙”。

春秋晚期　玉觿
长8.6cm、宽3.5cm、厚0.5cm

(二) 剑饰玉的种类

春秋晚期开始出现单独使用的玉质剑饰器，依其所在位置分别称为剑首、剑琫、剑璏（璲）及剑珌，这四种剑饰玉造型多变，而且未有成套使用的现象，应属于形制发展的初期状态。

剑首

玉剑首位于剑柄顶端，春秋时期并无固定造型。下图剑首呈方柱状，器内透穿一孔，用以插嵌剑柄，其形状与战国以后玉剑首差异颇大。与此相似的造型可见于江苏省六合县程桥二号墓出土玉剑首。

图片来源：《春秋玉器》，页319，图260，“云纹玉剑首”。
注：《中国玉器全集-3 春秋·战国》，页55，图九一，“玉剑首”。

春秋晚期　剑首
长5cm、宽4.5cm、厚3cm

圆形剑首

下图玉剑首呈扁圆体，正面以浮雕云谷相杂纹为饰，弧凸状背面中部突起一内部凿孔的短榫，以便于插嵌在剑柄之上。此种造型至战国时期演化为圆饼状，成为战国至西汉玉剑首的标准形制。与此类似的玉剑首亦可见于山西省太原晋国赵卿墓出土物。

图片来源：震旦博物馆提供。
注：《太原晋国赵卿墓》，图版六九（LXIX）：3、4，“玉剑首”。

春秋晚期　剑首
外径4.5cm

剑琫

玉剑琫位于剑柄与剑身之间，此时也未趋于定制，造型变化较多。图中剑琫呈兰椭圆形，内部有一个菱形镶嵌孔，与战国之后的剑琫造型差异颇大。此类形制也见于山西省太原晋国赵卿墓所出土的铜剑。

图片来源：《春秋玉器》，页321，图264，“玉剑琫”。
注：《太原晋国赵卿墓》，图版六九（LXIX）：1，“铜剑”。

春秋晚期　剑琫
长4.6cm、宽2cm、厚1.5cm

剑璏

玉剑璏位于剑鞘之上，供人穿带佩挂之用。下图剑璏整体呈窄长三角形，器物下方为矩形系绑孔，左侧为突出短榫，其造型与战国玉剑璏差异颇大。类似器形亦可见于山西省太原晋国赵卿墓出土玉剑璏。

图片来源：《春秋玉器》，页323，图266，“玉剑璏”。
注：《中国出土玉器全集-3》，页190，“玉剑璏”。

春秋晚期　剑璏
长6.5cm、宽2cm、厚1.7cm

剑珌

玉剑珌位于剑鞘下端，造型比较规整。图中所示剑珌略呈梯形，中间较厚，两侧渐薄，顶部挖凿一孔，左右两侧穿有金丝，可发挥双重保固作用。此器与山西省太原晋国赵卿墓出土的玉剑珌相似，可供比对参考。

图片来源：《春秋玉器》，页325，图268，“玉剑珌”。
注：《中国出土玉器全集-3》，页188，“玉剑珌”。

春秋晚期　剑珌
长4.2cm、宽2.5cm、厚2cm

（三）玉带钩的造型特征

春秋时期的玉带钩与金属类带钩风格一致，弯钩部分大多为鸭首或龙首等动物状，钩身宽短，器形较小，底部透雕有方形基座，柱状钩纽位于基座中部，精巧细致。

龙形带钩

下图玉质带钩全器呈坐卧在地、回首后望的动物状，钩身呈方形，正面雕琢浮雕虺龙纹，尾巴款摆于前作为钩首，钩首与钩身相连处另雕刻有一条俯视像龙纹，造型纹饰颇富巧思。背面掏挖圆形凹槽，中部形成一个柱状钩纽，以便于联结腰带。

图片来源：《春秋玉器》，页279，图228，“虎纹玉带钩”。

春秋晚期　带钩
长4.5cm、宽2.5cm、厚1.3cm

鸭首带钩

下图玉带钩身近似方形，表面雕琢浅浮雕虺龙纹，钩首部分呈鸭首状，背面为一方形基座，基座内部掏挖有圆形凹槽，槽内突起为柱状钩纽，是春秋时期玉带钩典型特征。类似造型可见于河南省固始县侯古堆一号墓出土玉带钩。

图片来源：《古玉选粹1》，页269，图107，“玉带钩”。
注：《中国玉器全集-3 春秋·战国》，页75，图一一七、一一八，“玉带钩”。

春秋晚期　带钩
长3.2cm、宽1.9cm、厚1.5cm

(四) 玉戈的造型特征

春秋时期的玉戈形制与青铜戈类似，正面略呈T字形，表面或光素无纹，或纹样繁布。部分玉戈后方透雕片状动物为饰，应是为配合整体玉料的使用而设计，与青铜戈圆雕动物装饰不同。

龙纹玉戈

图中玉戈整体近似T字形，援部前端琢磨成三角形尖锋，内部透雕一个回首卷尾的龙形，胡部透穿三个长方形孔，整体造型与铜戈相仿，与此相同的造型可见于山西省太原晋国赵卿墓出土铜戈。

图片来源：《古器选粹1》，页255，图99，“龙纹玉戈”。
注：《太原晋国赵卿墓》，图版六二（LXII）：1，“铜戈”。

春秋晚期　玉戈
长10.2cm、宽6.6cm、厚0.5cm

玉戈、玉镈

下图玉戈呈T字形，器表光素无纹，尖锐锋利的质感与铜戈相似，其下方套接有玉镈，此种戈镈的组合较常见于铜器之中。类似玉戈造型亦可见于陕西省凤翔县南指挥村秦公一号墓出土物中。

图片来源：作者提供。
注：《中国出土玉器全集-14》，页84，“玉戈”。

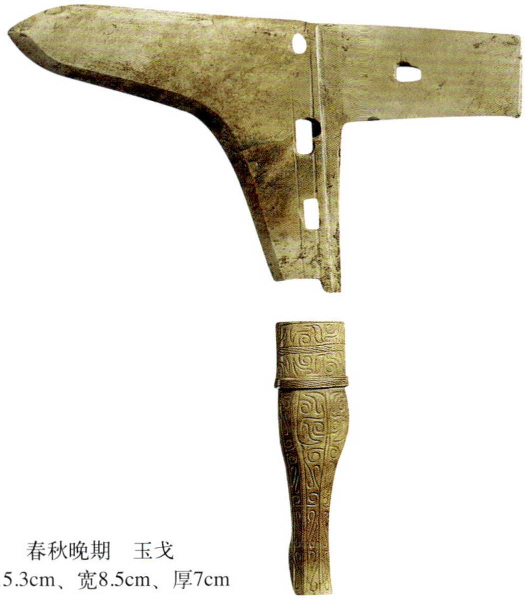

春秋晚期　玉戈
长15.3cm、宽8.5cm、厚7cm

(五) 虺龙纹种类与特征

春秋时期以布局繁密的虺龙纹作为主要纹样，早期盛行阴刻双线虺龙纹，中晚期出现宽线虺龙纹，至晚期则转变为浮雕虺龙纹，并逐渐解体为浮雕云谷相杂纹。整个春秋时期的纹饰风格以“抽象繁密”为基调，形态则由平面走向浮雕。

双线虺龙纹

双线虺龙纹盛行于春秋早期，以圆圈纹为眼，S形的转折构成翘鼻与张口，口内吐出短舌，整体纹饰线条圆缓，布局繁密。类似纹饰可见于淅川县徐家岭2号墓出土管状三玦。

注：《南阳古玉撷英》，页204，“玉管状玦”。

玉瓛拓片

宽线虺龙纹

宽线虺龙纹出现于春秋中晚期，其形态表现中互为平行的两线之间以斜砣雕琢倾斜坡面，在中部形成一道斜转的突棱。象征口鼻的S纹由上下两端反向雕琢，犹如两C相连。图中器物纹饰与南阳市物资城1号墓出土的玉牌饰相似。

注：《南阳古玉撷英》，页120，“玉牌饰”。

龙形玉饰拓片

浮雕虺龙纹

春秋晚期盛行以浮雕云纹、谷纹、S纹组合而成的浮雕虺龙纹，风格更加抽象繁密，此类纹样可见于江苏省吴县严山出土长条齿边形玉饰。

注：《中国玉器全集-3　春秋·战国》，页67，图一〇六，“玉长条齿边形饰”。

玉瓛拓片

(六) 装饰性线纹

春秋玉器除虺龙纹之外，还有长平行线纹、短扭丝纹及带状扭丝纹等装饰性纹样。这些纹样的装点方式在增加玉器美感的同时，也造就出这一时期独特的风格特征。

长平行线

成束的长平行线多被安置于兽面之中，仿佛玉兽的长眉、大眼与鼻子，具有突显主体造型的效果。

图片来源：《中国美术全集·工艺美术编9 玉器》，页53，图103，“玉兽面纹饰”。

春秋晚期　玉兽面纹饰
长7.6cm、宽6.8cm

短扭丝纹

短扭丝纹位于浮雕虺龙纹嘴部，在抽象繁密的纹饰之中，提点龙纹形象，丰富整体纹饰变化。此类纹样可见于江苏省吴县严山出土玉璜。

注：《中国玉器全集-3 春秋·战国》，页60，图九六，“玉璜”。

玉璧拓片

带状扭丝纹

图中玉瓒以上下相倒的并排龙纹为饰，每个龙纹均包含侧面龙首及带状扭丝纹式的龙身，龙身交叠回绕，极富动感。此种带状扭丝纹的设计可见于江苏省吴县严山出土长方形玉饰。

注：《中国玉器全集-3 春秋·战国》，页68，图一〇七，“玉长方形饰”。

玉瓒拓片

(七) 虺龙纹的组装设计

春秋时期的象生动物类玉器常以虺龙及凤鸟作为纹饰主题。并逐步在制作过程中将纹饰表达与造型结构融为一体，使二者之间形成仿若寄生的关系，这种形纹关系即称为“寄生同体”。在此基础之上，以抽象或具体形式出现的动物类纹样由独立装饰功能亦开始向纹样构件功能转变，从而形成由纹样组成纹样的“一纹两用”或“一纹多用”的特殊纹样模式。

具象式寄生同体

下图虎形佩呈侧身伏虎状，腿部及腹部线条分别以凤鸟纹与虺龙纹表达，尾部以鳞片纹为饰，器表雕琢纹样与造型之间形成微妙的寄生同体关系。与此相似的具象式寄生同体设计可见于桐柏县月河1号墓出土玉虎。

注：《南阳古玉撷英》，页160，图130，“玉虎”。

玉虎拓片

抽象式寄生同体

图中虎形佩作回首状，器表雕琢众多方向不同的浮雕虺龙纹，以繁密的布局构成抽象式寄生同体关系。陕西省宝鸡市益门村二号春秋晚期秦墓出土蟠虺纹虎形玉佩也有此类纹饰。

注：《陕西出土东周玉器》，页159，“蟠虺纹虎形玉佩”。

玉虎拓片

多层次设计

下图兽面玉饰整体形状呈四足张开、仰首趴卧状，从构成这一造型的纹样中可以分解出一个兽面、两条虺龙及一对凤鸟，这些动物纹样与兽形佩之间形成主体与副体的关系，彼此相互依存及共用，形成多层次的纹饰设计。类似的纹形关系亦可见于河南省光山县宝相寺黄君孟夫妇墓出土玉兽面。

注：《中国玉器全集–3 春秋·战国》，页5，图七，“玉兽面”。

兽面玉饰拓片

一纹两用

图中兽面玉饰由四个浮雕虺龙纹组成。上半部以两个彼此相对的虺龙纹组成上额，下半部以两个头顶相对、鼻吻朝下的虺龙纹构成眉、眼、鼻、口等五官，这种组合方式是春秋时期典型的“一纹两用”设计。

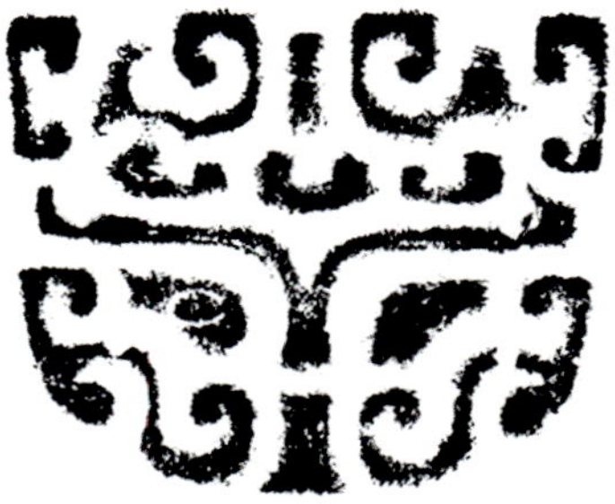

玉兽面拓片

一纹多用

下图玉璥左上角因玉料关系，雕琢三个横向并排的虺龙纹，其余部分以四大区块均以两列四个纵向排布的虺龙纹进行雕刻。器表左右两侧虺龙纹形体较大，面向下方；中部的两列形体较小，面向上方，且相背放置呈倚靠状，其眼睛与吐舌可组成一新正面兽首形象，形成“一纹多用”的设计。类似纹饰可见于河南省淅川县下寺一号墓出土玉牌。

注：《中国玉器全集–3 春秋·战国》，页41，图六六，“玉牌”。

玉璥拓片

(八) 角度取像的变化设计

春秋时期象生类动物玉饰设计以单一角度取象为多，随着“一纹两用”与“一纹多用”设计的出现及广泛使用，玉器上纹样亦开始出现“分段取像”设计。

侧面取像

图中玉虎使用侧面角度取像，器表满饰阴刻双线纹，头部及腹部填饰虺龙纹，腿部及尾部则以弧形节纹为饰，全器运用不同的纹样来呈现侧面玉虎的形象。此种侧面取像设计亦可见于南阳地区桐柏县月河1号墓出土玉虎。

注：《南阳古玉撷英》，页169，图138，“玉虎”。

玉虎拓片

俯视取像

下图动物玉饰，头部雕琢五官，身体以脊部节纹为中轴，左右两侧对称雕琢虺龙纹，尾部亦以一虺龙纹填饰，呈现出俯视角度下，仰首翘尾、四肢前伸的爬行动物状。此种俯视角度的取像方式亦可见于南阳地区出土玉龙。

注：《南阳古玉撷英》，页157，图127，“玉龙”。

动物玉饰拓片

分段取像

下图玉虎以虎的侧面作为器形轮廓，内部以不同纹样表现角度取像的差异性。头部与前腿为侧面取像，颈部、腹部及尾巴为俯视取像，后腿则包含右侧取像及斜角俯视下的左侧取像，全省以“分段取像”设计，整体造型极具立体性。类似设计亦可见于北京故宫藏玉虎。

注：《故宫博物院藏文物珍品全集·玉器》（上），页140，图117，“玉虎”。

玉虎拓片

(九) 纹饰源流与演变

西周晚期开始，流畅生动的具象动物类纹饰逐渐向抽象化发展，纹饰布局亦趋于规整致密。随着双线虺龙纹、宽线虺龙纹及浮雕虺龙纹的相继兴起，春秋时期抽象繁密的风格终得以确立。

西周龙纹

西周纹饰脱离造型而独立，线纹流畅生动，头部与身躯的形象清楚，属于具象的动物纹组合，是典型的西周玉器风格。类似纹饰设计可见于北京故宫博物院藏虎纹玉瑗。

注:《故宫博物院藏文物珍品全集·玉器》(上)，页95，图79，“玉虎纹瑗”。

玉璧拓片

西周晚期至春秋早期龙纹

流畅生动的具象动物类纹饰至春秋早期逐渐向抽象化发展，其布局亦趋于规整致密，整个发展形态呈现出西周晚期向春秋早期转变的过渡期风格。下图玉玦纹饰与黄君孟夫妇墓出土的玉玦纹饰极为相似，应为此过渡时期作品。

注:《中国玉器全集-3 春秋·战国》，页5，图6，“玉玦”。

玉玦拓片

春秋晚期龙纹

春秋晚期的浮雕虺龙纹，由浮雕云纹、谷纹、S纹组合而成，并以圆圈纹和细扭丝纹提点龙形，整体纹饰布局显得抽象而繁密，是春秋晚期的典型风格。类似龙纹设计可见于江苏省吴县严山吴国玉器窖藏出土蟠虺纹玉璧。

注:《东周吴楚玉器》，页63，图46，“蟠虺纹玉璧”。

(十)兽面玉饰演变

兽面玉饰的基本形象包含眼睛、鼻子、嘴巴、獠牙及双角等部分，以呈现动物头部与五官特征为主，从新石器晚期出现后即一直发展流行。由于制玉技术及艺术风格的影响，各时期兽面造型呈现出不同的风貌。

牛首兽面

商代玉兽面以双线纹勾勒五官，具有臣字大眼及一双牛角，造型与纹饰融为一体，风格刚劲威猛。

图片来源：《古玉精英》，页43，插图三三，“商代兽面镶嵌饰拓片”。

牛首拓片

牛首兽面

图中西周玉兽面整体呈一写实牛头状，上方雕刻有一对牛角，脸部以柔缓简单的阴线纹勾勒五官，与商代刚劲有力的风格不同，是西周象生动物玉饰典型的表现方式。类似造型可见于安阳殷墟出土兽面玉饰。

图片来源：《安阳殷墟出土玉器》，页33，“兽面形饰”。

牛首拓片

寄生式组合兽面

下图玉兽面由四个寄生式浮雕虺龙纹组合而成，整体布局抽象繁密，为春秋时期特有的风格特征。

兽面拓片

春秋时期玉器特征

经前文分项叙述，对于春秋时期玉器的形制发展、纹饰种类、形纹设计及传承与演变关系均可建立起基础性认识。此处将春秋时期玉器最显著的特点浓缩为四句口诀，期能对春秋时期玉器的深入研究有所助益。

春秋玉器纹繁密

春秋时期盛行细小密聚虺龙纹饰，其形态抽象，布局繁密，是春秋时期玉器的显著特点。

双线宽线到浮雕

春秋早期盛行双线虺龙纹，中晚期逐渐演化为宽线虺龙纹，至晚期则为浮雕虺龙纹所取代，纹饰的处理方式整体呈现由平面线刻至浮雕的立体化过程。

一纹两用设计巧

春秋时期流行的兽面纹常两个虺龙纹或众多龙纹与鸟纹汇集而成，组成一个兽面纹，或是汇集许多龙纹和鸟纹组成一个完整的兽形动物，“一纹两用”或“一纹多用”，设计构思极为巧思。

璧珩璥觿成组佩

春秋时期组佩饰以玉璧、玉珩、玉璥及玉觿为主要零件，各件器物依“中轴平衡、左右对称”的原则设计造型。

春秋玉器纹繁密　双线宽线到浮雕
一纹两用设计巧　璧珩璥觿成组佩

八 战国时期玉器

战国是中国玉器发展的关键时期，其上承春秋制玉之传统，下启两汉玉器之辉煌，无论在造型纹饰，还是工艺技法等方面，均具有举足轻重的地位。

在形制方面，玉器透雕工艺的日臻成熟与“一体成形法”的广泛运用，使这一时期产生出新的出廓形式。此外，组佩饰、玉带钩及剑饰玉等传统器类亦获得长足发展，礼瑞用玉及丧葬玉器造型也独树一格。其中尤以S形玉龙与多节玉饰最能展现此亦时期制玉工艺之精湛。在纹饰方面，战国早期延用春秋晚期浮雕云谷相杂纹，中期以后逐渐开始使用规律分布的谷纹作为独立纹饰，至晚期，阶梯式连线乳钉纹、V字形连线乳钉纹及丁字云纹等具有变化性的规律纹样相继盛行，加之动物造型以凹弧面处理及多角度取象性表现立体感，使得纹饰形态蔚为精彩。

本单元由器形品类、纹饰发展及形纹关系的演变等方面，对战国玉器的基本特征进行归纳，并对“玉龙百态”的成形原因与设计方式，以及战国时期玉器的角度取像设计进行分析。

(一) 造型与玉料的关系

龙形佩是战国玉器的主要品类之一，其造型包含一个侧面龙首及一条修长的蛇状身躯，身躯部分可配合玉料形状进行灵活的设计安排，因此战国时期玉龙素有“玉龙百态”之称。

长条形玉料设计

图中龙形佩由长条状玉料雕琢而成，玉料较窄，仅在龙身及尾部微微弯曲，产生小小的变化。为保持穿线佩带的平衡性，系带孔偏向龙首一方。类似的玉龙造型亦可见于战国中山国国王墓出土物。

图片来源：作者提供。

注：《譽墓——战国中山国国王之墓》（下），图版一三三（CXXXII）：2，“龙形玉佩”。

战国　龙形佩
长13cm、宽2.5cm、厚0.6cm

三角形玉料设计

下图龙形佩以三角形玉料制作，龙首呈回转状，玉料内部镂空，使龙身如S形弯曲，增加形体上的变化。

图片来源：震旦博物馆提供。

战国　龙形佩
长11.5cm、宽7.5cm、厚0.4cm

四方形玉料设计

图中龙形佩以方形玉料制作造型，头部上仰，身躯朝上拱起再折转而下，以歧出的鬣毛、足爪及尾部支撑于地，姿态颇为特殊。

图片来源：震旦博物馆提供。

战国　龙形佩
长8cm、宽6cm、厚0.4cm

不规则形玉料设计

下图玉龙身躯近似W形，周边歧出鬣毛与足爪，整体造型呈左宽右窄的不匀称状态，显然应是以不规则形玉料制作而成。山东省曲阜市鲁国故城乙组五八号墓出土龙形玉佩亦见有此类依料施工设计。

图片来源：《战国玉器》，页143，图90，“龙形玉佩”。

注：《中国玉器全集-3　春秋·战国》，页136，图二〇九，“玉龙形佩”。

战国　龙形佩
长16.3cm、宽7cm、厚0.4cm

弧形玉料设计

下图龙形佩以弧顶、平底的玉料制作为双龙共身造型，两龙首彼此相背，共用身躯呈S

状弯曲，肢体简单富有美感，应是依料施工而成。

图片来源：《战国玉器》，页159，图103，“双龙首佩”。

战国　龙形佩
长12cm、宽3.5cm、厚0.6cm

璧外边料设计

战国以玉璧以大型管具制作外廓，璧外边料常被用于制成龙形玉佩，因此龙形佩一条边缘呈弧形可与玉璧形状吻合，呈现依料施工的特色。此类设计可见于江陵望山2号墓出土玉龙。

图片来源：作者提供。
注：《江汉地区先秦文明》，页126，图92，“玉璧及玉珑”。

战国　玉璧
外径15cm、厚0.6cm
玉龙　长13cm、宽9.5cm、厚0.6cm

(二) 玉龙设计样式

战国时期玉龙以姿态多变著称于世，对现有玉龙造型进行初步整理，可从中归纳出一些基本的造型模式，因此战国时期玉龙的制作，或存在几种较为流行的样稿，在此基础之上，依据玉料的形状，对造型细部做出合理的调整变化，遂有今日所见设计精巧、姿态各异的“玉龙百态”。

平直式玉龙

下图春秋晚期至战国早期的龙形佩，龙首朝后回转，身躯如波状起伏，由于幅度不大，可归属于平直式的玉龙。相同的造型可见于山西省长治市分水岭53号墓出土龙形玉佩。

图片来源：作者提供。
注：《中国出土玉器全集-3》，页226，“龙形玉佩”。

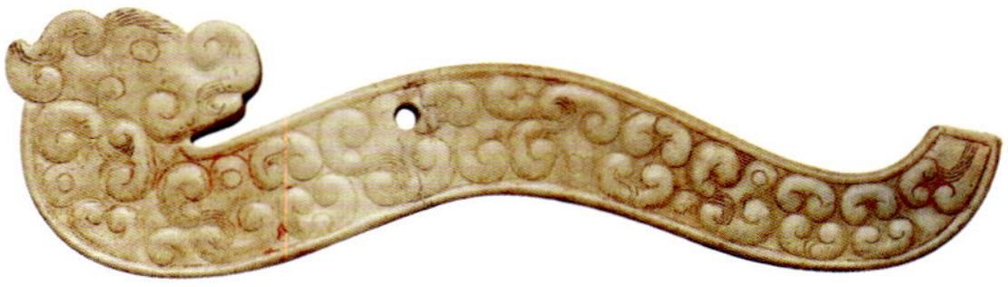

春秋晚期至战国早期　龙形佩
长12cm、宽3.5cm、厚0.6cm

回转式玉龙

下图龙形佩头部与颈部皆向后回转，身躯向上拱起，尾部上卷，整体转折力度集中于身躯前段，呈现回转式玉龙形态。战国中山国国王墓亦有类似玉龙出土。

图片来源：《战国玉器》，页140，图87，“龙形玉佩”。
注：《譻墓——战国中山国国王之墓》（下），彩版二六（XXVI’）：2，“龙形佩”。

战国　龙形佩
长6.5cm

S形玉龙

下图龙形佩是战国S龙典型样式，龙首朝上仰望，身躯做⊓字形拱起，尾巴上卷，身体边缘歧出鬣毛与足爪，整体造型颇为匀称。河南省信阳县长台关一号墓亦有类似玉龙出土。

图片来源：《战国玉器》，页162，图106，“龙形玉佩”。
注：《中国玉器全集-3 春秋·战国》，页161，图二五二，“玉龙佩”。

战国　龙形佩
长10.5cm、宽6.5cm、厚0.4cm

变化式玉龙

下图春秋晚期至战国早期龙形佩，身躯呈⺆字形弯转，尾部内卷，曲绕扭动的姿态不仅使龙身有了加长的效果，也达到余料尽用的目的。

图片来源：《春秋玉器》，页174，图110，“龙型玉佩”。

春秋晚期至战国早期
龙形佩 长8.2cm、宽5cm、厚0.4cm

多变式玉龙

下图龙形佩呈斜曲式S形，周边以镂空增强鬣毛与足爪的勾卷程度。由于玉料较长，为维持S龙的匀称感，龙身未拉长至后方，而是将多余玉料透雕为依附状凤鸟，设计颇为巧妙。类似的多变式玉龙也可见于美国哈佛大学赛克勒博物馆馆藏。

图片来源：《战国玉器》，页142，图89，“龙凤形玉佩”。

注：*Ancient Chinese Jades*, p290, no.422.按:哈佛大学的赛克勒博物馆原称是福格艺术博物馆（The Foggy Art Museum）。

战国　龙形佩
长16.5cm、宽5.7cm、厚0.3cm

共身同体式玉龙

下图龙形佩身躯如蛇一般灵活弯转，下方突出的玉料制作为凤首状，与玉龙形成“共身同体”的关系。此种造型是在省工省料原则上，充分利用玉料所作的变化性设计。类似共身同体关系亦可见于美国哈佛大学赛克勒博物馆收藏龙形佩。

图片来源：《战国玉器》，页174，图118，“龙凤纹玉佩”。

注：*Ancient Chinese Jades*, p287, no.427.

战国　龙形佩
长7.2cm、宽4cm、厚0.4cm

(三) 器形种类与特征

战国玉器的品类延续春秋晚期的发展方向，以组佩饰、玉带钩、丧葬玉、剑饰玉及礼瑞用玉等器物为主，造型纹饰随着审美观念与制作工艺的演进而改变，呈现出这一时期特有的风格特征。

组佩饰

图中玉组佩饰由玉珩、系璧、龙形佩及镂空玉饰等九件玉器所组成，其连接排布具有中轴平衡、左右对称的系组特征。与此相似的组佩饰可见于山东省临淄商王墓。

图片来源：作者提供。

注：《临淄商王墓地》，彩版二（IZ’），“组玉佩”。

战国　玉组佩
长4~8.2cm

龙形玉佩

图中龙形佩呈回首、拱身、卷尾造型，龙身中部透穿有一系带孔，可用以连接其他饰件，是组佩饰的零件之一。类似造型可见于山东省曲阜市鲁国故城乙组五二号墓出土玉龙。

图片来源：《战国玉器》，页163，图107，“龙形玉佩”。

注：《中国玉器全集-3 春秋·战国》，页91，图一四五，“玉龙形饰”。

战国　龙形佩
长15.6cm、宽7cm、厚0.8cm

镂空玉佩

下图龙纹佩以镂空技法透雕六个俯视像的龙纹，大龙居于中间，龙身环绕成圆形，前肢上举，握住一横向小龙，其余四条小龙以对称的形态依附于大龙两侧，整体结构对称平衡。类似镂空亦可见于中国国家博物馆所藏猛虎食人玉佩。

图片来源：《战国玉器》，页196，图140，“镂空龙纹佩”。

注：《中国玉器全集-3　春秋·战国》，页189，图二九七，“玉猛虎食人佩”。

战国　镂空龙纹佩
长5cm、宽4cm、厚0.5cm

图中镂空龙凤纹佩以长方形玉料制作，其上透雕为四龙、六凤、一环的组合。圆环居于中间，十个俯视像或侧视像龙凤纹以左右对称形态分布两侧，器形匀称端整。器内镂空皆可作为系带孔，连接上下方其他组佩饰构件。类似器物可见于美国哈佛大学赛克勒博物馆收藏镂空玉佩。

图片来源：《战国玉器》，页220，图163，“镂空龙凤纹佩”。
注：*Ancient Chinese Jades*, p340, no.503.

战国　镂空龙凤纹佩
长8cm、宽3.3cm、厚0.6cm

玉璥

下图玉璥造型由中间主体部分与两侧透雕凤鸟所组成，居中处贯穿一个天地穿孔，是组佩饰中串联上下的零件。临淄商王墓亦有类似玉璥出土。

图片来源：《战国玉器》，页254，图203，“凤纹玉璥”。
注：《临淄商王墓地》，图版五：二，“玉佩饰”。

战国晚期　凤纹玉璥
高3cm、宽2.4cm、厚0.8cm

玉珩

图中双龙凤纹珩在传统玉珩的造型上加以变化而成，珩体上缘突出若干边饰与拱形的系带孔，下方保留玉料透雕对称的凤鸟，成为出廓玉珩的新形制。类似器形可参见山东省临淄商王墓出土玉佩。

图片来源：《战国玉器》，页127，图74，“双龙凤纹玉珩”。
注：《临淄商王墓地》，图版四六（XLVI），“玉佩”。

战国晚期　双龙凤纹珩
长11.8cm、宽4.8cm、厚0.4cm

玉觿

下图玉觿前端呈侧面龙首状，龙身向下弯曲，尾端收窄，上粗下细的造型是玉觿的典型特征，其常以成对的形态作为组佩饰最下方组件。

图片来源：《战国玉器》，页191，图135，“龙形玉觿”。

战国晚期　龙形觿
长11.2cm、宽4cm、厚0.4cm

礼瑞用玉

战国时期，旧有的礼仪制度在僭越风气中崩坏瓦解，但是所用器具仍然继续制作使用，其中也包括用玉制作的礼器和瑞器，如玉瓒、玉圭、玉璧、玉册、玉版及玉人等。

祭祀玉瓒

图中玉瓒以一块青色玉料制作而成，造型分为器柄和勺体两部分，是祼礼必备用具，在同期遗物中还有以铜、陶、漆木等材质所制作的瓒，可用于对照参考。此器握柄处纹饰与战国鸿山越墓出土的龙纹覆面纹饰相似，呈现典型的战国纹饰的风格。

图片来源：《战国玉器》，页41，图1，“玉瓒”。

注：《鸿山越墓出土玉器》，图1，“龙纹覆面”。

战国　玉瓒
长14.7cm、宽7cm、高5.2cm

祭祀玉圭

玉圭的形制从玉戈发展而来，前端收尖，底部平齐，是祭祀仪式中沟通神人的典献之物。与此器物可见于陕西省西安市北郊联志村出土器物。

图片来源：作者提供。

注：《陕西出土东周玉器》，页195，“玉圭”。

战国　玉圭
长9.6cm、宽2.6cm、厚0.4cm

祭祀玉人

玉人表面以线刻五官、腰带及发髻，容貌近似秦代兵马俑。此类器物可见于陕西省西安市北郊联志村出土器物。

图片来源：《陕西出土东周玉器》，页204，“偏髻玉人”。

战国　玉人一对
长7.4cm、宽1.6cm、厚0.6cm

丧葬用玉

战国时期的丧葬用玉与前代传统有所差异，其品类以饰棺用玉、玉石覆面及殓尸用璧最为普遍。

玉覆面

图中玉覆面以两块片状玉料制作，器表以阴刻线纹勾勒脸形及五官毛发等特征，并将眼、鼻、口等处作透雕处理，轮廓边缘钻磨数个小孔以供缝缀。类似玉覆面亦可见于湖北省荆州市秦家山二号墓出土物。

图片来源：《战国玉器》，页46，图3，“玉覆面”。
注：《中国出土玉器全集－10》，页107，“玉覆面”。

战国　玉覆面
长17.3cm、宽13.3cm、厚0.9cm

丧葬玉璧

下图玉璧直径长约20厘米，属于大型丧葬玉璧，在战国中晚期主要用来悬挂于棺上或放置在逝者身体上下之用。与此相似的器物可见于临淄商王墓。

图片来源：《战国玉器》，页51，图8，“玉璧”。
注：《临淄商王墓地》，图版四二（XLII），“玉璧”。

战国　玉璧
外径17.5cm、厚0.5cm

玉带钩

玉带钩出现于春秋时期，后因受到赵武灵王胡服骑射政策与民间穿着深衣习惯的影响，至战国时期开始广泛使用。战国时期玉带钩器形较大，款式较多，整体设计精美，是颇为精致的玉器品类。

镂空带钩

下图玉带钩钩首制作为龙首状，器身略宽，且镂空为四个俯视龙纹彼此扭身交缠形象，整体造型精美生动。相似器形可见于鸿山越墓出土龙凤纹带钩。

图片来源：《战国玉器》，页258，图208，“龙纹玉带钩”。
注：《鸿山越墓出土玉器》，页14，图6，“龙凤纹带钩”。

战国　龙纹玉带钩
长6cm、宽3cm、厚1.5cm

龙纹玉带钩

图中玉带钩钩首呈龙首状，钩身修长，表面浮雕龙纹，背面突起一圆底柱状纽，是战国时期玉带钩的典型风格。与此相似的带钩纹饰设计亦可见于鸿山越墓出土龙纹覆面纹饰。

图片来源：《战国玉器》，页259，图209，“龙纹玉带钩”。
注：《鸿山越墓出土玉器》，图1，“龙纹覆面”。

战国　龙纹玉带钩
长12cm、宽2.9cm、厚1.5cm

谷纹带钩

下图玉带钩呈龙首拱身造型，背面突起一方底柱状纽，长条状钩身浮雕谷纹及线刻纹饰，为战国时期玉带钩的典型风格。类似造型亦可见于美国哈佛大学赛克勒博物馆收藏带钩。

图片来源：《战国玉器》，页266，图215，“龙首谷纹玉带钩”。
注：*Ancient Chinese Jades*, p317, no. 466.

战国　龙首谷纹玉带钩
长14cm、宽3cm、厚1.4cm

人物造型玉饰

战国时期的圆雕玉人极少，大多以小块玉片制作而成，或双手置于腹前作静立状，或抛甩长袖作舞蹈姿，此类器物可充当组佩饰中玉璥，也可缝缀于他物作装饰用玉。

玉舞人

图中玉人身着宽袖深衣，腰间束一宽带，正中处阴刻带钩，其下连接一套由玉环和玉珩所串联而成的组佩饰，呈现战国仕女的服饰风格。

图片来源：《战国玉器》，页284，图232，“人形玉佩”。

战国　人形佩
长5.3cm、宽2.4cm、厚0.8cm

舞人玉璥

下图人形佩正背两面造型相同，舞人双手前后甩袖，身躯款款摆动，舞姿优美，器内具有天地穿孔，应是组佩饰零件之一。类似造型亦可见于美国哈佛大学赛克勒博物馆藏品。

图片来源：《战国玉器》，页286，图234，“人形玉佩”。
注：*Ancient Chinese Jades*, p282, no.412.

战国　人形佩
长4.2cm、宽2.3cm、厚0.4cm

片状玉人像

图中玉人头戴冠帽，脸上蓄八字胡，颈部束巾，身着格纹深衣，腰间系带，中间阴刻带钩，器缘多处钻孔，且单面琢纹，应是用于缝缀的饰件。此器与美国哈佛大学赛克勒博物馆收藏玉人极为相似，可供参考比对。

图片来源：《战国玉器》，页283，图231，“人形玉佩”。
注：*Ancient Chinese Jades*, p281, no. 409.

战国　人形佩
长5.8cm、宽2.3cm、厚0.2cm

剑饰玉

剑饰玉至战国时期发展成熟，剑首、剑琫、剑璏（璲）、剑珌的造型趋于稳定，并且一起镶嵌在剑身与剑鞘上，开启成套使用的风潮。

玉剑首

下图玉剑首呈圆饼状，表面雕琢云谷相杂纹，背面平整，具有管钻的凹槽，可用于镶嵌剑柄。与此相似的器物可见于杭州市半山区石唐镇出土玉剑首。

图片来源：震旦博物馆提供。
注：《杭州古玉》，页76，图60，“剑首”。

战国　剑首
外径3.6cm、厚0.8cm

玉剑琫

下图剑琫中间最厚、两侧渐薄，上缘下凹、底边尖出，中间透穿一个方形孔，可以镶嵌于剑柄与剑身之间。类似的器形可见于鸿山越墓出土物。

图片来源：《战国玉器》，页316，图260，“谷纹玉剑琫”。
注：《鸿山越墓发掘报告》，图版一五八，“玉剑格”。

战国　剑琫
长5.5cm、宽1.6cm、厚2.6cm

玉剑璏

下图剑璏呈长方形，两翼向下收卷，底部有一长方形孔，可固定于剑鞘之上，器表雕琢V形连线乳钉纹，安徽省长丰县杨公二号墓出土的龙凤纹佩亦有此类纹饰。

图片来源：《战国玉器》，页321，图267，“龙凤纹玉剑璏”。
注：《中国玉器全集-3　春秋·战国》，页181，图二八七，“玉镂空龙凤纹佩”。

战国　剑璏
长7cm、宽2.5cm、厚1.8cm

玉剑珌

图中剑珌呈上窄下宽梯形，中间最厚、两侧渐薄，表面雕琢浮雕谷纹，顶部具有穿孔，是剑鞘底部的饰件。类似的器物可见于杭州市半山区石唐镇出土物。

图片来源：《战国玉器》，页325，图271，“谷纹玉剑珌”。
注：《杭州古玉》，页76，图60，“剑珌”。

战国　剑珌
长5cm、宽3cm、厚2.3cm

(四) 传统造型的创新

战国玉器形制的发展与当时的审美观念及制作工艺息息相关，某些品类在保有既定使用功能基础之上，进行创新变化，从而形成具有战国时期风格的新形制。

出廓系璧

系璧是组佩饰零件之一，原本呈内圆外圆之状，至战国时期在原有造型基础上，圆璧外廓处开始以左右对称的透雕动物进行装饰，形成出廓系璧的新形制。河北省平山县七汲村中山国一号墓出土的双凤玉璧即为此类造型。

图片来源：《战国玉器》，页85，图34，“出廓双龙纹玉璧”。
注：《中国玉器全集-3　春秋·战国》，页155，图二四一，“玉双凤饰璧”。

战国　龙纹璧
长9cm、宽5.3cm、厚0.5cm

联璧玉佩

下图龙纹璧以镂空技法透雕三个系璧与一个双身龙纹，将四种造型巧妙相接形成一件造型独特的新形制玉器，是突破传统的创新设计。

图片来源：《战国玉器》，页85，图34，“龙纹三联璧玉佩”。

战国　龙纹璧
长7.5cm、宽5.3cm、厚0.4cm

出廓玉珩

战国玉珩呈现多样化形态，除承袭春秋时期的下弦月造型外，也有在玉珩下方加饰镂空动物纹的新形式。此类出廓玉珩造型可参见曲阜鲁国故城遗址出土夔龙玉饰。

图片来源：《中国出土玉器全集-4》，页208，“玉璜”。

战国　凤纹珩
长8.7cm、宽4.35cm、厚0.2cm

镂空玉珩

下图龙纹珩以镂空技法透雕有两块系璧、二只凤鸟及两个兽面形象，使此器既有传统玉珩的形制功能，又兼具多元造型所带来的创新美感。

图片来源：《战国玉器》，页99，图47，“双璧纹玉珩”。

战国　龙纹珩
长9cm、宽3.5cm、厚0.5cm

一体成形法

下图玉带钩以“一体成形法”制作而成。玉工将一块较厚的玉料设计出钩首和钩身，保留柱形钩纽旁边的玉料，把它横剖至四分之三深度，未切穿的四分之一玉料透雕出方形扣和椭圆形活环，后将横剖的玉料向下翻转，制成方形兽面，兽面与钩身之间以活环相连。此种工法可将厚块状玉料转变为面积宽广的多节玉饰，属于战国时期特有的工艺技术。

图片来源：《战国玉器》，页271，图219，“兽首玉带钩”。

战国　兽首玉带钩
长19.5cm、宽10.5cm、厚2.7cm

(五) 纹饰的传承与演变

战国早期承袭春秋晚期纹饰，盛行由虺龙纹解体产生的云谷相杂纹，偶见有宽线虺龙纹的纹样。至战国中晚期，谷纹从云谷相杂纹中独立而出，成为规律性的纹样题材，此后又陆续出现丁字云纹、如意云纹、阶梯式连线乳钉纹、V字形连线乳钉纹等纹样，以及以凹弧面表现的立体化技法等，使战国时期玉器纹饰精彩万分。

春秋晚期至战国早期

下图龙形佩呈S形，为战国玉龙的典型造型，其器表纹饰为春秋中晚期宽线纹，但不见虺龙纹形象，因此应为过渡时期作品。类似纹饰可见于江苏省吴县严山出土玉璜。

图片来源：《战国玉器》，页135，图82，“龙凤形玉佩”。
注：《中国玉器全集-3 春秋·战国》，页59，图九五，“玉璜”。

战国　龙形佩
长9.5cm、宽6.5cm、厚0.5cm

战国早期

图中玉珩表面布满由云纹、谷纹、S纹所组成的云谷相杂纹，这一纹样由春秋晚期浮雕虺龙纹解体而来，是战国早期常用纹饰。此类纹样亦可见于湖北省随州市擂鼓墩曾侯乙墓出土玉璜。

图片来源：《战国玉器》，页101，图49，"云谷相杂纹玉珩"。
注：《中国玉器全集－3 春秋·战国》，页105，图一六五，"玉璜"。

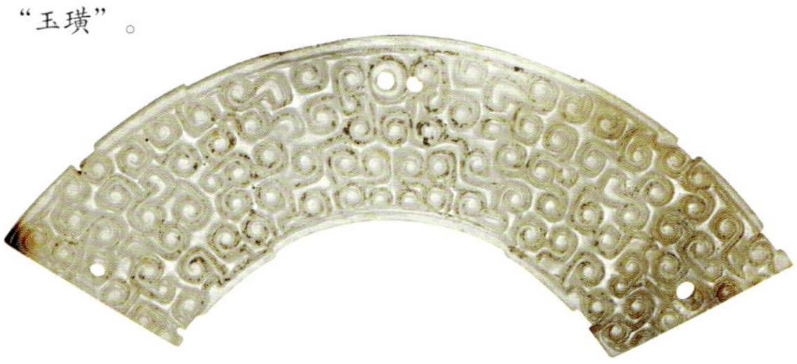

战国　玉珩
长8.5cm、宽3.5cm、厚0.3cm

战国中晚期

下图山东省曲阜市鲁国故城乙组五二号墓出土玉龙表面布满浮雕谷纹，这种纹饰是从云谷相杂纹中独立而出的纹样题材，大多以规律形态装饰于器表，使玉器造型更显突出。

图片来源：《中国出土玉器全集－4》，页213，"龙形玉佩"。

战国　龙形佩
长6.9cm、厚0.4cm

战国晚期

下图龙形佩的身躯以阶梯式连线乳钉纹装饰，头部、腿部及尾部则雕琢阴线与弧面，藉以呈现龙的五官及肢体，属于平面立体化的技法。相同纹饰可参见江苏省徐州市狮子山楚王陵出土龙形玉佩。

图片来源：《战国玉器》，页177，图121，"龙形玉佩"。
注：《中国出土玉器全集－7》，页123，"龙形玉佩"。

战国晚期　龙形佩
长11.3cm、宽5.3cm、厚0.3cm

战国晚期

下图虎形佩的身躯以丁字云纹装饰，头部、腿部及尾部用凹线勾勒轮廓，以略微突起的弧面表现各个部位，使玉虎造型更具立体感。类似造型纹饰可见于美国哈佛大学赛克勒博物馆馆藏。

图片来源：《战国玉器》，页179，图123，"虎形玉佩"。
注：*Ancient Chinese Jades*, p300, no.438.

战国晚期　虎形佩
长11.2cm、宽5cm、厚0.4cm

战国晚期

图中龙形佩颈部与身躯以浮雕谷纹为饰，腿部雕琢如意云纹，运用不同的纹样区分相异的肢体部位，以突显玉龙造型。类似造型纹饰亦可见于美国哈佛大学赛克勒博物馆藏品。

图片来源：《战国玉器》，页178，图122，“龙形玉佩”。

注：*Ancient Chinese Jades*, p300, no.438.

战国晚期　龙形佩
长10.5cm、宽9cm、厚0.5cm

(六) 形纹关系的发展

春秋时期的“一纹两用”设计至战国时期产生新的发展。运用镂空技法突显群体动物纹的形态，使群体动物由寄生式的“纹”转变为具体的“形”，以此为基础发展出各种“形”的组合变化。

群体动物纹组成兽形玉饰

春秋时期兽形玉饰是由多个虺龙纹与鸟纹组合而成，虺龙、凤鸟与兽形动物之间形成寄生式的组合关系。此种群体动物纹组合方式可参见河南省光山县宝相寺黄君孟夫妇墓出土玉兽面。

图片来源：《认识古玉》，页184，“兽面玉饰”。

注：《中国玉器全集-3 春秋·战国》，页5，图七，“玉兽面”。

春秋早期　兽面玉饰
长4.8cm、宽4cm、厚0.1cm

龙形纹兽面玉佩

下图兽形玉佩以镂空突显兽面与四个蛇身S龙的个体形状，整体兽形动物造型反而并不明显，乍看之下犹如兽面与S龙的组合。此种组合方式亦可见于美国哈佛大学赛克勒博物馆收藏玉佩。

图片来源：《战国玉器》，页219，图162，“镂空龙纹玉佩”。

注：*Ancient Chinese Jades*, p340, no.502.

战国　镂空龙纹佩
长6cm、宽5.5cm、厚0.5cm

龙凤纹镂空佩

图中玉佩主体部分由一龙二凤组成，龙纹呈一首双身状，居于全器中部，侧面凤鸟依附于龙身两侧，此种左右对称的组合形态是战国镂空玉佩的典型布局。美国哈佛大学赛克勒博物馆也见有此类藏品。

图片来源：作者提供。

注：*Ancient Chinese Jades*, p339, no.501.

战国　镂空龙凤纹佩
长11.5cm、宽5.5cm、厚0.4cm

下图龙凤纹佩以三角形玉料制作，器身运用镂空技法透雕四条S形龙与两只凤鸟，除以镂空突显动物形象之外，规律性的浮雕谷纹亦使动物身躯更为鲜明。类似的造型纹饰可见于 C.T LOO 所收藏龙形佩。

图片来源：《战国玉器》，页224，图167，“镂空龙凤纹佩”。

注：*Chinese Archaic Jades*, Plate XLI : 7.

战国　镂空龙凤纹佩
长15.5cm、宽9cm、厚0.5cm

交叉式龙纹佩

下图玉佩主体造型由两条玉龙左右交叉而成，龙身表面雕琢副体龙纹及涡卷状线纹，形成“龙中龙”的形态。类似形纹设计可见于战国中山国国王墓出土龙形佩。

图片来源：《战国玉器》，页202，图146，“双龙形玉佩”。

注：《礜墓——战国中山国国王之墓》（下），彩版二八（XXVIII'）：1，“龙形佩”。

战国　双龙形佩
长6.5cm、宽3.5cm、厚0.5cm

交蝉式龙纹佩

下图龙凤纹佩以镂空技法透雕四条蛇身龙纹与二只凤鸟，龙纹采左右对称的形态布局，修长的身躯彼此交叠缠绕，表面以鳞片纹与细扭丝纹相互区分，整体线条流畅生动。类似设计可见于安徽省合肥市省消防器材厂工地出土镂空龙凤纹玉佩。

图片来源：《战国玉器》，页212，图156，“镂空龙凤纹玉佩”。

注：《安徽省出土玉器精粹》，页118，图八〇，“镂空龙凤纹玉佩”。

战国　镂空龙凤纹佩
长11.5cm、宽5.5cm、厚0.5cm

依附式龙纹佩

下图玉佩由两个蛇身龙纹组合而成，两龙首一上一下、左右错开，龙身横过对方鼻吻、向外蜿蜒，形成依附式的组合形态。河北省平山县三汲乡七汲村中山国六号墓出土的玉龙纹板亦见有此类设计。

图片来源：《战国玉器》，页204，图148，“龙形玉佩”。
注：《中国玉器全集－3　春秋·战国》，页150，图二三一，“玉龙纹板”。

战国　龙形佩
长7.5cm、宽4cm、厚0.3cm

依附式多龙纹佩

下图龙纹佩以中部双身龙纹为主体，鼻吻下方各有一横向小龙，呈对称分布，龙身外侧贴靠有S形龙，全器运用左右对称的依附形式建构群体组合的平衡感。

图片来源：《战国玉器》，页198，图142，“镂空龙纹玉佩”。

战国　镂空龙纹佩
长5.5cm、宽3cm、厚0.3cm

寄生式龙形佩

下图玉龙的身躯向内卷曲成双环状，表面浅浮雕十个动物纹，其中包括三个侧面龙纹、五个俯视龙纹及两个熊纹，形纹之间构成典型的寄生式关系。此种设计亦可见于北京故宫博物院藏龙首玉冲牙。

图片来源：《战国玉器》，页93，图41，“龙纹环”。
注：《故宫博物院藏文物珍品大系·玉器》（上），页95，图98，“玉龙首冲牙”。

战国　龙纹环
外径9.2cm、厚0.5cm

（七）角度取像设计与纹饰解析

战国时期龙凤类造型纹饰以侧视像和俯视像最多，但此类题材出现于方形或弧形的片状玉饰上时，则以拼贴手法将头部正面与侧面身躯相连接，形成完整的动物全貌，这种表现方式在战国晚期至西汉时期的玉璧上一直沿用。

面面俱到的设计

下图玉饰呈长方形，其表雕琢一个正面兽首及两个侧面身躯，将正视与左右侧视所观察到的形象，依照实体的相关位置组合呈现动物全貌，此种模式称为“面面俱到”的设计。战国中山国国王墓出土的方形饰片拓本可供参考。

注：《礨墓——战国中山国国王之墓》（上），页234，图16，“方形饰片拓本”。

动物全貌示意图

图中玉饰呈弯弧状，居中处为一正面兽首，左右两侧分别雕琢一侧面状身体与兽首相连，这一构图实际是为配合玉料形状而做的特殊设计。以正视与侧视所观察到的形象特征，按照正常序列排布，来表现动物整体面貌，是战国晚期至西汉之璧形器上常见的纹饰形态。类似纹饰设计亦见于战国中山国国王墓出土玉璜。

注：《𰯼墓——战国中山国国王之墓》(上)，页224:3，"玉璜拓本"。

动物全貌示意图

一首双身的设计

"一首双身"的动物纹饰盛行于战国晚期至西汉时期，然而从战国时期的"面面俱到"兽形纹与汉代青铜兽形构饰所作的观察得知，所谓"双身"是指左右两侧所看到的身体，合起来是一个完整的兽身，是古人在平面器表上表现动物全貌的特殊方法。

下图玉璧外圈纹饰以四组兽形纹组合而成，每组兽形纹头部居于中间，左右两侧各有一条龙身，即是所谓的"一首双身"纹饰。以此相同的设计亦可见于山东省临淄商王墓出土玉璧。

注：《临淄商王墓地》，页51，图40，"玉璧及拓片"。

玉璧拓片

下图上方为青铜兽形构饰，为了让观者从正面就可以看到兽的全形，所以将立体化的身体中剖后拉至兽首两侧。中间为兽形纹璧的局部特写，玉工为了在弧形的平面上表现动物全形，采用青铜构饰的方法，将身体拉到头部两侧。这种设计方法形成共识之后，兽形纹的形态逐渐由繁向简演化，从兽身俱在、四足均备的状态演变为兽身简化、四足退化的形态。

具象兽形

兽身俱在　四足均备

兽身简化　四足退化

兽形纹简化示意图

战国时期玉器特征

经前文分项叙述，对于战国时期玉器的形制品类、纹饰风格、形纹设计及传承与演变的关系均可建立起基础性认识。此处将战国时期玉器最显著的特点浓缩为四句口诀，期能对战国时期玉器的深入研究有所助益。

战国玉器纹样多

战国时期玉器的纹饰种类很多，计有云谷相杂纹、谷纹、丁字云纹、如意云纹、阶梯式连线乳丁纹及V字形连线乳丁纹等。

突破传统形创新

战国时期玉器在造型方面产生出许多突破传统的设计，如出廓玉璧、出廓玉珩、镂空玉珩、多龙纹镂空佩，以及用“一体成形法”所制作而成的多节玉饰等。

依料施工龙百态

战国时期玉龙已发展为蛇身状态，为配合玉料形状，往往“依料施工”，对龙纹身躯进行合理弯转，使其赢得“玉龙百态”的美誉。

造型镂空样式丰

战国时期以纯熟的镂空工艺突显纹饰造型，是群体动物纹的组合方式，从而产生形态各异的镂空动物纹玉饰。

战国玉器纹样多　突破传统形创新
依料施工龙百态　造型镂空样式丰

九 汉代玉器

汉代是中国玉器发展史上的辉煌时代，其玉器工艺承继战国基础继续发展，在器形品类、制作工艺与纹饰风格等方面，均有所作为。

在器形品类方面，组佩饰、剑饰器、玉带钩及丧葬玉已达成熟阶段，由于遵循“平衡对称”原则，汉代组佩饰中的各件玉饰均被赋予独立而完整的美感；剑饰玉延续战国晚期首、琫、璏、珌成套使用方式，并形成固定的造型特征；玉带钩承袭拱身、凸钮形制，体型大小呈现多样化发展；丧葬玉在厚葬风气的带动之下，逐渐形成玉匣、九窍玉及铺垫大璧的全套组合，口晗及手握则演变为蝉、猪的式样。此外，还有许多圆雕动物与玉质器皿，使汉代玉器制品呈现多彩多姿的面貌。

汉代玉器的形制之美与其表面纹饰及镂空工艺息息相关。西汉早期延续战国晚期风格，将谷纹、乳钉纹、云纹等规律性纹饰与平面立体化的动物纹用于同一器面装饰；西汉中期以后，立体化的全盛时代来临，片状玉器以平面立体化表现形态，其他玉饰则以浮雕动物纹装饰。此外，由于多视点的角度取象、凹弧面及艺术镂空的运用，使得动物纹造型立体生动。可惜东汉之后由于改用繁复的肢体布局，此类纹样逐步转变为图案化的工艺性风格。

本单元从玉料、造型、纹饰等方面，对汉代玉器的基本特征进行归纳，并从设计的观点对剑饰器的兽形纹与东汉特有的吉祥文器类进行分析。

(一) 器形与玉料的关系

战国晚期至汉代的玉器制作，一方面依照器形的需要选择玉料，另一方面则会顺应既有玉料的形状进行造型设计，使器形与玉料之间呈现因料施工的相互关系。

圆形玉料

小块的圆形玉料适用于系璧或剑首等器物的制作。图中玉剑首直径较大型玉璧孔径为小，外缘略微倾斜，符合璧芯料的形状特征，极有可能是以璧芯料制作而成。类似玉剑首可见于南越王墓等汉代墓葬。

图片来源：作者提供。

注：《南越王墓玉器》，图189，“首”。

汉代　剑首
外径4cm、厚0.6cm

璧外边料

以管具钻磨玉璧外廓所产生的边料，可继续用于其他器物的制作。下图玉剑璏具有一圆弧状边缘，弧度与玉璧造型吻合，应是以璧外边料制作而成。相同的边料制作特征亦可见于南越王墓出土玉觿。

图片来源：作者提供。

注：《南越王墓玉器》，图13，“觿”。

汉代　剑璏
长6.2cm、宽3.2cm、厚1.2cm

三角形玉料

下图龙形佩呈昂首、挺胸、跨步之状，从翘鼻、鬣毛、后足、前足至鼻吻，正好形成一个三角形轮廓，可见此器应是依照三角形玉料形状设计而成。类似的轮廓特征也可见于南越王墓出土玉舞人。

图片来源：《汉代玉器》，页118，图56，“龙形佩”。

注：《南越王墓玉器》，图234，“舞人”。

汉代　龙形佩
长5.5cm、宽3cm、厚0.5cm

不规则形玉料

下图兽形饰头部与身体比列较大，臀部高抬，四肢或屈或立，尾巴长而下卷，姿态颇为特殊，应是配合不规则形玉料所作的特殊设计。

图片来源：作者提供。

汉代　兽形饰
长3cm、宽2.5cm、厚0.5cm

宽窄不均玉料

图中玉剑珌以宽窄不均的玉料制作，在规划出梯形部分作为玉剑珌基本形制之后，将梯形下边缘向左侧突出的玉料透雕为螭龙，倒置观看时，犹如螭龙立于剑珌之上，形成突破传统的创新造型。类似因料施工特征亦可见于陕西省西安市北郊汉墓出土玉剑珌。

图片来源：作者提供。

注：《中国玉器全集—4 秦汉—南北朝》，页165，图232，“玉剑珌”。

汉代　龙纹剑珌
长7cm、宽6.2cm、厚1.5cm

厚度不均玉料

下图玉鸟头部平伸，翅膀贴于身体两侧，尾羽向后开展，屈肢呈蹲坐之状。鸟首与胸腹处的玉料较厚，尾部逐渐变薄，应是是以厚度不均的玉料制作而成。山东省巨野县红土山汉墓出土的玉剑珌亦见有此类宽窄不均现象。

图片来源：《汉代玉器》，页200，图132，“玉鸟”。

注：《中国玉器全集－4 秦汉—南北朝》，页90，图121，“玉剑珌”。

汉代　玉鸟
长8.5cm、宽2cm、高4.5cm

(二) 器形品类的发展

汉代玉器继承战国晚期发展，以佩饰器、剑饰器、丧葬器、服饰器作为主要的品类，偶见有器皿类及圆雕动物类玉器。这些器物造型在战国晚期的基础上进行变化，呈现传统与创新的双重风貌。

佩饰器

战国晚期至西汉的组佩饰，基本承袭春秋以来的组合方式，但各件器物的造型皆突破传统而有创新的表现，除重视整组的连接使用之外，也开始重视各构件的艺术美感，使各构件玉饰既能串联为中轴平衡、左右对称的组佩饰，也可作为饰件单独使用。西安东郊西汉窦氏墓出土的各类佩饰即是其中典型代表。

图片来源：《汉代玉器》，页82，图23，“玉组佩”。

注：《文物》，2004年6期，页11~16，“玉璧、玉珩、玉觿、玉人、韘形佩”。

汉代 玉组佩
长6.5~13.2cm

玉璧

战国晚期至汉代的玉璧大小各异，大璧多用于丧葬，小璧则用于佩戴。在造型方面除传统圆璧之外，还有镂空璧、出廓璧、文字璧及璧心镂空出廓璧等形制，种类极为丰富。河北省定县四十号墓出土玉双凤饰系璧造型即为此中代表。

图片来源：《汉代玉器》，页90，图29，“双凤纹璧”。

注：《中国玉器全集-4 秦汉—南北朝》，页93，图125，“玉双凤饰系璧”。

汉代 双凤纹璧
长5.7cm、宽4.2cm、厚0.5cm

玉珩

战国晚期至汉代的玉珩造型丰富，或于弦月本体之下附加透雕动物纹饰，或将本体镂空为左右对称的动物纹样，至东汉时期还出现有透雕文字类玉珩，都是于从传统造型基础之上所作的创新变化。河南省永城县芒山镇僖山汉墓出土玉龙饰璜即为此种代表。

图片来源：作者提供。

注：《中国玉器全集-4 秦汉—南北朝》，页128，图178，“玉龙饰璜”。

汉代 双龙纹珩
长11cm、宽4.5cm、厚0.6cm

玉韘

玉韘原为套在拇指上用来钩弦射箭的工具，在汉代逐渐转变为佩带用的片饰器，亦称为“韘形佩”。其造型以一个中间有孔的盾形物为主体，左右两侧或上方附加透雕动物纹，有时在主体表面也有线刻或浮雕纹饰，是汉代兴起的新形制。江苏省宝应县天平镇戴墩汉墓出土的龙凤纹韘形佩即为此类。

图片来源：作者提供。
注：《汉广陵国玉器》，页93，图67，“龙凤纹韘形佩”。

汉代　龙凤纹韘形佩
长5.8cm、宽5.6cm、厚0.5cm

剑饰器

玉质剑饰器发轫于西周时期的玉柄铁剑，经春秋时期单一剑饰器的运用，至战国晚期，逐渐发展出剑首、剑琫、剑璏、剑珌同时使用的全套剑饰器。这类剑饰器在战国晚期至西汉最为盛行，为此一时期玉器的重要品类。

全套剑饰器

全套剑饰器包括首、琫、璏、珌四件器物。剑首位于剑柄顶端，剑琫位于剑柄和剑身之间，剑璏置于剑鞘中间，剑珌位于剑鞘下端，各有不同的功能。全套剑饰器在汉代墓葬中常有出土，如南越王墓出土玉具铁剑即为此类。

图片来源：震旦博物馆提供。
注：《南越王墓玉器》，图68，“玉具铁剑”。

汉代　玉具剑
全长80cm

玉剑首

战国晚期至西汉的玉剑首已经发展为圆饼状形制，表面以规律性纹样或浮雕螭龙纹为饰，底部常以圆形凹槽与小隧孔来固定剑柄。此类玉剑首可见于南越王墓。

图片来源：震旦博物馆提供。
注：《南越王墓玉器》，图69，“剑首”。

汉代　剑首
外径4.5cm

玉剑瑧

战国晚期至西汉的玉剑瑧呈中厚边薄的“凹”字形，正背两面拱起一道中脊，居中处上下透穿一个长形镶嵌孔，表面雕琢兽形纹或浮雕螭龙纹，偶见有镂空设计。南越王墓出土玉剑瑧即为此类。

图片来源：《汉代玉器》，页260，图182，“剑瑧”。
注：《南越王墓玉器》，图190，“格”。

汉代　剑瑧
长5.5cm、宽2.8cm、厚2cm

玉剑璏

战国晚期至西汉的玉剑璏呈长方体，底部有一个矩形的系绑孔，左右两翼向下弯卷，正面雕琢规律性纹饰、浮雕螭龙纹或兽形纹，偶见有出廓纹饰或镂空设计。此类器物可见于江苏省扬州市邗江甘泉姚庄102号西汉墓出土玉具剑饰。

图片来源：《汉代玉器》，页268，图193，“剑璏”。
注：《汉广陵国玉器》，页99，图74，“玉具剑饰”。

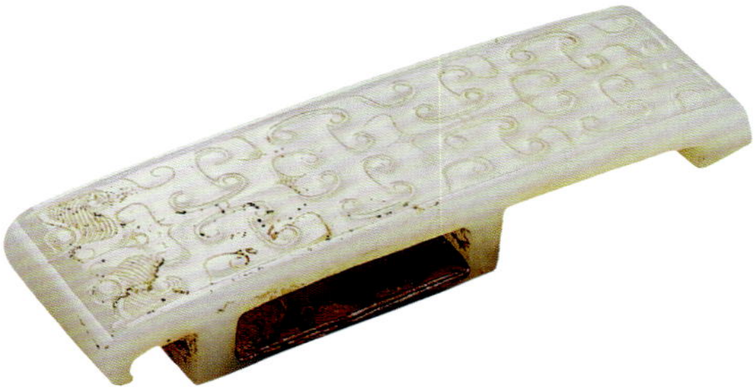

汉代　剑璏
长9.8cm、宽2.6cm、厚1.5cm

玉剑璲

玉剑璲的功能与剑璏相同，造型呈长方体，没有突出的双翼，表面常雕琢兽形纹或浮雕螭龙纹。安徽省阜阳市越王庄出土玉剑璏即为此中代表。

图片来源：震旦博物馆提供。
注：《中国出土玉器全集-6》，页146，“玉剑璏”。

汉代　剑璲
长4.2cm、宽2.4cm、厚1.9cm

玉剑珌

战国晚期至西汉的玉剑珌大多呈上窄下宽的梯形，中间较厚、两侧渐薄、边缘呈凹弧状，顶部有孔与剑鞘相连，表面雕琢兽形纹或螭龙纹，有时也见有镂空或出廓纹饰设计。河北省满城县凌山一号墓出土的玉剑珌即为此类。

图片来源：震旦博物馆提供。

注：《中国玉器全集－4 秦汉—南北朝》，页79，图106，“玉剑珌”。

汉代　剑珌
长6cm、宽5.8cm、厚1.2cm

丧葬器

战国晚期至汉代厚葬之风盛行，因此丧葬玉器广泛使用，在大型贵族墓葬中常见有全套的丧葬玉器，如玉衣、九窍玉塞、大璧及玉握等。战国晚期尚未形成定制的玉啥和玉握至汉代则分别演变为蝉与猪的固定式样。

九窍玉

九窍玉依照殓葬位置不同，可分为眼塞、耳塞、鼻塞、口啥、肛塞与生殖器塞（罩）等。安徽省天长市三角圩汉墓群即有玉窍塞出土，形制功能可供参考。

图片来源：《认识古玉》，页283，“九窍玉”。

注：《中国出土玉器全集－6》，页133，“玉窍塞”。

汉代　九窍玉
长1.8~6.4cm

玉握

汉代玉握猪以砣具雕琢而成，砣痕简单利落，以呈现玉猪的具体造型为重，此种手法俗称“汉八刀”。类似的玉握猪可见于江苏省海州市网疃庄西汉墓葬出土物。

图片来源：《汉代玉器》，页63，图15，“玉猪”。

注：《中国出土玉器全集－7》，页140，“玉猪”。

汉代　玉猪一对
长11.8~11.9cm

汉代　金缕玉匣
全长175cm

玉璧

汉代的陪葬大璧放置于逝者的身体及玉衣上下，数量多寡视墓主人身份而定。图中所示的十件双层璧次序，是依据南越王墓出土玉璧排列而成。

图片来源：《认识古玉》，页282，"兽形纹双层璧"。

注：《南越王墓玉器》，图44，"组玉璧排列复原图"。

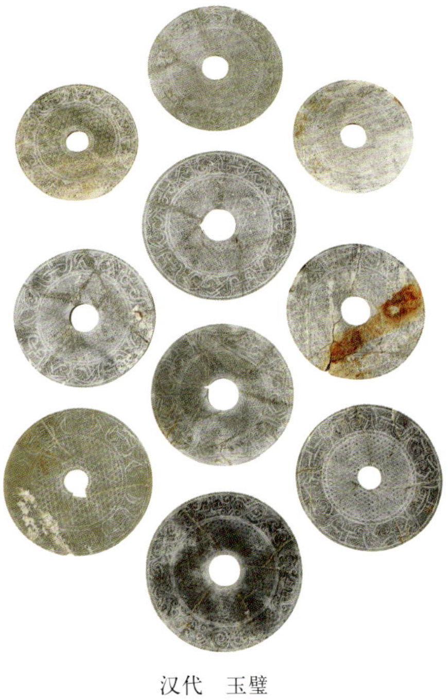

汉代　玉璧
外径21~26cm

玉衣

玉衣又称"玉匣"，是以丝线将穿孔的玉片编缀成人体各部位形状，再进行缝接制作而成。依照丝线的材质可分为金缕玉衣、银缕玉衣、丝缕玉衣等，是高级贵族的丧葬器。徐州狮子山楚王墓出土的金缕玉衣即为此中代表。

图片来源：《汉代玉器》，页56，图12，"金镂玉匣"。

注：《徐州西汉楚王陵墓文物辑萃——大汉楚王》，页308，"金镂玉衣"。

玉带钩

战国晚期至西汉的玉带钩仍以拱身、凸纽作为基本造型，但器身长短宽窄变化极多，并运用纹饰和镂空技法创制出多种新样式，如双龙并体带钩、多节带钩及镂空带钩等。

双身带钩

下图玉带钩钩首雕琢为龙首状，器身镂空成两条并列的龙身，龙身底下突出一短纽，钩尾末端亦雕刻有一对并排龙首，成为双龙并体的创新设计。类似的造型亦可见于南越王墓出土龙形玉带钩。

图片来源：《战国玉器》，页268，图217，“龙首双身带钩”。
注：《中国玉器全集-4 秦汉—南北朝》，页54，图68，“玉龙形带钩”。

战国晚期至西汉　龙首双身带钩
长12.5cm、宽1.4cm、厚2cm

镂空带钩

下图玉带钩钩首制作为龙首状，钩身加宽，状如琵琶，以凹弧面的变化及镂空技法制作为凤鸟身躯，使整体形成龙首凤身的造型组合，是西汉玉带钩的特殊造型之一。

图片来源：《汉代玉器》，页157，图96，“龙首带钩”。

西汉　龙首带钩
长7.7cm、宽3.5cm、厚1.5cm

下图玉带钩钩首部分琢制为简化的龙首，钩身略宽，表面雕琢凹弧面，内有镂空，形状犹如凤鸟身躯，使整体造型呈龙首凤身组合。类似器形可见于满城汉墓出土玉带钩。

图片来源：作者提供。
注：《满城汉墓发掘报告》（下），图版一〇一（C1）：1(5200)，“玉带钩”。

西汉　龙首带钩
长4.3cm

玉质器皿

战国晚期至汉代的玉质器皿为数不少，目前所知有羽觞杯、角形玉杯、高足玉杯、玉盒、玉奁、玉盘、玉壶、玉斗、玉匜等物，造型与漆器雷同，表面雕琢当代纹样或呈光素无纹之状。

玉耳杯

下图玉耳杯形体犹如椭圆形船身，口沿具有对称性长耳，底部突出一个椭圆形平底，全器光素无纹饰。相同器型可见于徐州狮子山楚王墓出土玉耳杯。

图片来源：《汉代玉器》，页222，图150，“羽觞杯”。
注：《徐州西汉楚王陵墓文物辑萃——大汉楚王》，页213，“玉耳杯”。

汉代　玉耳杯
长10.7cm、宽8.8cm、高3.2cm

玉壶

下图玉壶口沿微敞，颈部内收，肩部斜溜，腹部圆鼓，底下具有圆形圈足，表面雕琢对称式铺首衔环装饰，造型与同一时期青铜或陶器相似。东洞山二号楚王后墓出土的明光宫铜锺，造型与此器相似，亦为此类。

图片来源：《汉代玉器》，页220，图148，“玉壶”。
注：《徐州西汉楚王陵墓文物辑萃——大汉楚王》，页213，“明光宫铜锺”。

汉代　玉壶
高9.3cm、横宽8cm、腹径7cm

高足玉杯

下图高足玉杯由杯身和高足组成，杯身一侧有凤形杯耳，杯体外表阴刻五圈凤纹，高足上方以突棱为饰，突棱下方阴刻折线纹，足底外撇，制作极为精致。相似的器型可见于广西壮族自治区贵县罗泊湾一号墓出土的玉杯。

图片来源：《汉代玉器》，页216，图145，“凤纹柄高足杯”。
注：《中国美术全集·工艺美术编9　玉器》，页95，图177，“玉杯”。

汉代　高足杯
高15.8cm、口径5cm、最宽6.7cm

象生动物玉饰

战国晚期至汉代的玉雕动物很多，除片状佩饰器的玉龙、凤鸟及丧葬器的晗蝉及握猪之外，还有许多圆雕动物与人形玉饰，其造型立体生动，表情传神，颇能呈现此一时期的特有风貌。

圆雕玉鹅

图中玉鹅头部低俯，嘴巴微启，长颈后缩，双翅贴于身体两侧，作休憩之状，表面以阴刻与浮雕表现细部特征，整体造型饱满圆柔，是西汉圆雕之佳作。

图片来源：《汉代玉器》，页204，图136，“玉鹅”。

汉代　玉鹅
长8.6cm、宽3.6cm、高5cm

辟邪神兽

下图玉兽张口露牙、昂首挺胸、目视前方，长须飘垂，臀部微微抬起，腿部以大弯转浮雕技法表现肌肉纹理，前肢上方具有羽翼，是古代神兽之一。类似神兽造型可参见陕西省咸阳市周陵公社渭陵附近出土玉辟邪。

图片来源：《汉代玉器》，页191，图125，“玉神兽”。
注：《中国美术全集·工艺美术编9　玉器》，页91，图171，“玉辟邪”。

汉代　玉神兽
长7cm、宽2.3cm、高4.3cm

羽人驭神兽

图中仙人骑神兽玉饰神兽昂首瞠目，体态雄健有力，背上驮载羽人，双手紧抓鬃毛，作驾驭之状。此种羽人驾驭神兽的造型是汉代特有的题材，同类造型可见于陕西省咸阳市汉昭帝平陵遗址出土的玉仙人奔马。

图片来源：《汉代玉器》，页191，图125，“仙人骑神兽”。

注：《中国美术全集·工艺美术编9 玉器》，页93，图173，“玉仙人奔马”。

汉代 仙人骑神兽
长10.2cm、宽3.1cm、高5.5cm

人形玉饰

汉代的人形玉饰有片状玉雕和圆雕两类，表现方式有平面线刻及立体化等技法，造型或静或动，充分展示出汉代衣着特征与生活形态。

立体化玉舞人

下图舞人佩以长方形厚片玉料制作，器表用凹弧面技法表现衣着特征，袖管与裙摆处以宽扭丝纹营造旋扭动感，整体造型立体生动。与此相似的造型可见于广东省广州市西村凤凰岗出土玉舞人。

图片来源：《汉代玉器》，页170，图107，“舞人佩”。

注：《中国出土玉器全集-11》，页121，“玉舞人”。

汉代 舞人佩
高10.7cm、宽1.9cm、厚0.6cm

片状玉舞人

下图舞人佩以薄片状玉料制作，表面线刻舞人服饰特征，玉人扭身抛袖动作以圆弧状处理，舞姿极为优美动人。与此相似的造型可见于陕西省西安市西郊三桥镇汉墓出土玉舞人。

图片来源：《群玉别藏续集》，页305，图214，“舞人佩”。

注：《中国玉器全集-4 秦汉—南北朝》，页162，图228，“玉舞人”。

汉代 舞人佩
高5.4cm、宽3.5cm、厚0.35cm

圆雕玉人

图中玉人身着长裙，双手平置于腹前，神情端庄，姿态娴静优雅。类似的人物造型可见于北洞山楚王墓出土女侍立陶俑。

图片来源：《汉代玉器》，页176，图114，“玉人像”。
注：《徐州西汉楚王陵墓文物辑萃——大汉楚王》，页168，“女侍立陶俑”。

汉代　玉人像
高13.5cm、宽5.4cm、厚8cm

(三) 纹饰传承与演变

战国晚期至汉代的纹饰发展，大致可分为三个阶段：战国晚期至西汉早期沿袭规律纹样与平面立体化动物纹饰；西汉中期平面立体化与浮雕动物纹盛行；西汉晚期与东汉时期，动物纹饰朝向图案化发展，呈现繁复的工艺化风格。

战国晚期至西汉早期

战国晚期至西汉早期的玉器纹饰，常以规律性纹样搭配平面立体化动物纹为饰。

规律与立体化玉璧

图中龙纹佩的圆形器面布满阶梯式连线乳钉纹，璧心处镂空平面立体化的龙纹，规律纹饰与平面立体化动物结合，呈现过渡时期的纹样风格。与此相似的纹饰可见于南越王墓出土透雕龙凤涡纹璧。

图片来源：《汉代玉器》，页88，图27，“镂空龙纹璧”。
注：《南越王墓玉器》，图53，“透雕龙凤涡纹璧”。

战国晚期至西汉　龙纹璧
外径5.6cm、厚0.4cm

规律与立体化玉珩

下图双龙凤纹珩上半部为传统玉珩形制，下半部保留玉料以镂空制作为对称性凤鸟，属于创新的组合样式。类似的设计可见于安徽省长丰县杨公乡墓葬出土镂空龙凤纹玉佩。

图片来源：《战国玉器》，页127，图74，“双龙凤纹珩”。
注：《中国美术全集·工艺美术编9　玉器》，页66，图127，“玉镂空龙凤纹佩”。

战国晚期至西汉　双龙凤纹珩
长11.8cm、宽4.8cm、厚0.4cm

规律与立体化剑璏

图中龙纹剑璏的长方体部分布满阶梯式连线乳钉纹，上方透雕螭龙纹，兼具传统规律纹样与创新立体化纹饰。与此相似的设计亦可见于徐州狮子山楚王墓出土龙形玉佩。

图片来源：《战国玉器》，页322，图268，“出廓龙纹玉剑璏”。
注：《徐州西汉楚王陵墓文物辑萃——大汉楚王》，页213，“龙形玉佩”。

战国晚期至西汉　龙纹剑璏
长7cm、宽3.9cm、厚1.6cm

西汉

西汉时期盛行平面立体化、高浮雕与浅浮雕动物类纹饰，成为全面立体化的时代。

平面造型、凹弧面与多视点组合

下图左件玉觿并未完工，仅以镂空方法制作全器轮廓，表面尚未雕琢处理，整体缺乏立体感。右件玉觿表面雕琢凹线与弧面用以呈现动物肢体肌肉，并结合多视点角度取象，使螭龙造型更加立体生动。与此相似的设计亦可见于安徽省长丰县杨公乡墓葬出土龙形玉觿。

图片来源：《战国玉器》，页188，图132，“龙形玉觿”。
注：《中国美术全集·工艺美术编9 玉器》，页64，图123，“玉龙形觿”。

战国晚期至西汉　龙形觿二件
长10~10.5cm

平面立体化动物

下图玉龙呈昂首、挺胸、跨步行走的姿态，表面以凹线与弧面表现身躯及肢体，以产生立体化效果。南越王墓出土的透雕龙凤纹重环佩亦为此类平面立体化设计。

图片来源：《汉代玉器》，页118，图56，“龙形佩”。
注：《南越王墓玉器》，图40，“透雕龙凤纹重环佩”。

西汉　龙形佩
长5.5cm、宽3cm、厚0.5cm

浅浮雕纹饰

下图玉剑璏表面雕琢螭龙形状，龙身周边减地处理，形成浅浮雕效果，龙身表面亦凹弧面塑造造型立体效果。类似纹饰可见于南越王墓出土玉剑璏。

图片来源：《汉代玉器》，页270，图195，“螭纹剑璏”。
注：《南越王墓玉器》，图206，“璏”。

汉代　螭纹剑璏
长9.2cm、宽3cm、厚1.5cm

高浮雕纹饰

下图玉剑璏表面去地较深，形成高浮雕螭龙纹，龙纹体表具有高低起伏的变化，配合凹弧面与多视点角度取像形成栩栩如生的造型动感。山东省巨野县红土山墓葬出土螭虎纹玉璏亦有此类高浮雕纹饰。

图片来源：《汉代玉器》，页271，图196，“螭纹剑璏”。
注：《中国美术全集·工艺美术编9 玉器》，页94，图176，“玉螭虎纹璏”。

汉代　螭纹剑璏
长9.2cm、宽2.2cm、厚2cm

圆雕纹饰

下图玉剑璏表面以一大一小两条螭龙作为器表装饰，大螭龙周边去地较深，龙身下方也以镂空技法去料成空，使螭龙身体与剑璏不相连接，形成圆雕状纹饰。类似圆雕纹饰亦可见于南越王墓出土玉剑珌。

图片来源：震旦博物馆提供。
注：《南越王墓玉器》，图197，“珌”。

汉代　螭纹剑璏
长11.2cm、宽2.5cm、厚2.5cm

西汉晚期至东汉

西汉晚期，平面立体化动物纹饰开始向图案化方向发展，至东汉时期，前期生动立体的造型纹饰风格逐渐消失，取而代之的是繁复的布局与工艺化风格。

立体化纹饰

下图龙凤纹璧璧面镂空为二个首尾相接的螭龙与凤鸟，并以凹弧面变化及多视点角度取象营造立体动感，为西汉时期玉器典型风格。与此相似的设计亦可见于南越王墓出土透雕龙凤涡纹璧。

图片来源：《汉代玉器》，页95，图34，“镂空龙凤纹璧”。
注：《南越王墓玉器》，图53，“透雕龙凤涡纹璧”。

汉代　龙凤纹璧
外径5.6cm、厚0.6cm

图案化纹饰

东汉时期螭龙纹虽也有凹弧面变化，但多视的角度组合并不明显，肢体软弱无力，仅成为构图繁复的图案化纹饰。与此相似的设计亦可见于湖南省安乡县黄山镇刘弘墓出土心形玉佩。

图片来源：《汉代玉器》，页153，图92，“螭猴纹韘形佩”。
注：《中国出土玉器全集-10》，页239，“心形玉佩”。

汉代　螭猴纹韘形佩
长11.5cm、宽6cm、厚0.5cm

图案化纹饰

东汉时期，图案化动物纹样不断转变，矫健灵活之感逐渐消失，艺术性退化、工艺性增加，成为汉代以后玉器发展的主流方向。河北省定县北陵头村中山穆王刘畅墓出土玉璧即为此中代表。

图片来源：《汉代玉器》，页99，图38，“镂空龙凤纹璧”。
注：《中国出土玉器全集-1》，页209，“玉璧”。

汉代　龙凤纹璧
外径9.5cm、厚0.5cm

装饰性线纹

战国晚期至汉代的装饰性线纹有宽扭丝纹、短平行线、、及小圆圈纹等，此类线纹大多具有固定的位置与表现意义，是战国晚期至汉代玉器的一种特有符号。

宽线扭丝纹

宽线扭丝纹大多位于螭龙纹尾部，与扭转的龙身相互搭配，增加造型动感。此类宽线扭丝纹可见于陕西省西安市北郊汉墓出土玉剑珌。

图片来源：作者提供。
注：《中国玉器全集-4 秦汉—南北朝》，页165，图232，“玉剑珌”。

汉代　螭纹剑珌
长7cm、宽6.2cm、厚1.5cm

宽扭丝纹环

下图玉环表面雕琢具有凹弧面变化的宽扭丝纹，是战国晚期至西汉特有的玉环样式。类似的宽扭丝纹环也可见于南越王墓出土物。

图片来源：《汉代玉器》，页87，图26，“龙纹环”。
注：《南越王墓玉器》，图165，“殉人组玉佩”。

汉代　龙纹环
外径5.9cm、厚0.4cm

短平行线

短平行线纹大多雕琢在圆雕动物或片状玉雕动物之上。下图长方形玉片内部透雕龙纹与凤鸟纹，龙纹昂首阔步，神采奕奕，头部、颈部、身体及腿部边缘都雕琢短平行线，用来象征螭龙的毛发，以增加龙纹造型立体感。相同的短平行线可见于湖南省长沙市咸家湖陡壁山1号墓出土龙纹玉牌饰。

图片来源：《汉代玉器》，页236，图160，“镂空龙纹玉片饰”。
注：《中国出土玉器全集-10》，页203，“龙纹玉牌饰”。

汉代　镂空龙纹玉饰
长14cm、宽4.8cm、厚0.3cm

装饰符号

下图兽形佩以浮雕技法突显整体造型，表面以凹弧面变化区隔肢体，兽身中间雕饰、纹，具有补白与点缀的功能。南越王墓出土的壶形饰上也见有此类纹饰。

图片来源：作者提供。
注：《南越王墓玉器》，图58，“壶形饰”。

汉代　兽形饰
长4cm、宽3cm、厚0.7cm

小圆圈纹

在动物纹表面，除以短平行线象征动物毛发之外，往往也会雕琢小圆圈纹来搭配整体纹饰，此种技法盛行于西汉晚期至东汉。陕西省宝鸡市北郊墓葬出土玉辟邪即以此类小圆圈纹为饰。

图片来源：《汉代玉器》，页149，图88，“螭凤纹韘形佩”。
注：《中国美术全集·工艺美术编9 玉器》，页107，图196，“玉辟邪”。

汉代　螭凤纹韘形佩
长7.8cm、宽6cm、厚0.4cm

(四) 剑饰器兽形纹解析

战国晚期至西汉的剑饰器常以浅浮雕兽形纹为饰，此种纹饰往往会配合器形与视点变化而设计不同形象，且动物纹五官与四肢也随着时间的推演而逐渐退化简省，成为抽象难辨的纹饰。

剑饰器位置与名称

剑柄顶端为剑首，剑柄与剑身用剑琫间隔，剑璏（璲）镶嵌在剑鞘中间，可用于穿绳绑缚，剑珌则位于剑鞘下端。

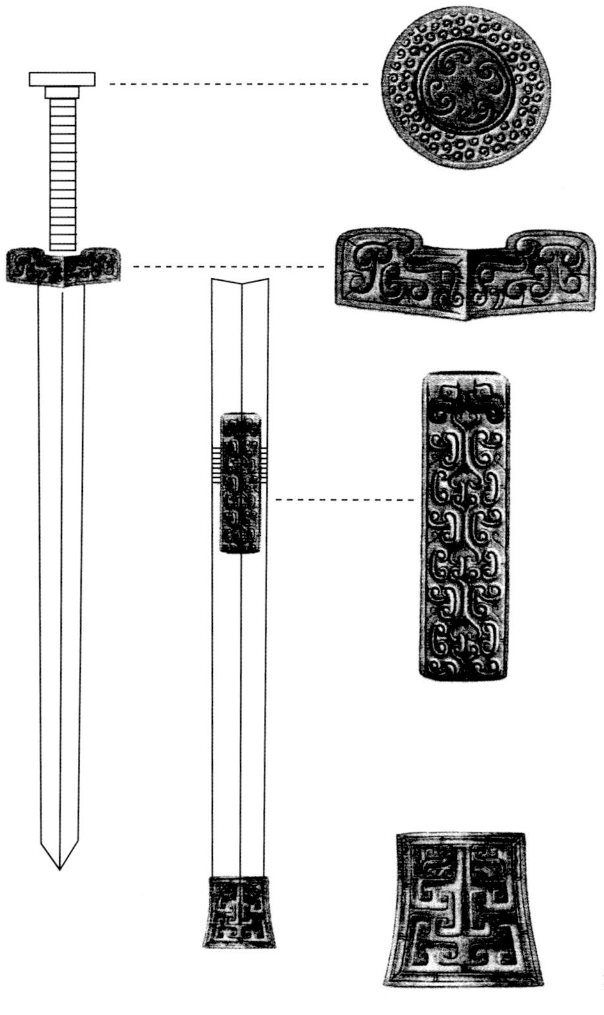

战国晚期至西汉　佩剑铜人示意图

剑饰器兽形纹演变

剑璏：高空俯视

剑璏表面兽形纹取高空俯视下动物爬行全貌，中轴两侧纹饰对称，每组图案重复出现呈连续性布局，图样造型逐步退化由写实性向抽象性发展。

四足均备

四足简化

四足退化

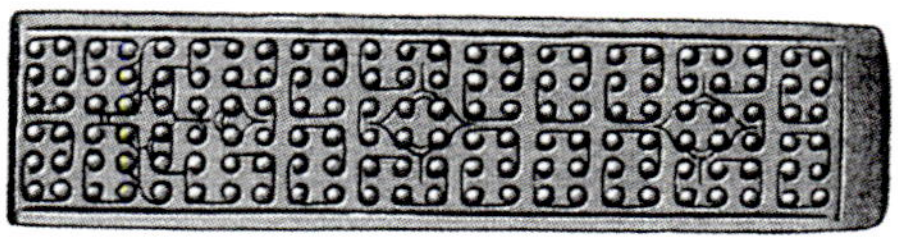
眉眼退化

剑璏简化示意图

剑琫：正前平视

剑琫表面兽形纹由正前平视角度呈现动物正面形象，兽面居于中部，四足分列两旁，共同表达动物全貌特征。此一图样造型的演化，亦呈现出逐步退化、由写实向抽象发展的变化趋势。

四足均备

四足简化

鼻眼退化

剑琫简化示意图

剑珌：斜角俯视

剑珌表面兽形纹取斜角俯视下爬行动物全貌，兽首微向上仰，中轴两侧作对称式排布。此一图样造型的演变遵循逐步退化、由写实向抽象发展的变化规律。

四足明显

鼻眼退化

剑珌简化示意图

(五) 文字与造型设计

东汉时期开始将文字融入玉璧或玉珩的造型之中，常见有“长乐”、“宜子孙”、“延年”和“益寿”等字样，大多以镂空形态安排于透雕动物纹之间。

文字璧

图中玉璧保留外缘玉料，在其中间部分雕琢“益寿”二字，文字两侧刻饰对称的动物纹装饰，是东汉时期的创新造型。类似的文字设计可见于江苏省扬州市邗江甘泉老虎墩东汉墓出土“宜子孙”螭凤纹璧形玉佩。

图片来源:《汉代玉器》，页53，图11，“益寿璧”。

注：《汉广陵国玉器》，页147，图123，“宜子孙螭凤纹璧形玉佩”。

汉代 “益寿”璧
高18.7cm、外径14.5cm、厚0.5cm

文字珩

下图玉珩造型如磬，左右两侧透雕彼此相背的螭龙，两龙之间举有一台座，台座上方透雕“延年”二字，形成“文字珩”的新形制。类似的造型设计可见于陕西省咸阳市周陵乡新庄村出土螭虎纹玉璧。

图片来源:《汉代玉器》，页108，图47，“延年珩”。

注:《中国出土玉器全集-14》，页166，“螭虎纹玉璧”。

汉代 “延年”珩
长21cm、宽8.5cm、厚0.6cm

汉代玉器特征

经前文分项叙述，对于汉代玉器的形制品类、纹饰风格、形纹设计及传承与演变的关系均可建立起基础性认识。此处将汉代玉器最显著的特点浓缩为四句口诀，期能对汉代玉器的深入研究有所助益。

汉代玉器面凹弧

汉代玉器重视立体化效果，造型表面不以规律性纹样进行部位区分，而是以凹线区隔，以弧面表现头部、躯干及肢体，属于“凹弧面”立体技法。

视点组合形生动

汉代常择取正面、侧面、后面或斜角俯视等角度所见动物局部形象组成完整的动物造型，以营造扭身摆尾的强烈动感。

艺术镂空技艺合

汉代镂空将管钻圆孔融入造型的勾转之中，透空本身兼具系带孔功能，并具有独特的艺术美感，是集技、艺、用三者于一身的工艺技术 。

口晗手握玉衣穿

汉代的丧葬用玉发展完备，形成玉衣、九窍玉塞、晗蝉、握猪及铺垫大璧的全套组合，反映出当时浓重的厚葬之风。

汉 代 玉 器 面 凹 弧　视 点 组 合 形 生 动
艺 术 镂 空 技 艺 合　口 晗 手 握 玉 衣 穿

十 唐宋元明清玉器

中国古代玉器在魏晋时期一度式微，直至唐宋时期才得以重新恢复生机。由于社会环境及文化变迁的影响，唐代以后玉器的发展方向主要为外来文化及文人品味与庶民文化所主导。

在外来文化方面，唐代将中东金银器图案、胡人乐舞形象、佛教艺术以及唐草花卉等题材纳入玉器之中，呈现中外融合的繁荣风貌；辽、金、元三代则因外族入主中原，玉器雕刻上开始出现外族生活场景等题材，如春山秋水等。在文人品味与庶民文化方面，由于受到仿古风潮的影响，以青铜器及战国至汉代玉器为模仿对象的仿古玉器大量出现，如盖罐、盖瓶、香炉、插屏、玉山子等。此外，明清时期文人喜欢将生活中耳熟能详的吉祥语，以谐音寓形、望物生义的方式表现在小型玉雕上，产生出富有寓意的吉祥玉，并盛行制作子冈牌、香盒、鼻烟壶等小型的把玩器及嵌饰器等。这些题材上的改变，配合新的镂空工艺与染色技法的运用，使唐宋元明清玉器呈现迥然不同的新风貌。

本单元从制作工艺、玉器色泽、题材种类、器形品类及痕都斯坦玉等方面，对唐宋元明清时期玉器的基本特征进行归纳，进而分析此时期玉器的艺术风格。

(一)制作工艺——镂空技法

“镂空”是突显玉器造型和纹饰的方法，历来即有不同的制作方式与风格。唐宋元明清的玉器镂空，可依照技法的差异分为“单层镂空”、“多层镂空”及“双层镂空”三类，分别流行于唐至宋、宋至明初及明中叶以后。

单层镂空：唐至宋元

图中镂空凤纹玉佩以单层镂空法制作，玉工将凤鸟和花叶之外的玉料去除，呈现凤鸟双翅开展，穿梭于花丛之中的景象。黑龙江省哈尔滨市香坊墓葬出土的玉寿带衔花佩亦属此类单层镂空法制作而成。

图片来源：《唐宋元明清玉器》，图44，“镂空凤纹玉佩”。

注：《中国玉器全集－5 隋唐—明》，页93，图146，“玉寿带衔花佩”。

宋元　镂空凤纹玉佩
长6cm、宽4cm、厚0.3cm

多层镂空：宋至明初

图中玉饰具有桃形边框，框内由不同的方向层层雕琢龙纹与枝叶，使枝叶与龙纹犹如圆雕一般前后穿插交叠，构成立体化的图样，是典型的多层镂空法。北京故宫博物院藏龙纹玉带环亦属此类多层镂空法制器。

图片来源：《中国古玉工艺展》，页55，“镂空龙纹玉饰”。

注：《中国玉器全集－5 隋唐—明》，页44，图79，“白玉龙纹带环”。

元代　龙纹玉饰
长6.8cm、宽6.7cm

双层镂空：明中叶以后

下图龙鹿纹方銙玉带板以龙、鹿、鸟等为主要纹饰，主纹之外玉料被减地至一半深度，使主纹突起成浮雕后，并将下层玉料镂空为规律性图案，作为主纹的背景，此种处理方式俗称“减地平雕”。从玉带板的背面来看，主纹与锦地平雕之间没有上下交叉的关系，因此背面呈现出平面式镂空，此为双层镂空法的特色。相同的镂空技法可见于西安市征集的镂空龙纹玉带板。

图片来源：《唐宋元明清玉器》，图66，“龙鹿纹方銙”。
注：《中国玉器全集-5　隋唐—明》，页174，图252，“白玉镂空龙纹带板”。

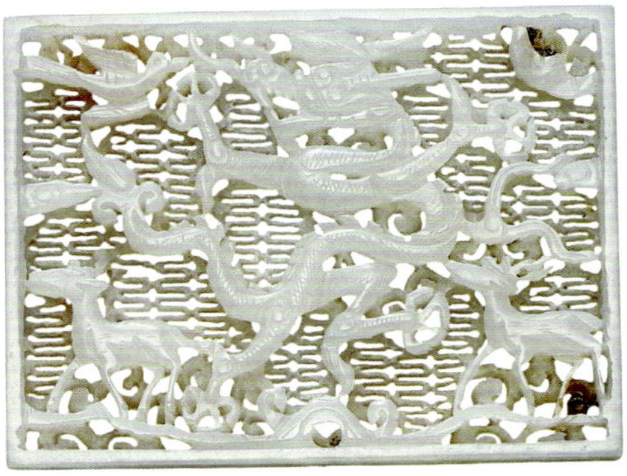

明代　龙鹿纹方銙
长7.7cm、宽5.6cm、厚0.8cm

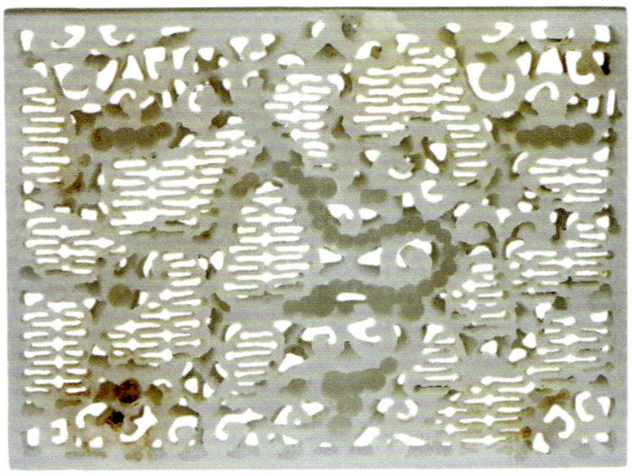

龙鹿纹方銙背面

(二) 色泽

宋代以后，玉器的色泽变化更为丰富，或是以天然玉皮增加整体呈色，或是在玉器上面进行染色，营造古意或美化玉器，又或是由于入埋环境影响所导致的沁色等生坑现象，都是促使唐宋元明清玉器色泽多样化的因素。

玉皮巧雕

下图清代玉饰利用玉皮厚度和色泽差异及其与玉质呈色的对比，雕刻出具有立体深度与色泽变化的树木、山水及湖面，整体设计奇巧、构图精妙。北京清宫旧藏的玉桐荫仕女图也是此类玉皮巧雕的佳作。

图片来源：《认识古玉》，页32，下图，“玉饰”。
注：《故宫博物院藏文物珍品全集·玉器》（下），页90，图76，“玉桐荫仕女图”。

清代　玉饰
长5.7cm、宽3.6cm、厚0.9cm

仿古染色

下图玉卮于器表上作点状破坏后，以黄褐色的染料加以浸染，从而制作出玉器入土后受到土蚀的状貌，俗称为“钉金沁”，是宋代以后的仿古技法之一。类似的仿古染色可见于北京故宫博物院藏夔凤纹玉樽。

图片来源：《文物精粹》，页116，图51，“玉卮”。
注：《中国玉器全集-5　隋唐—明》，页165，图240，“青白玉夔凤纹樽”。

清代　玉卮
高12cm、最宽11cm、口径7.8cm

美化染色

除仿古造型需要染色之外，某些器形的特定部位亦会作染色处理以美化玉器。这些玉器的染色部分具有色调一致、块状分布，以及染料顺随玉质纹理渗入的细毛纹现象。此类染色技法可见于北京故宫博物院藏青玉用端香熏。

图片来源：震旦博物馆提供。

注：《中国玉器全集－5 隋唐—明》，页170，图247，“青玉角端香熏”。

清代　玉兰花插
高12cm、宽7cm

入土受沁

在唐宋元明清的出土玉器中，也有部分玉器长期与铁器或铜器接触而产生受沁的现象。下图玉猴原本为白色玉质，因受到铁锈沁入而呈现有深浅不一的褐色。上海市松江区西林塔出土灰白玉云龙纹带饰亦可见此类铁沁现象。

图片来源：《唐宋元明清玉器》，图153，“玉猴”。

注：《上海出土唐宋元明清玉器》，页82，图51，“灰白玉云龙纹带饰”。

清代　玉猴
高4.2cm、宽2.5cm、厚1.5cm

（三）题材

唐宋元明清玉器的制作题材与社会文化的发展息息相关。宋代金石学兴起，带动仿古玉器的风潮；唐代中西文化交流频繁，辽、金、元三朝入主中原，都使外来纹样融汇于玉器制作之上；而明清时期文人佩玉的习惯，则促使吉祥玉的流行，成为此一时期的创新题材。

仿古造型

宋代以后仿古玉器的制作，以古玉的造型作为首要模仿对象，但对原有的使用功能却甚少加以考虑，且由于制作工艺的差异而往往产生似是而非的效果。

仿汉玉剑璏

图中器物为模仿汉代旧制的螭龙纹剑璏，但其黑色部分为人工染色而成，龙纹缺乏生动立体之感，底部镶嵌孔较窄，不具穿绳系带的实质功能。上海市松江区西林塔出土的灰白玉螭纹璏亦为此类仿古造型。

图片来源：《认识古玉》，页40，“玉剑璏”。

注：《上海出土唐宋元明清玉器》，页116，图79，“灰白玉螭纹璏”。

明代　玉剑璏
长7.5cm、宽2.8cm、厚1.2cm

仿汉玉杯

图中玉觥模仿汉代宽扭丝纹玉杯，褐色部分为染色所成，杯体外壁阴刻线纹模仿云纹，下半部龙首大张龙嘴，为明代仿古器的典型器物。类似的仿古造型可参见台北故宫博物院所藏角形觥。

图片来源：《唐宋元明清玉器》，图134，“玉觥”。
注：《故宫古玉图录》，页194，图356，“角形觥”。

明代　玉觥
高13.5cm、宽9.5cm、厚6cm

仿汉带钩

明代承袭宋代复古风潮，玉器的仿古造型为数颇多。下图龙首拱身玉带钩，系仿汉代玉带钩造型。上海市黄埔区南市朱察卿墓出土的龙首玉带钩亦为此类仿古器物。

图片来源：《唐宋元明清玉器》，图75，“龙首带钩”。
注：《上海出土唐宋元明清玉器》，页157，图108，“白玉龙首带钩”。

明代　龙首带钩
长10.3cm、宽2.3cm、高1.6cm

仿出廓系璧

图中龙纹璧模仿战国晚期至汉代的螭龙纹出廓璧，但龙纹缺乏生动之感，透雕部分也不具艺术镂空之美感，整体以人工技法染成黄褐色。类似的仿古出廓璧可参见云南省昆明市荷叶山出土蟠螭纹玉佩。

图片来源：作者提供。
注：《中国出土玉器全集-12》，页125，“蟠螭纹玉佩”。

明代　出廓龙纹璧
长7.8cm、宽5.5cm

仿龙形玉佩

下图龙形佩乃模仿战国龙形佩，玉工在器表上敲击出点状凹痕，并进行局部染色，营造出有如出土古玉一般的侵蚀与沁色。收录于《古玉掇英》的镂雕虎形佩即为此类仿古器物。

图片来源：《唐宋元明清玉器》，图79，“龙形佩”。
注：《古玉掇英》，图160，“镂雕虎形佩”。

明代　龙形佩
长8cm、宽3.5cm

仿古纹饰

宋代以后的仿古玉器也常见有模仿汉代以前的纹饰，但因制作方法的差异，仿古纹饰多有形无神，更甚者将不同时代纹样混雕于同一器物之上。

仿汉代浮雕龙纹

图中玉璧模仿汉代出廓龙纹璧，以高浮雕螭龙纹为饰，龙纹缺乏角度取像的变化，身躯扭转处极为生硬，两个前肢向前作攀附状，是明代仿古龙纹的典型特征。类似的仿古特征亦可见于云南省昆明市荷叶山出土玉佩。

图片来源：《中国古玉工艺展》，页63，"双螭纹玉璧"。

注：《中国出土玉器全集－12》，页129，"玉佩"。

明代　出廓龙纹璧
长8.9cm、宽6.9cm

仿西汉云纹

西汉玉器上的云纹略呈浮雕状，并在云纹内部雕琢有一道明显的阴线。下图龙形佩器表云纹不论是制作方法或排列方式，都不符合西汉典型风格，应是明代仿制作品。类似的仿古器特征亦可见于上海市松江区西林塔出土云纹璧。

图片来源：《中国古玉工艺展》，页63，"龙形玉佩"。

注：《上海出土唐宋元明清玉器》，页102，图66，"南宋青玉云纹璧"。

明代　龙形佩
长7.5cm、宽4.3cm

仿春秋虺龙纹

下图珩形玉饰器表分为三段纹饰，中段模仿春秋时期虺龙纹，但线纹并未组成虺龙形象，而左右两端龙首与龙身上的鳞片纹则是明显的宋代以后风格，可见此器意图结合春秋时期与所处时代的纹饰风格，并以当时的技法制成似是而非的仿古器类。

图片来源：《尊古斋古玉图录》，页160，"拓片"。

龙纹佩拓片

仿汉代乳钉纹

汉代乳钉纹制作，是先以三对平行线定位，再于六角形内减地，形成半球状凸起，因此排列颇为规律。图中玉杯的乳钉纹排列并不匀整，是以圆管钻磨而成，并非汉代制作方式。类似的仿汉代乳钉纹也可见于北京故宫博物院所收藏乳钉纹双耳杯。

图片来源：《中国古玉工艺展》，页64，“双耳杯”。
注：《中国玉器全集-5　隋唐—明》，页160，图235，“青玉乳钉纹双耳杯”。

明代　双耳杯
高4cm、横宽11cm、口径6.7cm

外来题材

中国玉器发展至唐代以后，因受到外域文化及社会因素地影响，器形与纹饰均呈现出多样化风貌。

胡人乐舞

在唐代的玉带片上，常见胡人乐舞形象，是此一时期特有的题材。陕西省礼泉县唐昭陵陵园出土的胡腾舞纹玉铊尾即为此类代表。

图片来源：《唐宋元明清玉器》，图222，“玛瑙胡人舞蹈纹铊尾”。
注：《中国出土玉器全集-14》，页185，“胡腾舞纹玉铊尾”。

唐代　玛瑙胡人舞蹈纹铊尾
长7.5cm、宽4.2cm、厚0.5cm

成对鸟禽

唐代玉器盛行以阴线纹表现萨珊王国对凤、鹤鸟等纹饰，同类题材也出现于唐代金银器之上。陕西省西安市南郊唐墓出土鸿雁纹玉梳脊即为此中代表。

图片来源：《唐宋元明清玉器》，图12，“孔雀对鸟纹玉梳背”。
注：《中国出土玉器全集-14》，页194，“鸿雁纹玉梳脊”。

唐代　孔雀对鸟纹玉梳背
长9.3cm、宽3cm、厚0.2cm

飞天造型

随着佛教的传入与兴盛，玉饰上飞天的运用逐渐增多。唐代至辽代墓葬中，常见小型飞天耳饰以成对形态出土，辽宁省喀左自治县白塔子辽墓即有此类飞天玉饰出土。

图片来源：《唐宋元明清玉器》，图23，“飞天纹玉耳饰一对”。
注：《中国玉器全集-5　隋唐—明》，页83，图134，“白玉镂空飞天”。

唐代　飞天纹玉耳饰一对
长4.7cm、宽3cm、厚0.6cm

春水玉饰

宋代由于辽金外族入主中原，外族的生活情景开始广泛运用于玉器纹饰之上。如以海东青捕鹅图案，即是表现春天时节辽代贵族在湖边猎鹅场景，此类题材后世遂称为“春水”。类似纹样题材可见于陕西省西安市南郊曲江池出土镂雕飞鸟衔花佩。

图片来源：《文物精粹》，页112，图49，“春水玉佩”。
注：《中国玉器全集-5　隋唐—明》，页48，图85，“白玉镂雕飞鸟衔花佩”。

辽金　春水玉饰
长6cm、宽3cm、厚0.8cm

秋山玉饰

辽代贵族于秋天到山林猎鹿的题材被称为“秋山”，玉器制作中常以山林和群鹿的形象加以表示，且保留黄褐色玉皮以呈现秋日风情。此类题材可见于北京故宫博物院藏秋山玉饰。

图片来源：《中国古玉工艺展》，页57，“秋山玉饰”。
注：《中国美术全集-工艺美术编9 玉器》，页140，图250，“玉秋山饰”。

辽金　秋山玉饰
外径5.5cm、厚0.9cm

鳜鱼玉饰

鳜鱼为佛教吉祥物之一，也常被用于玉器纹饰制作，下图玉鳜鱼即为辽金时期的制器。相同器形亦见于江苏省无锡市大浮乡钱裕墓出土物。

图片来源：《唐宋元明清玉器》，图49，“玉鳜鱼”。
注：《中国玉器全集-5　隋唐—明》，页115，图174，“玉鱼形饰”。

辽金　玉鳜鱼
长8.4cm、宽3.2cm、厚1.9cm

创新题材

明清时期常将日常生活中耳熟能详的吉祥用语，如“马上封侯”、“连生贵子”、“福禄寿”和“喜鹊登梅”等，以谐音寓形、望物生义的方式表现于小型玉雕之上，是这一时期特有的创新题材。

马上封侯

将玉料雕琢为猴骑马形象，称为“马上封侯”，讨立刻升官之吉利。

图片来源：《中国古玉工艺展》，页60，“马上封侯玉饰”。

明代　马上封侯玉雕
长4.6cm、宽3.2cm、厚1.6cm

连生贵子

小孩手持莲花，寓意“连生贵子”，诚祝添丁之意。上海市松江区西林塔即有此类持荷童子玉佩出土。

图片来源：《唐宋元明清玉器》，图93，“持荷童子”。
注：《上海出土唐宋元明清玉器》，页45，图25，“青玉持荷童子佩”。

明代　持荷童子
长5.4cm、宽2.2cm、厚1.7cm

福禄寿

玉器后方刻一“福”字，前方雕琢一鹿与一老翁形象取“禄”、“寿”之谐音，寓意“福禄寿”，为富贵长寿之意。此类题材可见于北京故宫博物院藏福禄寿三星玉饰。

图片来源：《唐宋元明清玉器》，图85，“福禄寿玉牌”。
注：《中国玉器全集-5　隋唐—明》，页198，图284，“青玉福禄寿三星饰”。

明代　福禄寿玉牌
长5cm、宽5cm、厚0.9cm

节节高升

将玉料雕成竹节状，希望如竹之生长迅速，寓有“节节高升”之意。

图片来源：《唐宋元明清玉器》，图165，“竹节纹佩”。

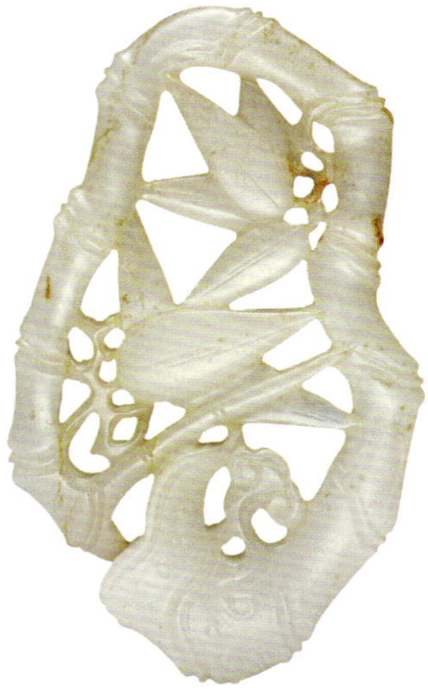

清代　竹节纹佩
长7cm、宽4.5cm、厚0.7cm

喜鹊登梅

下图玉饰透雕一鸟立于梅树之上，表示“喜鹊登梅”或“喜上眉梢”之意。

图片来源：《中国古玉工艺展》，页61，“喜鹊登梅玉饰”。

清代　花鸟纹佩
长6.8cm、宽4cm

吉庆有余

上方透雕一个“磬”形，磬下并立二鱼，象征“吉庆有余”的祝福。常熟博物馆收藏的福庆双余玉牌即为此类吉祥玉饰。

图片来源：《中国古玉工艺展》，页61，“吉庆有余玉佩”。
注：《常熟博物馆藏玉》，图114，“清白玉透雕福庆双余牌”。

清代　双鱼纹佩
长5.8cm、宽5.8cm

（四）器形种类

唐宋元明清玉器在用玉方式与外来文化的影响之下，形制功能产生较大变化。此时的器形大致可分为外来、仿古与创新三大类，其中主要有胡地传入的服饰玉、陈列功能的摆饰器、文人赏玩的把玩器，以及数种材质组合的嵌饰器等。

服饰玉

唐代以后，具有实用功能的服饰玉开始大为流行，其中有本地传统的玉带钩、从胡地传入的玉带銙，以及创新的带扣、带头等物，此外还有组佩饰、玉梳及发冠等器物，形制风格与古玉截然不同。

玉带銙

玉带銙盛行于唐代至明代时期，多以人物、花草树木及鸟兽等纹样为饰，也有镂空或素面无纹者。其中，唐代玉带銙常见胡人歌舞纹样，颇能反映时代特色。陕西省西安市何家村窖藏出土的玉带饰即为此类。

图片来源：《唐宋元明清玉器》，图221，“玛瑙带銙”。
注：《中国出土玉器全集-14》，页184，“伎乐纹狮纹玉带”。

唐代　玛瑙带銙
长4.8~9.3cm

玉带

完整的玉带是由带头、鞓（皮革带）、銙（带上镶嵌之物）及铊尾四部分组成，作为系于腰间的装饰物。陕西省西安市何家村窖藏即有此类玉带出土。

图片来源：《唐宋元明清玉器》，图17，“白玉带銙”。

注：《中国出土玉器全集-14》，页183，“九环十四銙蹀躞玉带”。

辽代　白玉带銙
全长37cm

玉组佩

魏晋南北朝以后，组佩饰的形态发生变化，下图玉组佩为北周至唐代制器，由云形玉片、玉璜及山形玉片组成，器形品类迥异于汉代以前的组佩饰，属于此时的创新造型。陕西省咸阳市底张湾王士良墓出土的玉组佩亦有此器类出土。

图片来源：《中国古玉工艺展》，页58，“组佩饰”。

注：《中国出土玉器全集-14》，页178，“玉组佩”。

北周至唐代　玉组佩
长6~13.5cm

玉篦

下图玉篦以拱圆形梳背为框，梳背边缘琢磨十二个突棱装饰，内部具有二十四根梳齿，是宋代典型制器。

图片来源：《唐宋元明清玉器》，图51，“玉篦”。

宋代　玉篦
长10cm、宽5.5cm、厚1.2cm

玉发冠

发冠是戴于发髻上的贯发之器，造型多呈长方形，顶部作圆弧状拱起，下端内凹，有五梁、七梁、也有无梁者，左右两侧刻有卷云纹，下穿二孔，用于插簪。此类器形可见于常熟博物馆藏玉发冠。

图片来源：《唐宋元明清玉器》，图121，“玉冠”。

注：《常熟博物馆藏玉》，图78，“明碧玉发冠”。

明代　玉冠
长4.8cm、宽3.7cm、厚3.2cm

玉带钩

明清时期的玉带钩，传承战国、汉代以来龙首钩头的基本造型，在钩身上方增加繁复华丽的镂空纹饰。此类特征可见于上海市静安区陕西北路清墓出土龙首螭纹玉带钩。

图片来源：作者提供。
注：《上海出土唐宋元明清玉器》，页225，图149，“白玉龙首螭纹带钩”。

清代　玉带钩
长12.5cm、宽2.8cm、厚2.7cm

玉带扣

玉带扣包括一钩一环，成组相扣，底部有二圆纽，可供革带固定之用，器上镂雕螭龙纹，流行于明清两代。贵州省贵阳市明墓即有此类玉带扣出土。

图片来源：《唐宋元明清玉器》，图77，“龙首螭纹带扣”。
注：《中国出土玉器全集－12》，页223，“玉带钩”。

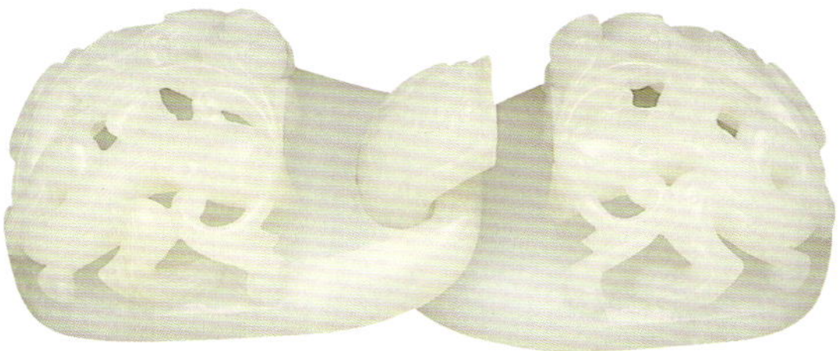

明代　玉带扣
长13cm

下图玉带扣透雕盘长、蝙蝠及喜字等纹样，组成“福喜无尽”之意，背面有两个圆钮，可供革带固定之用。

图片来源：《唐宋元明清玉器》，图183，“盘缠纹带扣”。

清代　玉带扣
长8.8cm、宽4.5cm

玉带扣背面

玉带饰

玉带饰系穿于腰际间的革带上，器身下方有孔，可垂饰物件。下图玉带饰呈瓶状造型，背面有一个桥形隧孔，用来贯穿革带，下方有两个云形镂空孔，可供系绑垂饰物件，是清代典型制器。

图片来源：《唐宋元明清玉器》，图185，“福字纹带穿”。

清代　玉带穿
长6.2cm、宽3.3cm、厚1.2cm

玉带穿背面

把玩器

明末清初时，文人盛行制作造型精巧、适合于手中把玩的小型玉器，如子冈牌、香盒、鼻烟壶等，此类器物统称为“把玩器”。

方形牌饰

图中玉牌正面浅浮雕松柏、人物、亭台楼阁及晚月风景，背面雕刻诗文。此类玉牌以陆子冈所雕刻署款“子冈”二字者最佳，此后凡此种小型长方牌饰，皆统称“子冈牌”。常熟博物馆亦有此类方形牌饰，可供参照比较。

图片来源：《中国古玉工艺展》，页64，“子冈牌”。
注：《常熟博物馆藏玉》，图106，“清白玉苏武牧羊牌”。

清代　玉牌饰
长6.2cm、宽4.4cm

玉牌饰背面

玉牌饰正反面拓片

椭圆形牌饰

子冈牌真品稀少、真貌难求，加以名气大、仿品多，因此后世将合乎上述形式的椭圆形、长方形牌饰，皆称为子冈牌。此类玉牌饰可见于常熟博物馆藏品。

图片来源：《唐宋元明清玉器》，图175，“仕女图椭圆玉牌”。
注：《常熟博物馆藏玉》，图112，“清白玉富贵长春牡丹花牌”。

清代　玉牌饰
长6cm、宽4.7cm

玉牌饰背面

摆饰器

宋代开始盛行制作模仿前代青铜器的摆饰器，经过明代与清初的发展，摆饰器大量出现，并于乾隆时期达到高峰，制作出盖罐、盖瓶、香炉、插屏、玉山子等器物。

白玉双耳炉

图中双耳玉炉造型为模仿早期青铜器，盖顶雕饰镂空纹样，双耳部位以透雕法制作圆形活环。类似器形可见于北京故宫博物院藏和阗玉朝冠耳炉。

图片来源：《文物精粹》，页120，图53，“白玉香炉”。

注：《中国玉器全集-6　清》，页236，图347，“和阗玉朝冠耳炉”。

清代　白玉香炉
高16.5cm、横宽22.5cm

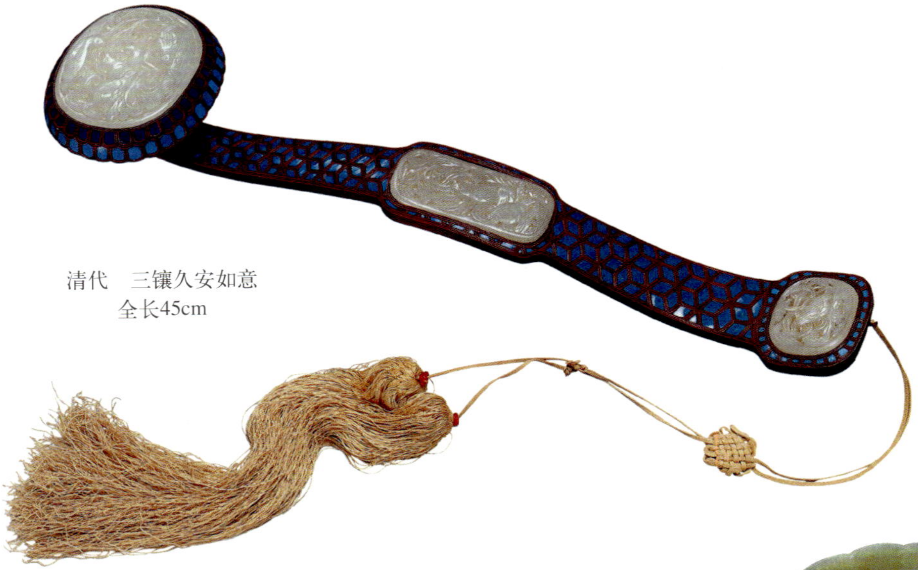

清代　三镶久安如意
全长45cm

嵌饰器

在如意及小型屏风等器物上镶嵌玉片或其他材质装饰物，称为“嵌饰器”。

三镶如意

上图如意为木质器身，前端、中央、尾部各镶嵌一块镂空玉饰，称之为“三镶如意”。此种造型在清乾隆时期最为盛行，台北故宫博物院藏的紫檀镶玉如意，可供比较。

图片来源：《文物精粹》，页124，图55，“三镶久安如意”。
注：《吉祥如意文物特展图录》，页105，图32，“春帖子词紫檀镶玉如意”。

(五) 痕都斯坦玉

痕都斯坦指今日北印度至巴基斯坦一带，此地玉器于乾隆时期自新疆传入，具有淡绿玉质、器壁极薄、透明度高以及器表常嵌饰金银珠宝等特质，精巧华丽的风格与中国传统玉器的温润敦厚有所不同。

下图清乾隆花瓣纹玉盘具透明度，器壁极薄，盘心雕莲花，造型仿若盛开的莲花，为痕都斯坦玉器的典型器物。

图片来源：《故宫所藏痕都斯坦玉器特展图录》，页184，图版参零，“青灰玉莲瓣大盘”。

清代　青灰玉莲瓣大盘
口径25.1cm、高4.1cm

下图清乾隆玉嵌金宝石盖碗镶嵌有金线与宝石，构成盛开花朵图案，整体造型繁复华丽，为西域特有的风格。

图片来源：《故宫所藏痕都斯坦玉器特展图录》，页162，图版拾玖，“碧玉嵌金盖碗”。

清代　碧玉嵌金盖碗
口径12.9cm、高9.7cm

唐宋元明清玉器特征

经前文分项叙述，对于唐宋元明清玉器的造型纹饰、镂空工艺、染色技法及外来文化影响等关系均可建立起基础性认识。此处将唐宋元明清玉器最显著的特点浓缩为四句口诀，期能对唐宋元明清玉器的深入研究有所助益。

雕技增加艺衰退

唐宋元明清玉器雕刻细密、构图繁复并以人工染色进行美化，虽然技法增多，但是艺术美感却不如汉代以前的玉器，呈现工艺性风格。

造型纹样仿古多

唐代以后好古之风兴起，模仿战国至汉代玉器造型与纹饰的仿古器物大量出现，但此类器物多有形无神，远不及前代制器。

外来题材形创新

唐代中西文化交流频繁，辽、金、元三朝入主中原，让许多外来造型与纹饰相继出现于玉器之上，极大丰富了中国玉雕的品类。

文人把玩喜佩戴

明清时期，在文人品味与庶民文化的影响下，吉祥玉、子冈牌、香盒、鼻烟壶等小型的佩饰器及把玩器开始盛行。

雕技增加艺衰退　造型纹样仿古多
外来题材形创新　文人把玩喜佩戴

参考书目

安徽省文物考古研究所：《凌家滩玉器》，文物出版社，2000年。
北京文物精粹大系编委会、北京市文物局：《北京文物精粹大系·玉器卷》，北京出版社，2002年。
蔡庆良：《汉代玉器》，财团法人震旦文教基金会，2005年。
蔡庆良：《商代玉器》，财团法人震旦文教基金会，2010年。
陈臻仪：《古玉选粹1》，财团法人震旦文教基金会，2003年。
邓聪：《东亚玉器 Vol.II》，香港中文大学中国考古艺术研究中心，1998年。
邓淑苹：《蓝田山房藏玉百选》，财团法人年喜文教基金会，1995年。
邓淑苹：《群玉别藏》，台北故宫博物院，1995年。
邓淑苹：《群玉别藏续集》，台北故宫博物院，1999年。
邓淑苹：《新石器时代玉器图录》，台北故宫博物院，1992年。
杜正胜：《来自碧落与黄泉》，"中央研究院"历史语言研究所，1998年。
傅熹年：《古玉掇英》，中华书局香港有限公司，1995年。
傅忠谟：《古玉精英》，中华书局香港有限公司，1989年。
古方：《中国出土玉器全集》(15卷)，科学出版社，2005年。
国家文物局：《中国文物精华大全·金银玉石卷》，商务书馆、上海辞书出版社，1994年。
杭州历史博物馆：《杭州古玉》，文物出版社，2003年。
河北省文物研究所：《［嚳-口+譽］墓——战国中山国国王之墓》（上下），文物出版社，1995年。
河南省文物考古研究所、三门峡市文物工作队：《三门峡虢国墓》（上下），文物出版社，1999年。
河南省文物考古研究所：《三门峡虢国女贵族墓出土玉器精粹》，众志美术出版社，2002年。
湖北省博物馆、湖北省文物考古研究所：《中国考古文物之美·战国地下乐宫5 湖北随县曾侯乙墓》，光复书局企业股份有限公司、文物出版社，2002年。
湖北省博物馆、荆州博物馆、宜昌博物馆、香港中文大学文物馆：《江汉地区先秦文明》，香港中文大学出版社，1999年。

湖南省博物馆、湖南省文物考古研究所、长沙市博物馆、长沙市文物考古研究所：《长沙楚墓》（上下），文物出版社，2000年。
荆州博物馆：《石家河文化玉器》，文物出版社，2008年。
李修松：《安徽省出土玉器精粹》，众志美术出版社，2004年。
良渚文化博物馆、香港中文大学文物馆：《东方文明之光 良渚文化玉器》，良渚文化博物馆，1998年。
辽宁省文物考古研究所：《牛河梁第十六地点红山文化积石冢中心大墓发掘简报》，《文物》2008年10期。
辽宁省文物考古研究所：《中国考古文物之美·文明曙光期祭祀遗珍1 辽宁红山文化坛庙冢》，光复书局企业股份有限公司、文物出版社，2002年。
林业强：《南越王墓玉器》，广州西汉南越王墓博物馆、香港中文大学文物馆、求知雅集、两木出版社，1991年。
刘玉娟、邓安芬：《文物精粹》，财团法人震旦文教基金会，2003年。
刘云辉：《陕西出土东周玉器》，文物出版社、众志美术出版社，2006年。
刘云辉：《周原玉器》，中华文物学会，1996年。
卢连成、胡智生：《宝鸡強国墓地》（上下），文物出版社，1988年。
〔日〕梅原末治：《支那古玉图录》，桑名文星堂，昭和三十年。
内蒙古自治区文物考古研究所、哲里木盟博物馆：《陈国公主墓》，文物出版社，1993年。
南京博物院、江苏省考古研究所、无锡市锡山区文物管理委员会：《鸿山越墓出土玉器》，文物出版社，2007年。
南阳市文物考古研究所：《南阳古玉撷英》，文物出版社，2005年。
牛河梁遗址编辑委员会：《牛河梁遗址》，学苑出版社，2004年。
钱浚、周公太编：《常熟博物馆藏玉》，人民美术出版社，2001年。
山西省考古研究所、太原市文物管理委员会：《太原晋国赵卿墓》，文物出版社，1996年。

上海市文物管理委员会：《福泉山——新石器时代遗址发掘报告》，文物出版社，2000年。
上海市文物管理委员会：《上海出土唐宋元明清玉器》，上海人民出版社，2001年。
施联秀、李伯谦、陈燮君、汪庆正：《晋国奇珍——山西晋侯墓群出土文物精品》，上海人民美术出版社，2002年。
石家河考古队等：《肖家屋脊》，文物出版社，1999年。
石璋如：《中国考古报告集之三 侯家庄 第九本》，“中央研究院”历史语言研究所，1996年。
孙庆伟：《西周玉器》，财团法人震旦文教基金会，2005年。
孙庆伟：《战国玉器》，财团法人震旦文教基金会，2007年。
台北故宫博物院编辑委员会：《吉祥如意文物特展图录》，台北故宫博物院，1995年。
台北故宫博物院编辑委员会编辑：《故宫古玉图录》，台北故宫博物院，1982年。
台北故宫博物院编辑委员会编辑：《故宫所藏痕都斯坦玉器特展图录》，台北故宫博物院，1983年。
台北故宫博物院等：《汉代文物大展》，艺术家出版社，1999年。
台北历史博物馆编辑委员会：《玲珑晶灿：中华古玻璃艺术展》，台北历史博物馆，2000年。
天津艺术馆：《天津艺术馆藏玉》，文物出版社、两木出版社，1993年。
王冬力：《红山石器》，华艺出版社，2007年。
吴棠海：《红山玉器》，财团法人震旦文教基金会，2007年。
吴棠海：《认识古玉》，台湾台中自然文化学会，1994年。
吴棠海：《中国古玉工艺展》，台湾台南艺术学院，1999年。
吴棠海：《中华五千年集刊・玉器篇四》，中华五千年集刊编辑委员会，1995年。
吴棠海：《中华五千年集刊・玉器篇五》，中华五千年集刊编辑委员会，1995年。
吴棠海：《春秋玉器》，财团法人震旦文教基金会，2010年。
吴棠海：《唐宋元明清玉器》，财团法人震旦文教基金会，2012年。
西安市文物保护考古所：《西安东郊西汉窦氏墓（M3）发掘报告》，《文物》2004年6期。

扬州博物馆、天长市博物馆：《汉广陵国玉器》，文物出版社，2003年。
姚勤德、龚金元：《吴国王室玉器》，上海人民美术出版社，1996年。
殷志强、丁邦钧：《东周吴楚玉器》，艺术图书公司，1993年。
于建设：《红山玉器》，远方出版社，2004年。
张广文：《故宫博物院藏文物珍品大系·玉器》（上），上海科学技术出版社，2008年。
浙江考古研究所：《瑶山》，文物出版社，2003年。
浙江省文物考古研究所、上海市文物管理委员会、南京博物院：《良渚文化玉器》，文物出版社、两木出版社，1989年。
浙江省文物考古研究所：《反山》（上下），文物出版社，2005年。
震旦博物馆编辑委员会：《藏品图录》，震旦博物馆，2012年。
中国国家博物馆、徐州博物馆：《徐州西汉楚王陵墓文物辑萃——大汉楚王》，中国社会科学出版社，2005年。
中国美术全集编辑委员会：《中国美术全集·工艺美术编10 金银玻璃珐琅器》，锦绣出版事业有限公司，1993年。
中国美术全集编辑委员会：《中国美术全集·工艺美术编9 玉器》，锦绣出版事业有限公司，1987年。
中国社会科学院考古研究所、河北省文物管理处：《满城汉墓发掘报告》（上下），文物出版社，1980年。
中国社会科学院考古研究所：《安阳殷墟出土玉器》，科学出版社，2005年。
中国社会科学院考古研究所：《广州汉墓》（上下），文物出版社，1981年。
中国社会科学院考古研究所：《青海柳湾——乐都柳湾原始社会墓地》（上下），文物出版社，1984年。
中国社会科学院考古研究所：《信阳楚墓》，文物出版社，1986年。
中国社会科学院考古研究所：《殷墟妇好墓》，文物出版社，1980年。

中国社会科学院考古研究所：《曾侯乙墓》（上下），文物出版社，1989年。
中国社会科学院考古研究所：《张家坡西周墓地》，中国大百科全书出版社，1999年。
中国文物精华编辑委员会：《中国文物精华》，文物出版社，1992年。
中国玉器全集编辑委员会：《中国玉器全集》（6卷），锦绣出版事业有限公司，1994年。
周南泉：《故宫博物院藏文物珍品全集·玉器》（上下），商务印书馆（香港）有限公司，1995年。
淄博市博物馆、齐故城博物馆：《临淄商王墓地》，齐鲁书社，1997年。

C.T.LOO, INC.1950. *Chinese Archaic Jades, Arranged for Norton Gallery of Art West Palm Beach.* Florida.

Maz Loehr.1975. *Ancient Chinese Jades, from the Grenville L. Winthrop Collection in the Foggy Art Museum.* Cambridge. Harvard University Press.

Salmony, Alfred.1982. *Carved Jade of Ancient China*. Han-Shan Tang, London,

Elizabeth Childs-johnson.1988. *Ritual and Power: Jade of Ancient China*. China House Gallery China Institute in America.

后　记

玉器是中华文明之瑰宝，其独特的艺术魅力吸引着古今中外文人雅士竞相收藏研究。然而，面对年代久远、缺乏铭文的古玉之时，爱玉者又不免望而兴叹，不得其门而入之感由生。

多年前，由于工作的需要，笔者开始对中国古玉有所接触，为对其有更加深刻的了解，除向专家前辈请益之余，亦开始对宋代以来的文献著录有所涉猎。然而，接触的时间越久，越能体会认识古玉之难，坊间流散之古玉真伪交杂、良莠不齐，考古出土物又有典型与非典型之分，如何判断一件玉器的时代，怎么解释一件玉器之真伪，诸如此类，令笔者着实困扰。

受限于研究环境及社会条件，当时有关于古玉的研究尚处于摸索阶段，所谓的“玉器鉴定”仍仅属于主观性的个人行为，能力的养成与表现，完全依赖个人的学习背景而定，笼统的“感觉”对于古玉的鉴定与研究均无法给予客观的描绘与陈述。

为解决当时的学习困境，笔者逐步开始收集可信度较高的古玉残片以作研究之用，并至各地博物馆与考古所参观学习，透过标本与出土资料的对比，对各时代玉器的制作工艺、器型纹饰及典型特征等方面的研究均有所斩获，也正因如此，笔者不揣浅陋，数度参与文教机构的讲座活动，将个人的心得与同好分享。

1994年，承蒙汉宝德先生肯定，笔者将收集多年、已初具体系的玉器参考品分玉质呈色、制作工具与方法、造形制作、纹饰制作、形制功能五项，至台中科学博物馆举办“认识古玉”特展，向社会大众推广科学系统性的古玉鉴赏方法。也正因此展览，与李伯谦先生结缘，1995年受邀至北京大学考古系讲授《古玉鉴定》课程，此一课程每月上课一周，为期三个月，共计15堂课。配合上课时间，笔者将多年来个人的学习方法与研究心得分15个单元，以基础篇和进阶篇两大部分进行编纂，基础篇着重于玉质特征与制作工艺的介绍，而进阶篇则以玉器发展史为主轴对各时代玉器的风格特征进行初步分析，并于每课程结尾处以四句口诀提点契要，在复习之余，希冀对古玉的深入研究有所助益。

长期的学习与授课经验使笔者深感有效学习的重要性，古玉的鉴赏不能建立在模糊的感觉与随性的基础之上，而应通过科学、有效的方法加以学习。出土资料虽有时代的依据，但其中的器物可能来源不一，必须透过交叉比对等方式，才能确定其内部所包含的准确信息。因此，笔者认为有必要将古玉的研究提升为一个科目，以专门的方法进行分析，而分析古玉最好的方法则是由实体现象着手，即所谓的质料、工法、造型、纹饰四项，并进一步加以整合形成各式不同的专题，这也就是笔者近年来一直所推广的“料工形纹之古器物学研究”之核心。此一方法除用于古玉研究之外，也可推及至陶瓷、铜器、佛教文物等品项的鉴定研究之中。

由于北大上课时所用讲义具有化繁为简、提纲挈领的特色，长期以来在古玉爱好者之间辗转复印传阅，李伯谦先生有感其实用性，多次鼓励笔者编纂成书，让古玉鉴定的方法广为流传，故而笔者在原有讲义的基础之上稍作修改，辑成此书，虽非一本学术性著作，但希望所提供的方法与要领，能对爱玉者有所启发。

本书的出版，要感谢李伯谦与徐天进二位先生多年来的肯定、鼓励与帮助，使笔者在“古器物学”研究的道路上更加笃定自信。也要向震旦博物馆、北京大学考古文博学院、科学出版社、山西侯马考古工作站、宝鸡青铜器博物院致以诚挚的谢意，各单位提供的相关图片资料，使本书的内容更加详实。感谢内人蔡锦云女士协助整理资料与美术编辑。刘玉娟、王芳的文字整理与校稿。

科学出版社文物考古分社社长闫向东先生，编审安然，编辑孙莉、刘能、范雯静，为本书付出辛勤的劳动，在此亦表示衷心的感谢。

吴棠海

2012年3月于台北